浙江省高职院校"十四五"重点立项建设教材

高等职业教育
电子商务类专业
新形态一体化教材

电子商务
前端开发技术

孔勇奇 主编
彭 波 副主编

清华大学出版社
北京

内 容 简 介

本教材为浙江省高职院校"十四五"重点立项建设教材,获国家级"双高计划"建设项目和国家级职业教育教师教学创新团队建设项目重点支持。本教材以移动应用购物作为开发原型,全面介绍电子商务前端开发的相关技术,涵盖列表、搜索、详情、购物车、个人中心等页面的设计和制作过程,每个页面都提供任务要求、实践指导和自我测试。本教材共分为八个单元,涵盖绘制流程简图、绘制页面结构草图、制作页面效果图、页面制作规划、搭建页面框架、页面数据定义、定制模板和组件、填充模板和组件。本教材建设有在线开放课程,配套推出丰富的数字化学习资源,并精选其中优质资源做成二维码在书中进行了关联标注。本教材旨在帮助教师提高课程质量和实用性,帮助学生掌握实际开发技能,为今后成为一名优秀的电子商务前端开发人员打下坚实基础。

本教材既适用于应用型本科、高职高专电子商务类专业课程教学,也适用于计算机类相关专业课程教学。

本书封面贴有清华大学出版社防伪标签,无标签者不得销售。
版权所有,侵权必究。举报: 010-62782989, beiqinquan@tup.tsinghua.edu.cn

图书在版编目(CIP)数据

电子商务前端开发技术 / 孔勇奇主编. —北京: 清华大学出版社,2024.6
高等职业教育电子商务类专业新形态一体化教材
ISBN 978-7-302-65961-7

Ⅰ.①电… Ⅱ.①孔… Ⅲ.①电子商务—网站—设计—高等职业教育—教材 Ⅳ.①F713.361.2 ②TP393.092

中国国家版本馆 CIP 数据核字(2024)第 069112 号

责任编辑: 左卫霞
封面设计: 傅瑞学
责任校对: 刘　静
责任印制: 丛怀宇

出版发行: 清华大学出版社
网　　址: https://www.tup.com.cn, https://www.wqxuetang.com
地　　址: 北京清华大学学研大厦 A 座　　　　邮　编: 100084
社　总　机: 010-83470000　　　　　　　　　　邮　购: 010-62786544
投稿与读者服务: 010-62776969, c-service@tup.tsinghua.edu.cn
质量反馈: 010-62772015, zhiliang@tup.tsinghua.edu.cn
课件下载: https://www.tup.com.cn, 010-83470410
印　装　者: 北京鑫海金澳胶印有限公司
经　　销: 全国新华书店
开　　本: 185mm×260mm　　印　张: 22.25　　字　数: 568 千字
版　　次: 2024 年 8 月第 1 版　　　　　　　　印　次: 2024 年 8 月第 1 次印刷
定　　价: 68.00 元

产品编号: 100148-01

FOREWORD 前 言

党的二十大报告指出,教育、科技、人才是建设现代化国家的基础性、战略性支撑。必须坚持科技是第一生产力、人才是第一资源、创新是第一动力,深入实施科教兴国战略、人才强国战略、创新驱动发展战略,开辟发展新领域新赛道,不断塑造发展新动能新优势。电子商务行业是当今社会高速发展的新兴产业之一,也是全球经济发展的关键领域之一。

在电子商务全面发展的过程中,前端技术的发展和应用日益受到重视,在这样的背景下,本教材应运而生。本教材具有以下特点。

1. 凝练课程思政元素,落实立德树人目标

本教材采用丰富实战训练加理论指导的编写方针,以职业教育"三教改革"教育教学理念为指导,以问题为导向,以基础知识够用为度,注重实操与创新应用。教材思政特色鲜明,充分体现思政内容在电子商务技术课程中的应用,通过在技能操作中适时融入课程思政内容,引导学生树立正能量的价值观,加强爱国主义教育,增强大学生对我国信息化行业建设的自信心,深化对工匠精神的认识。

2. 工作任务引领,"做中学"教学设计

为提高实际操作能力,教材选择具有实际应用价值的移动购物场景作为开发原型,以具体任务为引领,详细讲解各任务的关键要点和实现过程,每个任务安排有任务要求、实践指导、自我测试,同时提供操作录屏讲解、软件指导,确保教材内容与教学需求紧密配合,使学生能够在实践中学习,边做边学。

3. 教学手段多样,配套资源丰富

本教材提供多样的教学手段,教材中插入的二维码提供了大量拓展教学资源,如微课、动画、图片、表格等。以本教材为基础的电子商务前端开发技术课程已在超星学习通平台上线,便于学生在网络上进行自主学习,扫描下页下方二维码即可在线学习该课程。教材从学生实践需要出发,配备了必备软件环境安装指导、训练素材下载等内容,扫清学生学习和实践障碍,同时向任课教师提供授课PPT、课后习题答案等教学资料。

本教材在编写过程中,注重实践,案例贯穿全书,力求使学生在实践中全面掌握电子商务前端开发技术,同时特别注重对学生团队协作和实践能力的培养,要求学生具备规划、开发和测试能力。相信在本教材的指导下,学生们能够全面掌握电子商务前端开发技术,具备优秀的团队协作和实践能力,并能够在未来从事电子商务前端开发领域的工作时发挥重要作用。本教材涉及页面开发的内容如下。

页面名称	页面类型	页面功能
列表页面	商品展示	展示各类商品信息，如名称、价格、描述等
分类页面	商品分类	根据不同的商品类型、品牌、属性等进行分类，方便用户查找商品信息
搜索页面	商品搜索	根据关键词查找商品信息
购物车页面	购物车	显示用户已选中的商品信息，方便用户进行结算
个人中心页面	个人中心	显示用户基本信息、订单信息等
自提页面	取货方式	显示自提点信息和自提时间等
物流查询页面	物流信息	显示订单物流信息，方便用户查询物流状态
评价页面	评价晒单	用户对商品进行评价并晒单，方便其他用户了解商品的真实情况

  本教材由浙江商业职业技术学院孔勇奇担任主编，彭波担任副主编，由浙江商业职业技术学院张枝军教授审稿。教材在编写过程中，得到了中教畅享（北京）科技有限公司李孝臣先生、滨州职业学院赵雪峰老师、山东商务职业学院杨建曾老师、浙江经贸职业技术学院童红斌老师的全面指导和支持，在此深表感谢！

  由于编者水平有限，书中不足之处在所难免，恳请各位专家不吝指教。

编 者

2024 年 2 月

电子商务前端开发技术
在线开放课程

5 分钟了解课程全貌

目 录

单元 1　绘制流程简图 ··· 1

单元 2　绘制页面结构草图 ·· 6
 任务 2.1　列表页面结构草图 ·· 7
 任务 2.2　分类页面结构草图 ·· 8
 任务 2.3　搜索录入页面结构草图 ··· 9
 任务 2.4　搜索结果页面结构草图 ·· 11
 任务 2.5　我的收藏页面结构草图 ·· 12
 任务 2.6　名片页面结构草图 ··· 14
 任务 2.7　详情页面结构草图 ··· 15
 任务 2.8　购物车自提页面结构草图 ·· 17
 任务 2.9　购物车快递页面结构草图 ·· 18
 任务 2.10　收货地址录入页面结构草图 ·· 20
 任务 2.11　我的自提页面结构草图 ·· 21
 任务 2.12　自提码页面结构草图 ··· 22
 任务 2.13　我的快递页面结构草图 ·· 24
 任务 2.14　物流查询页面结构草图 ·· 25
 任务 2.15　我的已收订单页面结构草图 ·· 27
 任务 2.16　评价录入页面结构草图 ·· 28

单元 3　制作页面效果图 ·· 36
 任务 3.1　列表页面效果图 ·· 37
 任务 3.2　分类页面效果图 ·· 39
 任务 3.3　搜索录入页面效果图 ··· 41
 任务 3.4　搜索结果页面效果图 ··· 43
 任务 3.5　我的收藏页面效果图 ··· 44
 任务 3.6　名片页面效果图 ·· 46
 任务 3.7　详情页面效果图 ·· 47
 任务 3.8　购物车自提页面效果图 ·· 50
 任务 3.9　购物车快递页面效果图 ·· 52

任务 3.10	收货地址录入页面效果图	54
任务 3.11	我的自提页面效果图	55
任务 3.12	自提码页面效果图	57
任务 3.13	我的快递页面效果图	59
任务 3.14	物流查询页面效果图	61
任务 3.15	我的已收订单页面效果图	62
任务 3.16	评价录入页面效果图	64

单元 4 页面制作规划

任务 4.1	列表页面制作规划	72
任务 4.2	分类页面制作规划	74
任务 4.3	搜索录入页面制作规划	76
任务 4.4	搜索结果页面制作规划	78
任务 4.5	我的收藏页面制作规划	80
任务 4.6	名片页面制作规划	82
任务 4.7	详情页面制作规划	84
任务 4.8	购物车自提页面制作规划	87
任务 4.9	购物车快递页面制作规划	90
任务 4.10	收货地址录入页面制作规划	92
任务 4.11	我的自提页面制作规划	95
任务 4.12	自提码页面制作规划	97
任务 4.13	我的快递页面制作规划	99
任务 4.14	物流查询页面制作规划	101
任务 4.15	我的已收订单页面制作规划	103
任务 4.16	评价录入页面制作规划	105

单元 5 搭建页面框架

任务 5.1	项目基础框架	113
任务 5.2	列表页面框架	116
任务 5.3	分类页面框架	121
任务 5.4	搜索录入页面框架	125
任务 5.5	搜索结果页面框架	128
任务 5.6	我的收藏页面框架	131
任务 5.7	名片页面框架	135
任务 5.8	详情页面框架	139
任务 5.9	购物车自提页面框架	142
任务 5.10	购物车快递页面框架	144
任务 5.11	收货地址录入页面框架	145
任务 5.12	我的自提页面框架	147
任务 5.13	自提码页面框架	148

任务 5.14	我的快递页面框架	151
任务 5.15	物流查询页面框架	151
任务 5.16	我的已收订单页面框架	155
任务 5.17	评价录入页面框架	155

单元 6　页面数据定义 ····· 170

任务 6.1	列表页面数据定义	171
任务 6.2	分类页面数据定义	172
任务 6.3	搜索录入页面数据定义	174
任务 6.4	搜索结果页面数据定义	175
任务 6.5	我的收藏页面数据定义	177
任务 6.6	名片页面数据定义	179
任务 6.7	详情页面数据定义	179
任务 6.8	购物车自提页面数据定义	182
任务 6.9	购物车快递页面数据定义	184
任务 6.10	收货地址录入页面数据定义	186
任务 6.11	我的自提页面数据定义	187
任务 6.12	自提码页面数据定义	188
任务 6.13	我的快递页面数据定义	189
任务 6.14	物流查询页面数据定义	191
任务 6.15	我的已收订单页面数据定义	192
任务 6.16	评价录入页面数据定义	194

单元 7　定制模板和组件 ····· 200

任务 7.1	定制模板和组件的准备工作	201
任务 7.2	定制轮播模板	201
任务 7.3	定制列表商品列表模板	204
任务 7.4	定制分类商品列表模板	208
任务 7.5	定制暂无提示模板	212
任务 7.6	定制详情摘要模板	214
任务 7.7	定制详情评论列表模板	218
任务 7.8	定制购物车自提列表模板	224
任务 7.9	定制购物车快递列表模板	233
任务 7.10	定制购物车立即支付模板	243
任务 7.11	定制我的订单列表模板	247
任务 7.12	定制评价录入组件	255
任务 7.13	定制分类类别列表组件	260
任务 7.14	定制关键词录入提交组件	263
任务 7.15	定制选项卡组件	266
任务 7.16	定制详情页面底部固定栏组件	269

单元 8　填充模板和组件 ··· 282

　　任务 8.1　导入模板和组件的资源文件 ··· 283
　　任务 8.2　填充列表页面模板 ·· 284
　　任务 8.3　填充分类页面模板和组件 ·· 288
　　任务 8.4　填充搜索录入页面组件 ··· 292
　　任务 8.5　填充搜索结果模板 ·· 294
　　任务 8.6　填充我的收藏页面模板和组件 ··· 297
　　任务 8.7　填充名片页面组件 ·· 302
　　任务 8.8　填充详情页面模板和组件 ·· 305
　　任务 8.9　填充购物车自提页面模板和组件 ··· 309
　　任务 8.10　填充购物车快递页面模板和组件 ······································· 315
　　任务 8.11　填充收货地址录入页面组件 ·· 319
　　任务 8.12　填充我的自提页面模板和组件 ·· 322
　　任务 8.13　填充自提码页面模板和组件 ·· 324
　　任务 8.14　填充我的快递页面模板和组件 ·· 326
　　任务 8.15　填充物流查询页面模板和组件 ·· 328
　　任务 8.16　填充我的已收订单页面模板和组件 ··································· 331
　　任务 8.17　填充评价录入页面组件 ··· 334

参考文献 ·· 348

绘制流程简图

绘制流程简图的主要目的是帮助开发者更好地了解项目的主要工作流程和框架,以便更好地规划和实施项目。流程图是一种以图形方式展现工作流程的工具,它可以清晰地表达出任务之间的关系和依赖,帮助开发者更好地理解项目的整体架构和关键节点,从而更加高效地完成开发任务。同时,流程图也可以用于项目的沟通和交流,让团队成员更加清晰地了解项目的整体进展和工作流程,从而使合作更加协调,提高项目的开发效率和质量。

思维导图

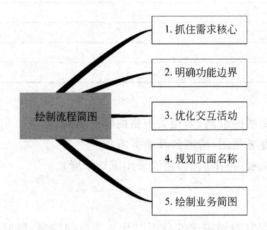

知识目标
- 掌握业务需求分析的方法和要点;
- 掌握业务简图绘制要点。

技能目标
- 能够准确把握项目的核心需求;
- 能够快速准确地绘制业务简图。

素养目标
- 加强职业观念,提升道德素养;
- 具备一定的逻辑思维能力;
- 具备一定的团队合作能力,沟通及学习能力。

任务要求

本单元任务是以开发人员的身份,与甲方就项目开发的需求进行沟通。通过分析项目的功能需求,整理项目的业务流程,绘制项目业务流程简图。并以业务流程简图为基础,进一步和项目甲方进行沟通,取得甲方对业务流程的认可。业务流程简图是后续项目开发的基础和蓝图。

扫描下方的课程二维码,观看本单元课程(图1-1),熟悉本单元相关知识。

绘制流程简图

图1-1 课程截图

利用本单元课程中所学的知识,填写表1-1。

表1-1 绘制业务流程简图

步骤	填空
1. 抓住核心	
2. 明确边界	
3. 优化活动	
4. 规划页面	
5. 绘制简图	

验收标准如下。

(1)完成业务流程简图的绘制,如相关表格内容的填写。

(2)对照所绘制的业务简图,清晰解释业务流程。

(3)录屏解释业务流程(不用出镜,建议采用EV录屏)。

实践指导

本单元的主要任务是通过对需求的分析以及与客户的沟通,按照规定的模式和流程绘制项目的基本流程简图,为后续的开发奠定基础。学生的主要工作内容是按照制定的表格按步骤和顺序逐次完成相应内容的调研和内容填写,最终完成基本流程简图的绘制。

技能提炼

1. 要点

在绘制业务流程时首先要确定小程序的核心,即要为用户提供什么服务、解决什么问题等,从中找出最重要和必需的因素。然后明确边界,限定小程序的范围和功能,使其不过于复杂和混乱。在此基础上优化活动,设计可交互性强、功能实现平衡的活动页面,增加用户粘性和使用体验。规划页面是对小程序进行框架规划,确定各个页面之间的联系和流程,目的是确保整体UI风格统一、清晰易用。最后一步绘制简图是将小程序的框架和关键要素转化成简明扼要的图示,方便让开发和设计团队更好地理解和执行。绘制业务流程的要点如图1-2所示。

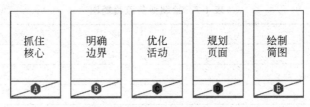

图 1-2 绘制业务流程的要点

2. 举例

分析买家在移动端购买商品的过程,绘制移动端买家购买商品的业务流程简图(表 1-2)。

表 1-2 移动端买家购买商品的业务流程简图的绘制过程

步 骤	填 空
1. 抓住核心	交易商品
2. 明确边界	用户:买家 起点:进入平台;终点:收货评价 功能:在平台找到商品→支付→收到商品→商品评价→完成一次商品交易
3. 优化活动	找→看→买→收→评
4. 规划页面	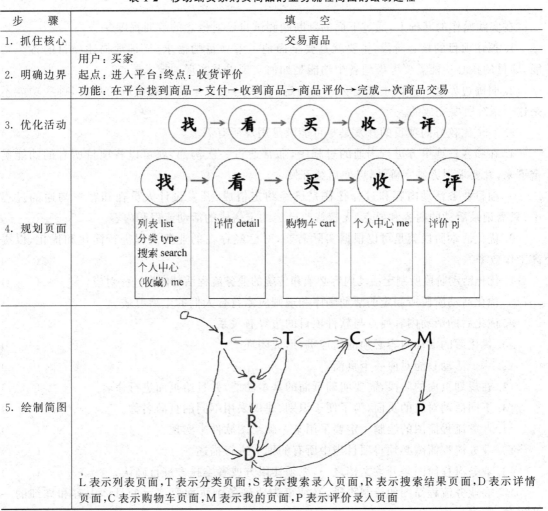
5. 绘制简图	

L 表示列表页面,T 表示分类页面,S 表示搜索录入页面,R 表示搜索结果页面,D 表示详情页面,C 表示购物车页面,M 表示我的页面,P 表示评价录入页面

3. 练习

五个同学一组,选择一个大家比较熟悉的移动应用或自行规划一个移动项目,根据表 1-3 的步骤,绘制本单元课程中所学到的业务流程简图。

表 1-3　绘制业务流程简图

步　　骤	填　　空
1. 抓住核心	
2. 明确边界	
3. 优化活动	
4. 规划页面	
5. 绘制简图	

课后习题

在实践操作的基础上,通过下面的判断题测试自己对概念的掌握程度。

1. 抓住项目的核心阶段,主要就是要全面地了解项目的需求,详细地描述项目的各个功能,项目的核心功能需要考虑到各个功能是如何实现以及实现的技术要点。（　　）

2. 明确边界这一阶段主要是明确和约定,哪些是项目系统所要完成的功能,哪些功能不是这个系统所要完成的。（　　）

3. 一个比较好的项目的开发是尽可能满足用户所有需求。（　　）

4. 在和客户或甲方进行沟通的过程中,通常通过一次沟通,就可以将项目所有的功能确定下来,并要求甲方签字确认,以便后续开发。（　　）

5. 项目业务活动内容和过程往往是已经约定俗成,开发设计人员在和客户沟通的过程中,只需记录活动的内容和要点,无权修改已经约定俗成的活动流程和内容。（　　）

6. 优化活动阶段就是可以根据实际需要,对已经存在的业务流程进行简化和优化,以提高工作效率。（　　）

7. 优化活动阶段所制定活动内容必须和传统的业务流程活动内容一一对应。（　　）

8. 优化活动阶段所制定的活动顺序和规则应当符合人们的生活习惯。（　　）

9. 优化后的活动内容要点与软件项目的边界有关系。（　　）

10. 优化后的活动内容必须前后连贯,形成闭环。（　　）

11. 一个活动只能对应一个页面。（　　）

12. 在规划页面的阶段,需要明确页面的基本功能,并且给页面进行命名。（　　）

13. 不同活动对应的页面,为了便于识别,建议采用不同的页面名称。（　　）

14. 业务流程简图的绘制一定要采用某一款绘图软件来实现。（　　）

15. 业务流程简图必须将项目当中所有的细节进行描述。（　　）

16. 业务流程简图是开发文档之一,无须让甲方或者委托方进行确认。（　　）

17. 在业务流程简图的绘制阶段,必须事先明确各个页面要展示的具体内容和详细的一些细节。（　　）

18. 业务流程简图能够描述软件项目的主要运行规则和使用流程。（　　）

19. 业务流程简图的绘制需要甲方或委托方的参与,并充分考虑甲方和委托方的建议和意见。（　　）

20. 业务流程简图是后期开发的依据和基础,因此业务流程图必须得到甲方的确认和认可。（　　）

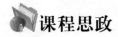 课程思政

1. 关注企业的社会责任

移动应用购物涉及的企业和商家,需要承担相应的社会责任,包括商品质量、售后服务、信息安全等。例如,在购物流程中,商家需要按照法律、法规为消费者提供商品质量的承诺和售后服务,保障消费者权益;同时,商家还需要加强商品信息和交易信息的安全性保障,防止信息泄露和侵权等问题出现。引导学生关注这些企业社会责任问题,并进行讨论和分析,以帮助学生形成正确的价值观和积极进取的精神,对未来的职业发展和需要承担的社会责任有更深刻的认识。

2. 了解业务流程中的伦理问题

在移动应用购物业务流程中可能涉及一些伦理问题,比如商品定价、消费者隐私保护、消费者个人信息泄露等。在业务流程设计和实践中,要了解这些伦理问题的存在,并探讨对应的解决方案和应对策略。例如,在商品定价方面,商家需要遵循公平、公正、公开的原则,避免价格歧视和不合理定价;在隐私保护方面,商家需要加强消费者个人信息保护,防止信息被泄露和滥用等。引导学生了解这些伦理问题,并进行讨论和分析,以帮助学生提升伦理道德和风险意识,成为有担当、有责任感的人才。

3. 培养实践能力和创新能力

移动应用购物业务流程需要具备实践能力和创新能力。在课堂中,可以引导学生思考如何进行业务流程的优化和改进,提高业务效率、质量和用户满意度。例如,在支付环节,可以思考如何采用更高效、更安全的支付方式,提高交易效率和用户体验;在售后服务环节,可以思考如何提高服务质量,降低售后成本,提高用户忠诚度等。培养学生的实践能力和创新能力,以更好地适应社会发展和未来变化。

4. 思考

(1) 移动应用购物中的商家有哪些社会责任?消费者权益保护问题应该如何解决?如何更好地促进社会公正和共享?

(2) 在移动应用购物业务流程中,如何处理信息安全和个人隐私保护问题?如何保障消费者合法权益和商家信息安全?

(3) 移动应用购物的发展带来了更多的就业机会,如何通过培训和教育,提高从业人员的素质和职业技能,为行业发展和社会进步作出贡献?

(4) 移动应用购物涉及的跨境电商、数字支付和物流运输等方面,要如何遵循国际贸易规则和协定,促进国际交流和共建"一带一路"?

(5) 如何通过全方位、多层次的创新和科技发展,进一步提升移动应用购物的服务质量和用户体验,实现经济、社会和人类的共同发展?

单元2

绘制页面结构草图

绘制页面结构草图，就是以业务流程简图为基准，针对简图中每一个页面所需功能，与甲方进行深入交流。分析整理每个页面的核心功能和扩展功能，然后以结构草图的形式，描述每一个功能在页面中所对应的区域和大致位置，初步勾勒页面的整体结构。

思维导图

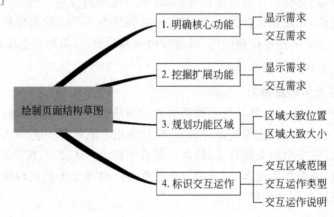

知识目标
- 掌握页面核心需求分析方法；
- 掌握页面结构草图绘制原则；
- 掌握多商品排列布局的方法；
- 掌握在页面之间跳转的描述要点；
- 掌握不同类型画板的滚动标识。

技能目标
- 能够准确把握页面核心需求；
- 能够熟练绘制页面结构草图；
- 能够合理排列多个商品布局；
- 能够正确识别标识画板类型；
- 能够正确标识页面之间跳转。

素养目标
- 培养用户体验意识；
- 提升逻辑思维能力；
- 具有灵活处理复杂情况的能力。

任务 2.1　列表页面结构草图

2.1.1　任务要求

通过对业务流程简图进行分析，列表页面应具有如表 2-1 所示功能。

表 2-1　业务流程简图分析表（列表页面）

需 求 类 型	需 求 描 述
核心功能需求	1. 能够显示多个商品摘要信息 2. 有进入商品详情页面的入口
拓展功能需求	1. 能够展示多张活动图片 2. 有进入搜索模块的入口

绘制列表页面结构草图，就是要根据列表页面的主要功能需求，针对不同的功能划定不同区域范围。在显示功能方面，需要划定商品列表的显示区域和轮播图片的显示区域。在交互功能方面，需要指定进入商品详情的操作区域和交互方式以及轮播图片的切换区域和交互方式。

验收标准如下。

（1）草图能够标识多个商品的展示方式。

（2）草图能够标识进入详情页面的操作方式。

（3）草图能够描述其他拓展功能。

2.1.2　实践指导

本任务的主要任务是绘制列表页面结构草图，要求草图能正确表达列表页面的核心需求，例如显示多个商品并提供进入商品详情的入口；同时能够表达列表页面的拓展需求，例如展示多个活动图片和提供进入搜索模块的入口。

构思列表页面结构

列表页面结构草图的绘制，需注意以下几方面的内容。

（1）页面类型的描述。

（2）列表页面范围的描述。

（3）多个商品的展示方式选择和描述。

（4）多张活动图片的展示方式和描述。

（5）进入商品详情页面的入口方式标识和描述。

（6）进入搜索模块的入口方式和描述。

请按本任务的任务要求，绘制列表页面的结构草图，草图示例如图 2-1 所示。

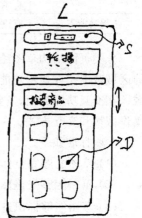

图 2-1　列表页面结构草图

2.1.3　自我测试

1. 判断题

（1）在列表页面结构草图的绘制过程当中，必须绘制每个商品的详细内容。　　　（　　）

(2) 列表页面进入详情页面的入口,只能用文字进行表述。 (   )
(3) 列表页面结构草图的绘制过程当中,适当注意尺寸比例即可,无须非常精准。(   )
(4) 绘制列表页面结构草图的目的是测量页面各个要素之间的距离和尺寸大小。(   )
(5) 列表页面结构草图的绘制必须借助专用的软件进行。 (   )
(6) 绘制列表页面结构草图是设计人员的工作,无须甲方或委托方参与。 (   )
(7) 列表页面结构草图的绘制过程可以反复修改。 (   )
(8) 绘制列表页面结构草图的目的是将页面的需求进行整体规划和落实。 (   )
(9) 绘制列表页面结构草图的目的主要是表达页面的需求,方便与甲方进行沟通。(   )
(10) 绘制草图是一项非常重要的工作,一定要注意草图的美观和视觉效果。 (   )

2. 填空题

(1) 列表页面的核心功能需求有_____、_____。
(2) 列表页面的拓展功能需求有_____、_____。
(3) 列表页面结构草图采取的画板类型为_____。
(4) 展示多个商品时,可采取_____的排列方式。
(5) 在约定商品详情页跳转时,在需要点击的区域描一个_____,引出一条_____,曲线终端写_____或窗体名称。

任务 2.2　分类页面结构草图

2.2.1　任务要求

通过对项目业务流程进行分析,分类页面应具有如表 2-2 所示的功能。

表 2-2　项目业务流程分析表(分类页面)

需求类型	需求描述
核心功能需求	1. 能够显示多个商品类别名称 2. 有切换商品类别的入口 3. 能够显示多个过滤筛选商品 4. 有进入商品详情的入口
拓展功能需求	有进入搜索模块的入口

分类页面结构草图绘制,就是要根据分类页面主要的功能需求,针对不同的功能划定不同的区域范围。在显示功能方面,需要划定商品类别列表的显示区域和过滤商品列表的显示区域。在交互功能方面,需要指定商品类别切换区域和交互方式以及过滤商品进入商品详情的操作区域和交互方式。

验收标准如下。

(1) 草图能够完整标识多个商品类别的展示方式。
(2) 草图能够完整标识多个商品摘要的展示方式。
(3) 草图能够标识进入详情页面的操作方式。
(4) 草图能够描述其他拓展功能。

2.2.2　实践指导

本任务的主要任务是根据任务需求绘制分类页面的结构草图。要求

构思分类页面结构

在结构草图当中能够正确地表达商品类别的展示以及分类商品的展示,同时能够描述进入商品详情的入口方式,以及进入搜索模块的入口方式。

分类页面草图的绘制,需注意以下几方面的内容。

(1) 页面范围的描述。
(2) 商品类别列表的展示范围的描述。
(3) 具体商品类别的标识和描述。
(4) 分类商品列表展示范围的描述。
(5) 具体类别商品的标识和描述。
(6) 进入商品详情的入口方式的标识和描述。
(7) 进入搜索模块的入口方式的标识和描述。
(8) 商品类别超出页面范围时的展示方式。
(9) 类别商品超出页面范围时的展示方式。

请按本任务的任务要求,绘制分类页面的结构草图,草图示例如图 2-2 所示。

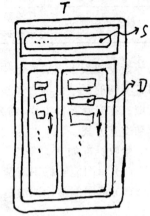

图 2-2 分类页面结构草图

2.2.3 自我测试

1. 判断题

(1) 页面范围标识完毕后,可立即进行具体商品类别的描述和标识。( )
(2) 由于页面范围有限,所以在草图中无法展示全部的商品类别。( )
(3) 由于草图是静态的,所以无法标识商品的上下滚动展示方式。( )
(4) 分类页面结构草图绘制,无须注意绘制先后顺序,只要求最终结果正确。( )
(5) 在不影响表达的前提下,可以在草图上进行小的修改。( )
(6) 分类页面结构草图是描述页面结构的文件,因此需要绘制精美。( )
(7) 分类页面结构草图的绘制必须采用软件进行,不能用铅笔徒手绘制。( )
(8) 分类页面结构草图的绘制过程,必须采用尺规作图,注意尺寸的精确比例。( )
(9) 分类页面结构草图的内容越丰富越好。( )
(10) 分类页面的核心功能需求和拓展功能需求是由开发人员确定的。( )

2. 填空题

(1) 分类页面的核心功能需求是能够显示_____、_____。
(2) 在分类页面中点击商品类别,能够做到_____。
(3) 分类页面结构草图中最上面的页面跳转标识箭头指向的是_____页面。
(4) 在分类页面进行多个商品展示时,采用的是_____画板。
(5) 用户在分类页面进行商品查找时,可以通过_____搜索,还可以通过_____搜索。

任务 2.3 搜索录入页面结构草图

2.3.1 任务要求

通过对业务流程简图进行分析,搜索录入页面应具有如表 2-3 所示的功能。

表 2-3　业务流程简图分析表（搜索录入页面）

需求类型	需求描述
核心功能需求	1. 有录入关键词的入口 2. 有执行搜索的入口

绘制搜索录入页面结构草图，就是要根据搜索录入页面的主要功能需求，针对不同的功能划定不同的区域范围。在显示功能方面，需要划定关键词的显示区域和提交搜索按钮的显示区域。在交互功能方面，需要指定关键词的录入区域和交互方式以及提交搜索命令的提交区域和交互方式。

验收标准如下。

（1）草图能够标识清楚关键词的录入方式。

（2）草图能够标识清楚进入搜索结果页面的操作方式。

2.3.2　实践指导

搜索录入页面的主要任务是接收用户搜索商品的关键词，并且通过点击按钮，实现页面的跳转。因此，草图结构可以围绕这两点展开布局和规划。

搜索录入页面结构草图的绘制，需注意以下几方面的内容。

（1）页面范围类型的描述。

（2）合理规划页面各功能区域的大小比例。

（3）搜索关键词区域的初步位置和大小。

（4）搜索按钮区域的初步位置和大小。

（5）页面跳转的标识和描述。

请按本任务的任务要求，绘制搜索录入页面结构草图，草图示例如图 2-3 所示。

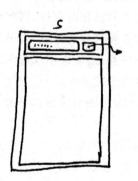

图 2-3　搜索录入结构草图

构思搜索录入页面结构

2.3.3　自我测试

1. 判断题

（1）搜索录入页面结构草图可以直接绘制按钮位置。　　　　　　　　　　　　　（　　）

（2）搜索录入页面中两个元素的排列方式必须是横向排列。　　　　　　　　　　（　　）

（3）搜索录入页面结构草图的绘制必须先整体布局，再进行元素位置布局。　　（　　）

（4）搜索录入页面结构草图中的关键词录入区域和按钮元素，不用注意相对比例大小。

（　　）

（5）搜索录入页面结构草图中，不能借助文字或其他符号进行描述和说明。　　（　　）

2. 填空题

（1）搜索录入页面的核心功能需求为_____、_____。

（2）进行商品搜索时,进入的是_____页面。

（3）如果用户在搜索录入页面想要进行搜索的话,需要先_____,然后_____。

任务 2.4　搜索结果页面结构草图

2.4.1　任务要求

通过业务流程简图进行分析,搜索结果页面应具有如表 2-4 所示的功能。

表 2-4　业务流程简图分析表（搜索结果）

需　求　类　型	需　求　描　述
核心功能需求	1. 能够显示多个商品 2. 有进入详情的入口

绘制搜索结果页面结构草图,就是要根据搜索结果页面的主要功能需求,针对不同的功能划定不同区域范围。在显示功能方面,需要划定搜索结果商品列表的显示区域。在交互功能方面,需要指定进入商品详情的交互区域。

验收标准如下。

（1）草图能够标识多个商品摘要的展示方式。

（2）草图能够标识进入详情页面的操作方式。

2.4.2　实践指导

搜索结果页面是搜索录入页面的后续页面,搜索结果页面的主要任务是能够显示过滤后得到的多个商品,并通过点击某个商品能够进入商品详情页面。

搜索结果页面结构草图的绘制,需注意以下几方面的内容。

（1）页面范围类型的描述。

（2）如何标识商品数量超出页面范围的商品的显示方式。

（3）如何标识和描述商品显示区域。

（4）如何标识点击进入详情页面的交互动作。

请按本任务的任务要求,绘制搜索结果结构草图,草图示例如图 2-4 所示。

构思搜索结果
页面结构

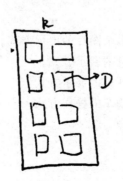

图 2-4　搜索结果结构草图

2.4.3 自我测试

1. 判断题

(1) 搜索结果页面位置有限,无法显示更多数量的商品。（　　）
(2) 搜索结果页面结构草图中,商品的描述必须包含商品内部元素。（　　）
(3) 搜索结果页面结构草图的目标不仅是方便和甲方深入沟通,而且需要草图精美。（　　）
(4) 绘制搜索结果页面结构草图时,不能用彩笔绘制。（　　）
(5) 绘制搜索结果页面结构草图时,可以用自定义符号,前提是能够让甲方理解。（　　）

2. 填空题

(1) 搜索结果页面的核心功能需求有_____、_____。
(2) 当点击商品结果时,进入的是_____页面。
(3) 如想要标识多个商品,需要采用_____的方式进行展示,并采用_____箭头,表示多个商品可上下滚动。

任务 2.5　我的收藏页面结构草图

2.5.1　任务要求

通过对业务流程简图进行分析,我的收藏页面应具有如表 2-5 所示的功能。

表 2-5　业务流程简图分析表(我的收藏页面)

需 求 类 型	需 求 描 述
核心功能需求	1. 能够显示多个收藏商品 2. 有进入商品详情的入口
拓展功能需求	1. 有展示名片信息的入口 2. 能够切换页面主题标签

绘制我的收藏页面结构草图,就是要根据我的收藏页面的主要功能需求,针对不同的功能划定不同的区域范围。在显示功能方面,需要划定收藏商品列表的显示区域、划定买家信息的显示区域、划定个人中心页面主题切换标签的显示区域。在交互功能方面,需要指定进入商品详情的交互区域、切换个人中心页面主题标签的交互区域和交互方式、进入买家名片页面的交互区域。

验收标准如下。
(1) 草图能够标识商品信息中多个图片的展示方式。
(2) 草图能够标识商品摘要信息的展示方式。
(3) 草图能够标识商品长图和评论的展示方式。
(4) 草图能够标识商品加入购物车的操作方式。
(5) 草图能够描述其他拓展功能。

2.5.2　实践指导

我的收藏页面是一个多主题复合型页面,由多个主题组成,本任务是根据我的收藏页面主题功能需求,绘制我的收藏页面结构草图及收藏模块结构草图。

我的收藏页面的具体需求,首先是要求用户在我的收藏页面中,可以通过切换标签按钮来查看不同主题页面的内容。例如,点击收藏标签时,我的收藏页面可以显示该用户已经收藏过的商品列表;同时,当用户点击某个收藏商品时,可以跳转到这个商品的详情页面查看商品详情。

我的页面及收藏模块结构草图绘制,需注意以下几方面的内容。

(1) 页面滚动类型的描述。
(2) 页面整体功能范围的划分和描述。
(3) 识别页面核心功能和拓展功能。
(4) 思考一个页面如何管理多个主题内容。
(5) 页面主题标签激活状态的标识和描述。
(6) 主题内容展示区域的划分和描述。
(7) 主题内容超范围信息对象的显示方式。
(8) 扩展信息的入口区域和交互方式。

请按本任务的任务要求,绘制我的收藏页面结构草图,草图示例如图 2-5 所示。

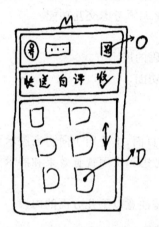

构思我的收藏
页面结构草图

图 2-5 我的收藏页面结构草图

2.5.3 自我测试

1. 判断题

(1) 我的收藏页面可以采用整体滚动类型的页面。( )
(2) 我的收藏页面的主题标签可以同时有两个或两个以上标签按钮为激活状态。( )
(3) 我的收藏页面的同一时刻可以显示多个主题内容。( )
(4) 由于显示区域的大小有限,所以我的收藏页面的主题内容不能显示多个商品。( )
(5) 我的收藏页面结构草图可以用在主题标签上打钩的方式,表示该主题标签为激活状态。( )

2. 填空题

(1) 我的收藏页面的核心功能需求有_____、_____。
(2) 我的收藏页面的拓展功能需求有_____、_____。
(3) 我的收藏页面采用的滚动画板类型为_____。

任务 2.6　名片页面结构草图

2.6.1　任务要求

通过对业务流程简图进行分析,名片页面应具有如表 2-6 所示的功能。

表 2-6　业务流程简图分析表(名片页面)

需求类型	需求描述
核心功能需求	能够显示二维码
拓展功能需求	1. 能够显示头像 2. 能显示昵称

绘制名片页面结构草图,就是要根据名片页面的主要功能需求,针对不同的功能划定不同的区域范围。在显示功能方面,需要划定二维码的显示区域、头像的显示区域、昵称的显示区域。由于本页面无交互操作,因此无须考虑交互功能。

验收标准如下。

(1) 草图能够标识个人二维码的展示方式。

(2) 草图能够描述其他拓展功能。

2.6.2　实践指导

名片页面是一个展示类型的页面,主要用于向卖家展示买家识别码,以便卖家鉴别用户真伪,因此名片页面无交互动作。考虑到页面视觉效果和展示信息的完整性,可以在名片页面显示买家的昵称和头像。

名片页面结构草图的绘制,需注意以下几方面的内容。

(1) 页面滚动类型的描述。

(2) 页面二维码范围的划分和描述。

(3) 名片页面扩展功能显示区域的划分和描述。

(4) 名片页面内容整体位置的规划。

请按本任务的任务要求,绘制名片页面结构草图,草图示例如图 2-6 所示。

构思名片页面结构

图 2-6　名片页面结构草图

2.6.3 自我测试

1. 判断题

(1) 名片页面的显示主体是用户昵称。( )
(2) 名片页面若不显示用户头像,将会影响业务流程。( )
(3) 名片页面的交互动作是用户的点击操作。( )
(4) 名片页面中的使用说明部分,不会影响业务流程的完整性。( )
(5) 名片页面中的二维码可以采用大小和位置固定的显示区域。( )

2. 填空题

(1) 名片页面的核心功能需求是_____。
(2) 名片页面的拓展功能需求有_____、_____。
(3) 使用说明部分不影响页面功能,所以可以_____。

任务2.7 详情页面结构草图

2.7.1 任务要求

通过对业务流程简图进行分析,详情页面应具有如表2-7所示的功能。

表2-7 业务流程简图分析表(详情页面)

需求类型	需求描述
核心功能需求	1. 能够显示多张商品图片 2. 能够显示商品文本信息 3. 能够显示多张细节图片 4. 能够显示多条评价记录 5. 有商品加入购物车的入口
拓展功能需求	1. 有联系客服的入口 2. 有收藏商品的入口 3. 有分享商品的入口

绘制详情页面结构草图,就是要根据详情页面的主要功能需求,针对不同的功能划定不同的区域范围。在显示需求方面,首先要划定交互按钮区域和划定商品详情显示区域。然后根据具体的交互按钮需求,进一步划分为客服按钮区域、收藏按钮区域、快递加购按钮区域、送货按钮区域和自提按钮区域。根据具体的商品详情显示需求,将商品显示区域进一步划分为轮播区域、摘要区域、拓展区域。在交互操作方面,需要指定客服交互区域、收藏交互区域、快递交互区域、送货交互区域、自提交互区域、商品分享交互区域和轮播切换交互区域。

验收标准如下。

(1) 草图能够标识商品信息中多个图片的展示方式。
(2) 草图能够标识商品摘要信息的展示方式。
(3) 草图能够标识商品长图和评论的展示方式。
(4) 草图能够标识商品加入购物车的操作方式。
(5) 草图能够描述其他拓展功能。

2.7.2 实践指导

详情页面是展示商品所有可展示信息的展示页面,同时还需要提供用户咨询、收藏、加购等多种交互操作。

根据显示和操作的需要,可以首先将页面划分为以显示为主的显示区域和以操作为主的操作区域,然后在各自类型的区域内进一步划分。

详情页面结构草图的绘制,需注意以下几方面的内容。

(1) 页面整体功能的划分和描述。
(2) 页面交互操作区域按钮的划分和描述。
(3) 商品详情展示区域的内容如何解决超长内容的显示问题。
(4) 商品详情内容可以根据显示类型大致分为几种类型。
(5) 商品扩展信息包括的内容。

请按本任务的任务要求,绘制详情页面结构草图,草图示例如图 2-7 所示。

构思详情页面结构

图 2-7 详情页面结构草图

2.7.3 自我测试

1. 判断题

(1) 详情页面的显示区域和交互操作区域是并列的两个区域。（　　）
(2) 商品详情的显示区域大小固定,但显示内容可以上下滚动。（　　）
(3) 详情页面中操作区域的大小和位置都是固定的。（　　）
(4) 详情页面中允许多个按钮跳转到同一个页面。（　　）
(5) 详情页面结构草图中可以直接要求某个区域的大小尺寸。（　　）

2. 填空题

(1) 在绘制展示商品图片部分时,需要注意采用能够_____的展示方式。
(2) 能够显示多条评价记录是页面的_____功能,有联系客服的入口是页面的_____功能。
(3) 详情页面采用的画板类型为_____,与列表页面的画板类型_____。

(4) 在详情页面的核心功能需求中,包括实现_____的入口。
(5) 在商品详情页面中,用户可以实现_____、_____、_____、_____、_____、_____的操作。

任务 2.8 购物车自提页面结构草图

2.8.1 任务要求

通过对业务流程简图进行分析,购物车自提页面结构草图应具有如表 2-8 所示的功能。

表 2-8 业务流程简图分析表(购物车自提页面)

需求类型	需求描述
核心功能需求	1. 能够显示多个待付自提商品 2. 能够显示支付总金额 3. 有支付操作入口
拓展功能需求	有页面主题标签切换功能

绘制购物车自提页面结构草图,是指根据购物车自提页面的主要功能需求,将不同的功能划分到相应的区域范围中。在显示功能方面,需划分待付自提记录的显示区域、购物车主题切换标签的显示区域和购物车支付金额的显示区域。在交互功能方面,需要指定自提支付交互操作区域和购物车主题切换交互操作区域。由于购物车页面具有复合型特点,需要清晰地描述这些功能的显示位置和操作方式。

验收标准如下。
(1) 草图能够标识多个自提订单的展示方式。
(2) 草图能够标识购物车自提页面主题标签切换方式。
(3) 草图能够标识自提订单支付的操作方式。
(4) 草图能够描述其他拓展信息。

2.8.2 实践指导

本任务需要完成购物车自提页面订单内容的显示。购物车自提页面可以展示多个主题内容,可将其划分为三个主要部分,分别用于显示主题标签、主题内容和应付金额。这样划分可以让用户方便地管理购物车内的商品信息,并清晰地了解所需支付的金额。

在绘制购物车自提页面结构草图时,需注意以下几个方面的内容。

(1) 对购物车自提页面整体功能进行明确的划分和描述,使用户能够清晰了解各个区域的作用和所展示的内容。
(2) 着重识别购物车自提结构的主体部分,以便用户在浏览页面时快速找到所需信息。
(3) 考虑当购物车自提内容清单过长时的显示方式,采用合适的布局和滚动方式,让用户可以方便地浏览全部内容。

请按本任务的任务要求,绘制购物车自提页面结构草图,草图示例如图 2-8 所示。

构思购物车自提页面结构

图 2-8 购物车自提页面结构草图

2.8.3 自我测试

1. 判断题

（1）购物车自提页面只有采用整体滚动类型的页面，才能显示更多订单。（　）
（2）购物车页面的整体结构必须分为三个部分。（　）
（3）购物车自提页面结构草图可以不用标注当前主题标签按钮。（　）
（4）购物车自提页面结构草图中可以采用省略号表示多个自提订单。（　）
（5）购物车自提页面结构草图中的上下箭头可以用来表示内容在给定区域内的上下滚动。
（　）

2. 填空题

（1）购物车自提页面的核心需求有_____、_____、_____。
（2）购物车自提页面的拓展需求为_____。
（3）对于点击支付功能，需要确定_____标识。
（4）对于主题切换功能，可以利用_____进行标识。
（5）在购物车自提页面结构草图中，需要对_____部分确定多商品展示的方法。

任务 2.9　购物车快递页面结构草图

2.9.1 任务要求

通过对业务流程简图进行分析，购物车快递页面应具有如表 2-9 所示功能。

表 2-9　业务流程简图分析表（购物车快递页面）

需求类型	需求描述
核心功能需求	1. 能够显示多个待付快递商品 2. 能够显示待付总金额 3. 有支付操作入口 4. 能够显示收货地址
拓展功能需求	1. 有页面主题标签切换功能 2. 有进入地址录入页面入口

购物车快递页面结构草图绘制，就是要根据购物车快递页面的主要功能需求，针对不同的功能划定不同的区域范围。在显示功能方面，需要划定待付快递记录的显示区、快递收货地址的显示区域、购物车支付金额的显示区域、购物车主题切换标签的显示区域。在交互功能方面，需要指定快递支付的交互操作区域、进入地址录入页面的交互操作区域、购物车主题切换的交互操作区域。

验收标准如下。

（1）草图能够标识多个快递订单的展示方式。
（2）草图能够标识快递收货地址的展示方式。
（3）草图能够标识购物车快递页面主题标签的切换方式。
（4）草图能够标识快递订单支付的操作方式。
（5）草图能够描述其他拓展功能。

2.9.2 实践指导

本任务需要完成购物车快递页面订单内容的显示。购物车快递页面可以展示多个主题内容,可将其划分为三个主要部分,分别用于显示主题标签、主题内容和应付金额,其中快递的主题内容又可以分为收货地址区域和快递订单列表区域。这样划分可以让用户方便地管理购物车内的商品信息,并清晰地了解所需支付的金额。

在绘制购物车快递页面结构草图时,需要注意以下几个方面的内容。

(1) 根据购物车快递页面显示内容的需要,合理划分页面整体结构。

(2) 识别购物车快递页面的核心显示内容。

(3) 如何实现收货地址的显示和交互操作。

请按本任务的任务要求,绘制购物车快递页面结构草图,草图示例如图 2-9 所示。

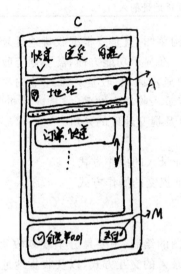

构思购物车快递
页面结构

图 2-9 购物车快递页面结构草图

2.9.3 自我测试

1. 判断题

(1) 购物车快递页面结构草图,可以不用显示收货地址信息。 ( )

(2) 快递订单可以限定在一个区域内滚动显示。 ( )

(3) 购物车快递页面的主题标签中,同一时刻只能有一个处于激活状态。 ( )

(4) 快递订单应该匹配一个点击的交互动作,这样功能更丰富。 ( )

(5) 购物车快递页面结构草图中,分割线的有无不会影响业务功能。 ( )

2. 填空题

(1) 购物车快递页面的核心功能需求有_____、_____、_____、_____。

(2) 用户可以对不想要的商品进行_____,对商品数量进行_____。

(3) 当用户选择待支付商品时,页面需显示_____。

(4) 购物车快递页面的快递寄送订单部分采用的是_____滚动方式。

任务 2.10 收货地址录入页面结构草图

2.10.1 任务要求

通过对业务流程简图进行分析,收货地址录入页面应具有如表 2-10 所示的功能。

表 2-10 业务流程简图分析表(收货地址录入页面)

需求类型	需求描述
核心功能需求	1. 能够录入收货人姓名 2. 能够录入收货人手机号 3. 能够录入收货人地址 4. 能够录入收货详情地址 5. 有提交收货地址的入口

绘制收货地址录入页面结构草图,就是要根据收货地址录入页面的主要功能需求,针对不同的功能划定不同的区域范围。在显示功能方面,需要划定收货人姓名的显示区域、收货人手机号的显示区域、收货人地址的显示区域、收货详细地址的显示区域和"提交"按钮的显示区域。在交互功能方面,需要指定录入收货人姓名、收货人手机号、收货人地址和收货详细地址的交互操作区域和交互方式,以及提交地址的入口。

验收标准如下。
(1) 草图能够标识收货地址录入的操作方式。
(2) 草图能够标识收货地址提交的操作方式。

2.10.2 实践指导

收货地址录入页面结构草图的绘制,主要是分别规划收货人姓名、收货人手机号、收货地址和收货详情地址显示位置和录入的交互方式,以及收货地址的"提交"按钮位置和提交方式。

在绘制收货地址录入页面结构草图时,需要注意以下几个方面的内容。
(1) 根据业务需求设置录入收货地址的具体条目。
(2) 每个条目分别由标签名和信息内容组成。
(3) 注意"提交"按钮的大小规划和位置设置,确保页面布局一致。

请按本任务的任务要求,绘制收货地址录入页面结构草图,草图示例如图 2-10 所示。

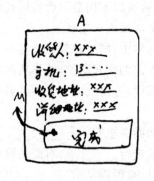

构思收货地址录入页面结构

图 2-10 收货地址录入页面结构草图

2.10.3 自我测试

1. 判断题

(1) 收货地址录入页面结构草图中收货地址元素一定要充满整个页面。（ ）

(2) 收货地址录入页面结构草图中可以采用示例数据描述页面结构。（ ）

(3) 收货地址录入页面结构草图中所有元素必须严格上、下、左、右的对齐,做到界面美观。（ ）

(4) 收货地址录入页面结构草图中的页面跳转不能用箭头标识,必须用跳转命令标识。（ ）

(5) 收货地址录入页面结构草图绘制的目的是构思页面结构,甲方无须参与其中。（ ）

2. 填空题

(1) 在收货地址录入页面中点击完成,进入的是_____页面。

(2) 在收货地址录入页面中用户需要能够录入_____、_____、_____、_____。

(3) 在收货地址录入页面,用户需要先_____,然后点击_____。

任务 2.11　我的自提页面结构草图

2.11.1　任务要求

通过对业务流程简图进行分析,我的自提页面应具有如表 2-11 所示的功能。

表 2-11　业务流程简图分析表(我的自提页面)

需求类型	需求描述
核心功能需求	1. 显示多个自提取货商品 2. 有进入自提码页面的入口
拓展功能需求	1. 显示买家头像 2. 显示买家昵称 3. 能够切换页面主题标签

绘制我的自提页面结构草图,就是要根据我的自提页面的主要功能需求,针对不同的功能划定不同的区域范围。在显示功能方面,需要划定多个自提待取商品的显示区域、我的自提页面主题切换标签的显示区域、买家信息的显示区域。在交互需求方面,需要指定进入自提页面的交互操作区域和交互方式,以及主题切换的交互操作区域和交互方式。

验收标准如下。

(1) 草图能够标识多个自提摘要的展示方式。

(2) 草图能够标识进入自提码页面的操作方式。

(3) 草图能够标识我的自提页面主题标签的切换方式。

(4) 草图能够描述其他拓展功能。

2.11.2　实践指导

个人中心页面由五个主题组成,本次任务是绘制我的自提页面结构草图。根据页面显示内容的要求,需要在页面中划分出显示主题标签的区域、买家信息展示的区域、显示主题内容的区域。

主题区域要求自提订单能够以列表形式显示。在交互需求方面,分别是进入个人名片交互操作区域划分和进行自提码页面交互操作区域划分。

在绘制我的自提页面结构草图时,需要注意以下几个方面的内容。

(1) 整体规划页面三个主要内容区域的划分。

(2) 考虑自提订单列表超长范围的显示方法。

(3) 如何标注当前激活状态的主题标签。

请按本任务的任务要求,绘制我的自提页面结构草图,草图示例如图 2-11 所示。

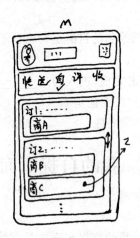

构思我的自提
页面结构

图 2-11 我的自提页面结构草图

2.11.3 自我测试

1. 判断题

(1) 我的自提页面结构与我的收藏页面结构采用了同一种页面结构。 （ ）

(2) 个人中心页面主体部分的显示内容应该与主题标签一致。 （ ）

(3) 主题标签的激活状态与显示主题内容无关。 （ ）

(4) 点击自提订单中的任何订单都应该跳转到自提码页面。 （ ）

(5) 我的自提页面中的买家信息结构与主题内容显示无关。 （ ）

2. 填空题

(1) 我的自提页面的核心功能需求有_____、_____、_____。

(2) 我的自提页面的拓展功能需求有_____、_____。

(3) 当点击待取货的自提商品时,进入的是_____页面。

(4) 我的自提页面采用的画板类型为_____。

任务 2.12　自提码页面结构草图

2.12.1　任务要求

通过对业务流程简图进行分析,自提码页面应具有如表 2-12 所示的功能。

表 2-12　业务流程简图分析表（自提码页面）

需 求 类 型	需 求 描 述
核心功能需求	显示提货二维码
拓展功能需求	显示自提订单信息

绘制自提码页面结构草图，就是要根据自提码页面的主要功能需求，针对不同的功能划定不同的区域范围。在显示功能方面，需要划定自提二维码的显示区域和自提订单信息的显示区域。由于本页面无交互操作，因此无须考虑交互功能。

验收标准如下。

（1）草图能够标识自提码的展示方式。

（2）草图能够描述其他拓展功能。

2.12.2　实践指导

自提码页面是展示提货码信息的展示类型页面，无交互操作。自提码页面的显示核心是提货二维码，因此，在进行页面结构草图绘制时，应着重考虑二维码的显示，其余信息可以作为辅助修饰性显示元素。

在绘制自提码页面结构草图时，需要注意以下几个方面的内容。

（1）识别自提码页面的核心展示内容。

（2）合理规划页面整体结构，凸显页面主体元素。

请按本任务的任务要求，绘制自提码页面结构草图，草图示例如图 2-12 所示。

构思自提码
页面结构

图 2-12　自提码页面结构草图

2.12.3　自我测试

1. 判断题

（1）从功能角度考虑，自提码页面可以仅显示二维码。（　　）

（2）自提码页面中，商品订单可起到辅助说明作用。（　　）

（3）自提码页面中，二维码是供买家点击的操作入口。（　　）

（4）自提码页面是一个可以独立显示的页面。（　　）

（5）绘制结构草图的作用之一是有助于和甲方沟通交流。（　　）

2. 填空题

（1）在自提码页面中，显示提货二维码是_____功能需求，显示自提订单信息是_____功能需求。

（2）买家在自提商品的流程中，需要向卖家提供_____，卖家需要核验买家的_____及_____。

（3）自提码页面采取的画板类型为_____。

任务 2.13　我的快递页面结构草图

2.13.1　任务要求

通过对业务流程简图进行分析，我的快递页面应具有如表 2-13 所示的功能。

表 2-13　业务流程简图分析表（我的快递页面）

需求类型	需求描述
核心功能需求	1. 显示多个快递商品 2. 点击未发货，显示弹窗 3. 点击已发货，显示物流
拓展功能需求	1. 显示买家头像 2. 显示买家昵称 3. 能够切换页面主题标签

绘制我的快递页面结构草图，就是要根据我的快递页面的主要功能需求，针对不同的功能划定不同的区域范围。在显示功能方面，需要划定多个快递待取商品的显示区域、我的快递页面主题切换标签的显示区域、买家信息的显示区域。在交互功能方面，需要指定进入物流查询页面的交互操作区域和交互方式，以及个人中心页面主题切换的交互操作区域和交互方式。

验收标准如下。

（1）草图能够标识多个快递摘要的展示方式。

（2）草图能够标识进入物流查询页面的操作方式。

（3）草图能够标识我的快递页面主题标签切换方式。

（4）草图能够描述其他拓展功能。

2.13.2　实践指导

我的快递页面中的第一个主题是快递订单，若前面已完成我的自提页面的整体结构设计，则本任务仅需完成我的快递订单结构草图绘制。我的快递页面的订单列表展示与我的自提页面的订单列表展示的类型相同，二者仅内容不同，在设计时可以借鉴我的自提页面订单结构草图。

在绘制我的快递页面结构草图时，需要注意以下几个方面的内容。

（1）我的快递页面与我的自提页面采用同一种页面结构。

（2）如何标识快递标签为当前激活状态。

（3）借鉴我的自提页面的列表结构绘制我的快递页面的列表结构。

请按本任务的任务要求，绘制我的快递页面结构草图，草图示例如图 2-13 所示。

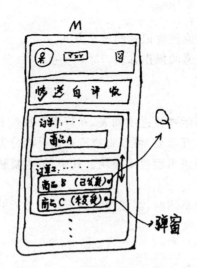

构思我的快递
页面结构

图 2-13 我的快递页面结构草图

2.13.3 自我测试

1. 判断题

（1）我的快递页面结构草图是通过复制我的自提页面结构草图加以修改后完成的。（　　）

（2）我的快递页面中的主题标签，在同一时刻只能有一个标签为激活状态。（　　）

（3）在我的快递页面中点击快递订单，一定会跳转到物流查询页面。（　　）

（4）绘制我的快递页面结构草图时，应该确定快递订单的订单属性。（　　）

（5）绘制草图是为了提高沟通效率。（　　）

2. 填空题

（1）我的快递页面的核心功能需求有_____、_____、_____。

（2）我的快递页面的拓展功能需求有_____、_____、_____。

（3）当点击已发货的商品时，需约定_____标识。

任务 2.14　物流查询页面结构草图

2.14.1　任务要求

通过对业务流程简图进行分析，物流查询页面结构草图应具有如表 2-14 所示的功能。

表 2-14　业务流程简图分析表（物流查询页面）

需求类型	需求描述
核心功能需求	1. 显示物流进度 2. 点击按钮完成签收，返回个人中心页面

绘制物流查询页面结构草图，就是要根据物流查询页面的主要功能需求，针对不同的功能划定不同的区域范围。在显示功能方面，需要划定物流进度记录的显示区域和签收按钮的显示区域。在交互需求方面，需要指定签收按钮的交互区域和交互方式。

验收标准如下。

(1) 草图能够标识多条物流进度记录的展示方式。

(2) 草图能够标识签收快递的操作方式。

2.14.2 实践指导

物流查询页面主要负责显示物流进度列表,在规划页面结构时,需要凸显这一主要功能。根据物流查询页面的显示和交互需要,可以将物流查询页面分为三个模块,分别是物流进度列表模块、签收货物按钮模块、物流页面说明模块。其中,签收货物模块具有交互操作,其他模块仅有信息显示功能。

在绘制物流查询页面结构草图时,需要注意以下几个方面的内容。

(1) 识别页面主体显示内容。

(2) 凸显页面主体内容。

(3) 规划页面签收按钮区域。

请按本任务的任务要求,绘制物流查询页面结构草图,草图示例如图 2-14 所示。

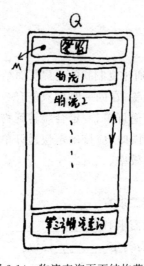

构思物流查询
页面结构

图 2-14 物流查询页面结构草图

2.14.3 自我测试

1. 判断题

(1) 物流进度可借助第三方软件查询,因此物流查询页面可以独立显示。 (   )

(2) 物流列表是一个可以点击交互的操作入口。 (   )

(3) 签收按钮是物流查询页面唯一可以点击交互的操作入口。 (   )

(4) 由于页面显示范围有限,物流查询页面只能显示有限的几条物流进度记录。 (   )

(5) 从功能角度考虑,物流查询页面的说明部分可以省略。 (   )

2. 填空题

(1) 物流查询页面的核心功能需求有_____、_____。

(2) 当点击签收按钮时,返回的是_____页面。

(3) 在物流进度页面,采用的是_____画板类型。

任务 2.15　我的已收订单页面结构草图

2.15.1　任务要求

通过对业务流程简图进行分析，我的已收订单页面应具有如表 2-15 所示的功能。

表 2-15　业务流程简图分析表（我的已收订单页面）

需求类型	需求描述
核心功能需求	1. 显示多个已收货商品 2. 点击未评，显示评价页面 3. 点击已评，显示弹窗
拓展功能需求	1. 显示买家头像 2. 显示买家昵称 3. 能够切换页面主题标签

绘制我的已收订单页面结构草图，就是要根据我的已收订单页面主要功能需求，针对不同的功能划定不同的区域范围。在显示功能方面，需要划定已收货商品列表的显示区域、页面主题切换标签的显示区域、买家信息的显示区域。在交互需求方面，需要指定进入评价页面的交互操作区域和交互方式，以及切换页面主题的交互操作区域和交互方式。

验收标准如下。

（1）草图能够标识多条评价记录的展示方式。

（2）草图能够标识进入评论录入页面的操作方式。

（3）草图能够标识页面主题标签的切换方式。

（4）草图能够描述其他拓展功能。

2.15.2　实践指导

构思我的已收订单页面结构

基于前面已完成我的收藏页面、我的快递页面和我的自提页面的结构设计，本任务仅需完成我的已收订单页面（评价模块）结构草图绘制。我的已收订单页面结构与我的快递页面或我的自提页面相似，因此可以借鉴。

在绘制我的已收订单页面结构草图时，需要注意以下几个方面的内容。

（1）复制备份我的快递页面或我的自提页面结构草图。

（2）更新并标识我的已收订单页面当前主题标签。

（3）修改我的已收订单页面主题内容列表结构。

请按本任务的任务要求，绘制我的已收订单页面结构草图，草图示例如图 2-15 所示。

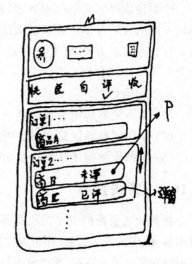

图 2-15　我的已收订单页面结构草图

2.15.3 自我测试

1. 判断题

(1) 我的已收订单页面是用户评价信息的记录。（　　）
(2) 点击我的已收订单一定会跳转到评价录入页面。（　　）
(3) 点击已评价的订单将显示弹窗,展示该订单已评价的记录。（　　）
(4) 点击订单记录展示页面或弹窗,从功能上来讲都是允许的。（　　）
(5) 我的已收订单页面主题激活标签为评价时,才能显示已收订单记录。（　　）

2. 填空题

(1) 在我的已收订单页面中,点击未评,显示_____页面;点击已评,显示_____。
(2) 对于弹窗,约定的线条标识为_____。
(3) 对于多订单展示,需要采用_____方式展示。

任务 2.16　评价录入页面结构草图

2.16.1　任务要求

通过对业务流程简图进行分析,评价录入页面应具有如表 2-16 所示的功能。

表 2-16　业务流程简图分析表(评价录入页面)

需求类型	需求描述
核心功能需求	1. 能够录入商品评价内容 2. 能够点击提交评价内容
拓展功能需求	1. 显示商品图片 2. 显示商品名称 3. 显示下单日期

绘制评价录入页面结构草图,就是要根据评价录入页面的主要功能需求,针对不同的功能划定不同的区域范围。在显示功能方面,需要划定评价内容、评价图片及商品名称等的显示区域。在交互需求方面,需要指定录入评价内容的交互操作区域和交互方式,以及提交评价内容的交互操作区域和交互方式。

验收标准如下。

(1) 草图能够标识录入评价内容的操作方式。
(2) 草图能够标识提交评价内容的操作方式。
(3) 草图能够描述其他拓展功能。

2.16.2　实践指导

评价录入页面的主要功能是评价信息的录入和提交,因此可以将评价录入页面分为商品显示区域、评价录入区域、评价提交区域。商品显示区域仅有显示功能,无交互操作;评价录入区域可设置文本录入方式,用于录入评价内容;评价提交区域采用"提交"按钮,用于提交评价内容。

在绘制评价录入页面结构草图时,需要注意以下几个方面的内容。

(1) 识别页面主体显示内容。

（2）凸显页面主体内容。
（3）标识评价内容的录入方式和录入区域。
（4）规划页面"提交"按钮区域。

请按本任务的任务要求,绘制评价录入页面结构草图,草图示例如图 2-16 所示。

构思评价录入
页面结构

图 2-16　评价录入页面结构草图

2.16.3　自我测试

1. 判断题

（1）评价录入页面的核心功能是录入评价信息。　　　　　　　　　　　　（　　）
（2）评价录入页面一定要显示商品信息。　　　　　　　　　　　　　　　（　　）
（3）评论录入页面可以省略商品图片显示。　　　　　　　　　　　　　　（　　）
（4）评价录入页面中,评价录入和"提交"按钮是不能省略的两个模块。　（　　）
（5）评价录入页面是可以独立显示的页面。　　　　　　　　　　　　　　（　　）

2. 填空题

（1）在评价录入页面中,能够录入商品评价内容是_____功能需求,能够点击提交评价内容是_____功能需求。
（2）评价录入页面的画板滚动类型与我的已收订单页面画板的滚动类型是_____。
（3）当商品未评价时,点击商品,会进入_____页面,在这里用户需要_____,再进行_____。

技能提炼

1. 分析页面核心功能

在设计一个应用程序时,每个页面都有其核心功能和拓展功能。其中,核心功能是一个页面中最重要的、必需的功能,需要满足业务闭环的完整性,以便用户完成特定的操作或任务。例如,在购物应用程序中,商品详情页面的核心功能就是显示商品信息并进行下单操作。而拓展功能则是对核心功能进行补充和增强的附加功能,它可以提高用户的体验感,并且增加应用的功能性和吸引力。在同一例子中,商品详情页面的拓展功能可以包括商品评价、猜你喜欢等推荐以及促销优惠等相关活动的显示。

因此,在设计应用程序时,应根据其核心功能和拓展功能开发每个页面,确保核心功能的完整性和可靠性。在此基础上,优化拓展功能,以提高用户体验和实现更多商业价值。这样才能够满足用户需求,提高应用程序的使用率,并为业务带来更多收益。

(1) 要点

① 围绕应用程序核心功能,优化每个页面的核心功能和拓展功能。

② 页面核心功能,必须能够支撑应用程序核心功能,并且形成完整的闭环。

(2) 约定

① 页面核心功能,是实现应用程序核心功能必不可少的功能。

② 页面拓展功能,对应用程序核心功能来讲并非必需,是一种"锦上添花"的功能。

(3) 练习

讨论并描述图 2-17 中每个页面的核心功能和拓展功能。

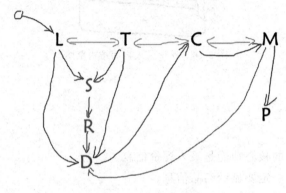

图 2-17　业务流程图

2. 约定画板滚动标识

(1) 规则

为了在草图绘制过程中,规范画板常见类型的描述方法,人们约定了三种常见画板(等高固定画板,超长滚动画板,局部滚动画板)的描述规则,具体规则约定如表 2-17 所示。

表 2-17　约定画板标识表

画板类型	等高固定画板	超长滚动画板	局部滚动画板
约定说明	等高:表示画板高度和手机可视区域高度一致 固定:表示画板在手机可视区域的位置是固定不动的	超长:表示画板高度数值超过手机可视区域高度 滚动:表示在手机的可视区域范围内,画板可上下滚动	局部滚动:表示某个画板内的元素,可以在这个画板限定的范围内上下滚动。而且这个画板的位置及大小都是固定的
草图举例			

(2) 练习

结合自己常用的移动应用，为每个类型的画板找一个应用案例，截屏贴图到表 2-18 中。

表 2-18　应用案例表格

画 板 类 型	等高固定画板	超长滚动画板	局部滚动画板
请找一个符合画板类型要求的移动应用，用手机运行该应用，截屏粘贴到表格内（将截图的高度调到 6cm）			

3. 多商品的展示方法

为了在有限范围内展示多个商品，并让用户能方便地滚动浏览每个商品，可以采用上下箭头的方式。上下箭头表示多个商品可以在指定范围内上下滚动，用户可以点击箭头以查看相应的商品内容。这种方式可以使页面更加简洁，并且在避免信息过度拥挤的同时，提高页面的可读性和易用性。

(1) 特性

在有限范围内，采用滚动方式展示多个商品。

(2) 约定

采用上下箭头，表示多个内容（如商品）可在指定范围内上下滚动。

(3) 练习

请按照页面效果图的商品展示要求，灵活应用多个商品展示技巧，构思并绘制页面结构草图，具体要求如表 2-19 所示。

表 2-19　多商品的展示方法练习

页面效果图	草图绘制说明	页面结构草图
	绘制左图所示效果的购物车页面结构草图	请在此处，绘制页面结构草图：

续表

页面效果图	草图绘制说明	页面结构草图
 (工单列表页面截图)	绘制左图所示效果的工单列表页面结构草图	请在此处,绘制页面结构草图:

4. 约定元素排列规则

在设计过程中需要考虑商品排列的美学和易用性等诸多因素,以确保页面排列不仅具备优秀的可读性和便捷性,同时满足合理的审美标准,以吸引用户。

(1) 规则

同一个区域内的元素排列,有表 2-20 所示的三种方式。

表 2-20 元素排列规则表

排列方式	由左到右,横向对齐排列	由上到下,竖向对齐排列	横向对齐排满,换行排列
草图举例	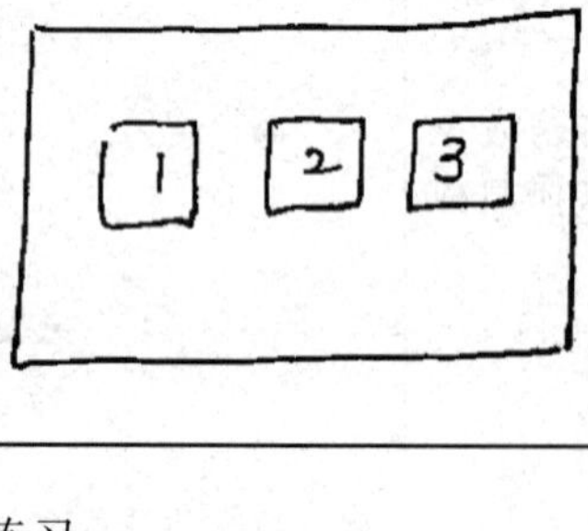 1 2 3	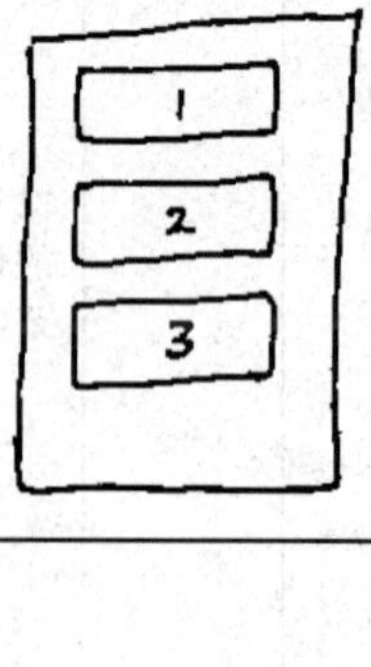 1 / 2 / 3	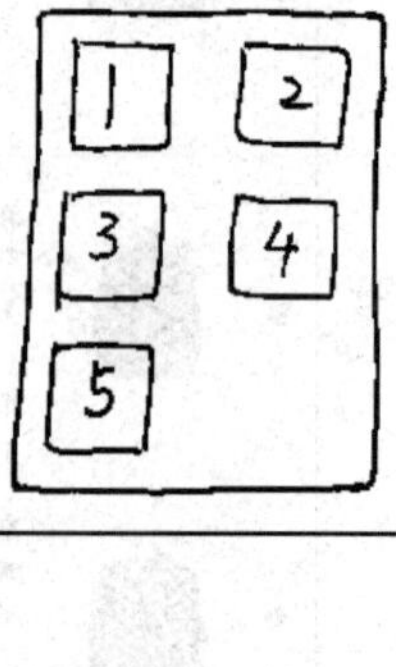 1 2 / 3 4 / 5

(2) 练习

请在表 2-21 中的草图方案 1 和草图方案 2 上修改排列方案,实现元素的排列目标。

5. 约定页面跳转标识

通过设立页面的跳转标识,可以使用户更方便地了解自己在页面上的位置,使操作流程更加顺畅,使未经认证的用户也能轻松了解如何往返于不同页面之间。用户可以快速找到所

表 2-21 排列规则练习表

元素排列目标	[1,3 / 2 布局]	[1,2 / 3 布局]	[1,2 / 3 / 4 布局]
草图方案 1 请直接在草图上修改,但不能修改元素和外层长方形位置和大小	[1,3 / 2 布局]	[1,2 / 3 布局]	[1,2 / 3 / 4 布局]
草图方案 2 请直接在草图上修改,但不能修改元素和外层长方形位置和大小	[1,3 / 2 布局]	[1,2 / 3 布局]	[1,2 / 3 / 4 布局]

需的内容和功能,减少不必要的操作次数,提高用户的工作效率。此外,设立页面的跳转标识还能减少用户的困惑,当用户能够一眼找到他们需要的页面时,可能会降低他们绕弯子、走错路的概率,从而提高应用程序的易用性。

(1) 特性

点击用户页面的某个区域(如按钮等)时,实现跳转或弹出新窗口的动作。

(2) 约定

在需要点击的区域描一个黑点,引出一条带箭头的曲线,曲线终端写明目标页面名称或窗体名称。

(3) 练习

在表 2-22 中绘制一个列表页面简图,在简图中标识如何从商品列表页面跳转到商品详情页面(详情页面用字母 D 表示)。

表 2-22 绘制列表页面简图

	跳转标识
列表页面简图	

课后习题

1. 对于结构草图的绘制,下列说法中正确的是(　　)。
   A. 页面核心功能必须能够支撑应用程序核心功能
   B. 在有限范围内,可以采用滚动方式进行多个商品的展示
   C. 同一个区域内,元素的排列方式有两种
   D. 如果页面需要进行跳转,需要约定页面跳转标识

2. 在购物车自提页面结构草图中,不需要的功能需求是(　　)。
   A. 能够显示多个待付自提商品　　B. 有支付操作入口
   C. 能够显示购物车主题标签的按钮　　D. 能够显示多个待付快递商品

3. 关于页面功能分析,下列说法中正确的是(　　)。
   A. 页面拓展功能必须要有
   B. 页面核心功能可以没有
   C. 页面核心功能必须能够支撑应用程序核心功能
   D. 要围绕应用程序核心功能进行页面功能分析

4. 下面画板类型中正确的是(　　)。
   A. 等高固定画板　　B. 超长滚动画板　　C. 局部滚动画板　　D. 等高滚动画板

5. 在有限范围内展示多种商品时,可采用的展示方法是(　　)。
   A. 拖动方式　　B. 左右翻页方式
   C. 上下滚动方式　　D. 无法进行多种商品展示

6. 进行多元素排列时,下列选项中不是正确的排列方式的是(　　)。
   A. 由左到右,横向对齐排列　　B. 由上到下,斜向对齐排列
   C. 由上到下,竖向对齐排列　　D. 横向对齐排满,换行排列

7. 关于页面跳转,下列说法中错误的是(　　)。
   A. 绘制草图时,如果需要跳转页面,要约定页面跳转标识
   B. 约定页面跳转标识,用一条曲线引出跳转的页面
   C. 约定页面跳转标识时要在点击区域描上一个墨点
   D. 页面跳转包括跳转或弹出新窗体

8. 在绘制列表结构草图时,下列说法正确的是(　　)。
   A. 能够显示多个商品摘要信息　　B. 能够展示多张活动图片
   C. 有进入搜索模块的入口　　D. 能够显示多个商品类别名称

9. type 结构草图的核心要求是(　　)。
   A. 能够显示多个商品类别名称　　B. 有进入搜索模块的入口
   C. 有执行搜索的入口　　D. 有进入商品详情页面的入口

10. 在搜索结果页面中,(　　)的功能是必要的。
    A. 能够显示多个商品　　B. 能够显示多个商品类别名称
    C. 有执行搜索的入口　　D. 有进入详情的入口

11. 详情页面中,可以不存在(　　)的功能。
    A. 有联系客服的入口　　B. 能够显示多张商品图片
    C. 有商品加入购物车入口　　D. 能够显示多条评价记录

12. 对于购物车自提页面,下列描述正确的是(　　)。
    A. 在购物车页面,用户可切换标签按钮,控制购物车页面的显示内容
    B. 页面主题标签切换功能是必须要有的
    C. 购物车页面能够显示自提商品应付总金额
    D. 必须要有能够显示多个待付快递商品的功能
13. 在收货地址录入页面中,(　　)是必要的。
    A. 收货人姓名　　B. 收货人地址　　C. 收货人手机号　　D. 收货详细地址
14. 对于我的自提结构页面,说法错误的是(　　)。
    A. 可以不显示买家头像　　　　　　B. 必须要显示自提取货的商品
    C. 自提码要显示提货凭证　　　　　D. 必须要显示自提订单信息
15. 在评价录入页面,用户可实现(　　)操作。
    A. 查看已收货商品　　　　　　　　B. 可以对商品进行评价
    C. 点击已评商品,可以显示弹窗　　D. 对商品进行追评

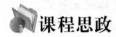

课程思政

1. 关注社会时事

在绘制移动购物应用程序相关页面结构草图的过程中,引导学生关注当前社会热点问题,并思考这些热点问题背后涉及的思想、价值观和人生观等内容。例如,在绘制页面结构草图的过程中,引导学生不仅要思考如何设计更符合用户需求和习惯的页面结构,同时也需要思考如何避免信息泄露和信息收集对用户造成的影响等问题。通过这样的思考和讨论,帮助学生形成正确的价值观和积极进取的精神。

2. 掌握交流和沟通技巧

在绘制整体页面结构草图的过程中需要采集用户需求,并与项目组进行沟通和协作,因此,要掌握有效的交流和沟通技巧,学会倾听和理解他人观点,提出正确的问题和建议,并最终促使团队产生更好的设计结果。在交流和沟通的过程中,要养成良好的沟通和协作习惯,为未来职业发展做好充分准备。

3. 培养创新意识和实践能力

页面结构草图的绘制需要学生具备创新意识和实践能力。在课堂中,引导学生要思考如何采用更优秀的设计理念和技术,如何进行有效的 A/B 测试和迭代优化,以提高页面的用户体验和价值。通过这样的实践和创新,帮助学生更好地适应社会发展和未来变化。

4. 思考

(1) 在移动购物应用程序的页面设计中,如何遵循商业道德和社会责任,保护消费者的合法权益和数据安全?

(2) 如何通过跨学科协作,实现更好的页面设计结果,发挥团队的最大优势?

(3) 如何在页面设计中满足用户体验和情感教育,达到更好的用户满意度和品牌忠诚度?

(4) 如何通过数字化技术和设计创新,满足多元化的用户需求和产业发展需求?

(5) 如何通过创新思维和社会责任,推动电商行业健康有序发展,实现经济、社会和人类的共同发展?

单元3

制作页面效果图

制作页面效果图的目的是在页面具体开发前,让甲方看到页面最终的视觉效果,并取得甲方对页面效果的认可。

制作页面效果图时应以页面结构草图为参考,先利用在线即时设计工具绘制页面结构图,然后在结构图的各个区域中填充相应的图片或文本等内容,最后调试页面整体视觉效果。

在制作效果图的整个过程中,可以征询甲方的修改建议,并进行相应的调整和修改。待以上工作完成后,导出最终的页面效果图,作为后续开发的基准。

思维导图

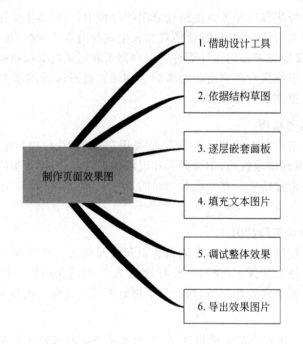

知识目标
- 理解制作页面效果图的作用;
- 掌握页面顶层画板尺寸的要点;
- 掌握画板嵌套结构的绘制要点;
- 掌握智能图片填充的操作方法;
- 理解画板背景颜色的设置目的;
- 掌握画板填充文本的字体设置;
- 掌握页面效果图片的导入方法。

技能目标
- 能够根据页面结构确定画板的尺寸;
- 能够正确处理效果和画板尺寸的关系;
- 能够熟练应用即时设计工具做效果;
- 能够正确处理页面和画板的嵌套关系;
- 能够充分利用画板背景色提升效率;
- 能够合理填充页面图文展示的内容。

素养目标
- 加强职业观念,提升道德素养;
- 具备一定的逻辑思维能力;
- 具备一定的团队合作能力,沟通及学习能力。

任务 3.1 列表页面效果图

3.1.1 任务要求

通过对列表页面结构草图进行分析,并结合页面显示需求,采用即时设计(https://js.design/)工具,制作列表页面效果图。列表页面的显示需求如表 3-1 所示。

表 3-1 列表页面显示需求

列表页面结构草图	页面显示需求
	商品摘要信息(6 项内容): 1. 商品主图:自选照片占位显示 2. 商品名称:牛肉面 3. 商品简介:大块牛肉十足…… 4. 商品配送:到店自提/快递寄送 5. 商品价格:10.99 元 6. 商品规格:份 交互操作: 1. 点击搜索时,跳转到搜索录入页面 2. 切换轮播图片,当前轮播图片随之更新 3. 点击商品时,跳转到商品详情页面 4. 上下滚动页面,使列表页面展示更多商品

验收标准如下。
(1) 效果图能够展示多个商品摘要。
(2) 效果图能够完整展示商品摘要信息。
(3) 效果图能够展示其他拓展功能。
(4) 效果图的展示效果和内容得到甲方确认。

3.1.2 实践指导

列表页面效果图,是在列表页面结构草图得到确认的前提下,以结构草图为基础,利用即时设计工具按照由外到内、由大到小的设计原则,逐步进行页面元素位置的确定和大小的调试,并在页面元素中填充图片及文本等装饰性元素,以调试页面的整体效果。

制作列表页面效果图,需要注意以下几方面的内容。

(1) 列表页面基本框架的绘制和各画板命名。

(2) 列表页面元素大小和相对位置的调整。

(3) 合理选用不同的背景可视化设计调整页面结构。

(4) 文本、图片等页面装饰元素的填充及大小的位置的调整。

(5) 商品细节属性的填充和调整。

(6) 商品元素的复制和布局调整。

(7) 效果图背景色处理。

(8) 效果图的导出和保存。

列表页面
效果图制作

请按本任务的任务要求,导出列表页面的效果图,效果图示例如图 3-1 所示。

图 3-1　列表页面效果图

3.1.3　自我测试

1. 判断题

(1) 制作列表页面效果图时,画板绘制的先后没有顺序要求。　　　　　　　　(　　)

(2) 制作列表页面效果图时,最外层画板的宽度为 750rpx。　　　　　　　　　(　　)

(3) 制作列表页面效果图时,最外层画板高度为 1334rpx。　　　　　　　　　(　　)

(4) 制作列表页面效果图时,画板大小需根据结构草图给定的尺寸进行绘制。　(　　)

(5) 制作列表页面效果图时,画板的大小和距离不能调整。　　　　　　　　　(　　)

(6) 列表页面效果图,要先有草图画板尺寸,才能制作页面效果图。　　　　　(　　)

(7) 列表页面效果图中画板尺寸的大小和位置,需和甲方协商。　　　　　　　(　　)

(8) 效果图中画板尺寸如果为小数，不建议调整为整数。　　　　　　　（　　）
(9) 列表页面效果图中的商品列表，只需绘制一个商品即可表示整个列表。（　　）
(10) 绘制效果图是一项可以省略的工作。　　　　　　　　　　　　　（　　）

2. 填空题

(1) 效果图的展示效果和内容需要和_____进行沟通确认。

(2) 对于列表页面来说，子画板高度之和_____超出 1334rpx。

(3) 商品摘要信息主要有_____、_____、_____、_____、_____。

(4) 在商品配送信息中，分为_____、_____。

(5) 在设计子画板尺寸时，子画板尺寸可用_____，也可用_____。

任务 3.2　分类页面效果图

3.2.1　任务要求

通过对分类页面结构草图进行分析，并结合页面显示需求，采用即时设计（https://js.design/）工具，制作分类页面效果图。分类页面的显示需求如表 3-2 所示。

表 3-2　分类页面商品显示需求

分类页面结构草图	页面显示需求
（手绘草图）	商品类别名称： 学习、乐器、玩家、箱包 过滤商品摘要（5 项内容）： 1. 商品主图：自选照片占位显示 2. 商品名称：笔记本 3. 商品配送：快递寄送/到店自提（不同类型标识显著） 4. 商品价格：10.99 元 5. 商品规格：份 交互操作： 1. 点击搜索时，跳转到搜索录入页面 2. 点击商品类别，当前类别标识更新，过滤商品随之更新 3. 点击商品时，跳转到商品详情页面

验收标准如下。

(1) 效果图能够展示多个商品类别。

(2) 效果图能够展示多个商品摘要。

(3) 效果图能够完整展示商品摘要信息。

(4) 效果图能够展示其他拓展功能。

(5) 效果图的展示效果和内容得到甲方确认。

3.2.2　实践指导

在设计分类页面效果图时，要先根据分类页面结构草图和商品类别名称设计商品类别的布局结构。在页面左部设置商品类别标签,依次为"学习""乐器""玩家"和"箱包",在页面右部以卡片形式展示符合筛选条件的商品(如选择"学习"类别后,只显示出与学习相关的笔记本等商品)。每张卡片都要包括商品主图、商品名称和商品价格信息,配送方式则通过醒目的不同标识高亮显示。此外,还需要附有商品规格的说明,帮助用户更好地了解商品。

在交互操作方面,要添加顶部搜索栏,使用户可以轻松地查找所需商品。当用户点击商品类别时,要能更新当前类别标志,并且已过滤的商品应立即显示;而点击某商品时,则会向详细页跳转,显示商品的完整信息和照片等。

制作分类页面效果图,需注意以下几方面的内容。

(1) 分类页面基本框架的绘制和各画板命名。
(2) 分类页面元素大小和相对位置的调整。
(3) 合理选用不同的背景可视化设计调整页面结构。
(4) 商品类别选中后的背景色设置。
(5) 商品图片和商品名称等元素大小比例的设置调试。
(6) 商品配送方式的背景色设置和区分。

分类页面
效果图制作

请按本任务的任务要求,导出分类页面的效果图,效果图示例如图 3-2 所示。

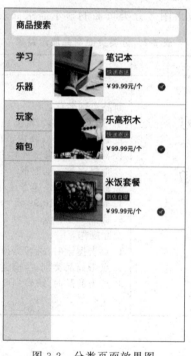

图 3-2 分类页面效果图

3.2.3 自我测试

1. 判断题

(1) 在分类页面中对画板命名时,建议名称不要重复。 (　　)
(2) 分类页面效果图的高度可以由设计人员自定。 (　　)
(3) 分类页面效果图中商品类别列表必须由 4 个类别组成。 (　　)
(4) 分类页面效果图中不同商品的图片可以相同。 (　　)

(5) 商品中不同的配送类型建议采用不同的背景色表示。（　　）
(6) 分类页面效果图中商品之间的分隔线是可有可无的元素。（　　）
(7) 制作分类页面效果图是设计人员的工作,此工作无须甲方参与。（　　）
(8) 分类页面效果图制作时,只要展示效果用户满意即可。（　　）
(9) 分类页面效果图中页面颜色的搭配要符合商品类型特征。（　　）
(10) 效果图是后期页面制作的效果依据。（　　）

2. 填空题

(1) 在分类页面效果图中,顶层画板的高度为_____。
(2) 在分类页面效果图中,顶层画板的宽度为_____。
(3) 分类页面效果图中展示的商品摘要信息主要有_____、_____、_____、_____、_____、_____。
(4) 在分类页面的交互操作中,点击搜索,需要跳转到_____页面。
(5) 如果想要分类查找商品,可以点击_____,然后就可以更新_____。

任务 3.3　搜索录入页面效果图

3.3.1　任务要求

依据搜索录入页面结构草图,并结合页面显示需求,采用即时设计(https://js.design/)工具,制作搜索录入页面效果图。搜索录入页面的显示需求如表 3-3 所示。

表 3-3　搜索录入页面显示需求

搜索录入页面结构草图	页面显示需求
（草图）	关键词录入信息： 1. 有关键词信息时,如录入"面条",此时搜索按钮处于启用状态 2. 无关键词信息时,显示提示"请录入关键词",此时搜索按钮禁用状态 交互操作： 1. 录入关键词内容,搜索按钮启用标识 2. 关键词为空时,搜索按钮禁用标识 3. 在搜索按钮启用状态下,点击搜索按钮,跳到搜索结果页面

验收标准如下。
(1) 效果图能够展示录入关键词编辑框效果。
(2) 效果图能够展示搜索按钮的点击效果。
(3) 效果图展示效果和内容得到甲方确认。

3.3.2　实践指导

在设计搜索录入页面效果图时,要先根据搜索录入页面结构草图和关键词录入信息,设计关键词录入及确认的布局结构。在页面布局中,搜索框位于页面的上部,旁边有一个带有"搜索"标签的按钮,里面是提示信息"请录入关键词"。此外,还要设计一个清晰易用的输入结构,使用户可以在其中快速轻松地录入关键词。按照惯例,这个输入框应该位于页面顶部并具有明确标签。

在交互操作方面,要求在输入关键词时搜索按钮处于启用状态,可点击进行搜索;当未输入任何关键词时,搜索按钮应禁用,并在搜索框内显示"请输入关键词"。

综上所述,在设计搜索录入页面时,需要特别关注输入结构、交互操作设计、界面优化,以确保用户能够有一个方便的搜索体验,并且能够获得他们需要的信息。

搜索录入页面效果图制作,需注意以下几方面的内容。

(1) 搜索录入页面基本框架的绘制和各画板命名。

(2) 搜索按钮的两种不同状态。

(3) 搜索录入框的两种不同状态的显示。

请按本任务的任务要求,导出搜索录入页面的效果图,效果图示例如图 3-3 所示。

搜索录入页面
效果图制作

图 3-3　搜索录入效果图

3.3.3　自我测试

1. 判断题

(1) 编辑框中有提示显示信息时,表明编辑框的内容为空。　　　　　　　　　　(　)

(2) 搜索按钮的状态(启用、禁用),由搜索按钮本身决定。　　　　　　　　　　(　)

(3) 只要编辑框里面有内容录入,搜索按钮就为启用状态。　　　　　　　　　　(　)

(4) 搜索按钮的背景色为灰色时,表示该按钮暂时无法使用。　　　　　　　　　(　)

(5) 在页面设计时,页面的元素一定要充满整个屏幕。　　　　　　　　　　　　(　)

2. 填空题

(1) 当有关键词信息被录入,如录入"面条"时,此时搜索按钮为　　　　状态。

(2) 当搜索按钮为禁用状态时,搜索框会显示　　　　。

(3) 搜索录入页面展示的商品摘要信息主要有　　　、　　　、　　　、　　　、

_____、_____、_____。

(4)在交互操作中,点击搜索,需要跳转到_____页面。

任务 3.4 搜索结果页面效果图

3.4.1 任务要求

依据搜索结果页面结构草图,并结合页面显示需求,采用即时设计(https://js.design/)工具,制作搜索结果页面效果图。搜索结果页面的显示需求如表 3-4 所示。

表 3-4 搜索结果页面显示需求

搜索结果页面结构草图	页面显示需求
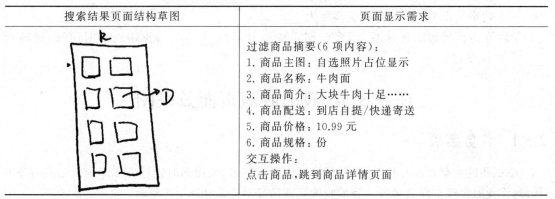	过滤商品摘要(6 项内容): 1. 商品主图:自选照片占位显示 2. 商品名称:牛肉面 3. 商品简介:大块牛肉十足…… 4. 商品配送:到店自提/快递寄送 5. 商品价格:10.99 元 6. 商品规格:份 交互操作: 点击商品,跳到商品详情页面

验收标准如下。
(1)效果图能够展示多个商品摘要。
(2)效果图能够完整展示商品摘要信息。
(3)效果图有点击摘要进入详情的入口。
(4)效果图的展示效果和内容得到甲方确认。

搜索结果页面
效果图制作

3.4.2 实践指导

在设计搜索结果页面效果图时要先根据搜索结果结构草图和过滤商品摘要,设计过滤商品摘要的布局结构,制作搜索结果页面效果图。该页面的商品以卡片形式显示,可以显示多个商品摘要信息,设计时要注意在页面内同时显示多个商品时的边距控制。

制作搜索结果页面效果图,需注意以下几方面的内容。
(1)搜索结果页面基本框架的绘制和各画板命名。
(2)搜索结果页面的布局可以参照商品列表布局。

请按任务的任务要求,导出搜索结果页面的效果图,效果图示例如图 3-4 所示。

图 3-4 搜索结果页面效果图

3.4.3 自我测试

1. 判断题

(1) 搜索结果页面和商品列表页面可以采用同样列表结构布局。　　　　　　（　　）
(2) 搜索结果页面作为列表类型页面，可以独立运行显示。　　　　　　　　（　　）
(3) 搜索结果页面的商品列表可以显示多个商品。　　　　　　　　　　　　（　　）
(4) 设计搜索结果页面的列表时，可以复制列表页面的商品列表结构。　　　（　　）
(5) 在搜索结果页面的效果图中，要求商品列表中的商品要属于同一类。　　（　　）

2. 填空题

(1) 搜索结果页面效果图的展示效果，需要得到_____确认。
(2) 搜索结果页面的顶层画板高度为_____。
(3) 在进行效果图设计时，需要能够完整展示商品_____，点击商品时，可以跳转到_____页面。

任务 3.5　我的收藏页面效果图

3.5.1 任务要求

依据我的收藏页面结构草图，并结合页面显示需求，采用即时设计（https://js.design/）工具，制作我的收藏页面效果图。我的收藏页面的显示需求如表 3-5 所示。

表 3-5　我的收藏页面显示需求

我的收藏页面结构草图	页面显示需求
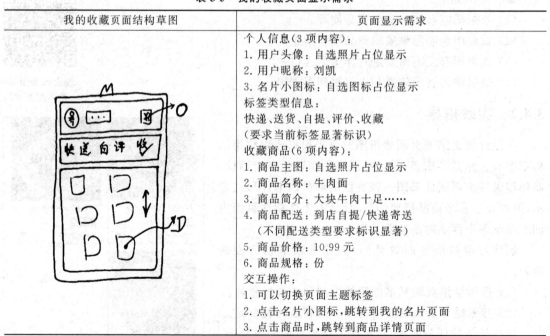	个人信息（3 项内容）： 1. 用户头像：自选照片占位显示 2. 用户昵称：刘凯 3. 名片小图标：自选图标占位显示 标签类型信息： 快递、送货、自提、评价、收藏 （要求当前标签显著标识） 收藏商品（6 项内容）： 1. 商品主图：自选照片占位显示 2. 商品名称：牛肉面 3. 商品简介：大块牛肉十足…… 4. 商品配送：到店自提/快递寄送 　（不同配送类型要求标识显著） 5. 商品价格：10.99 元 6. 商品规格：份 交互操作： 1. 可以切换页面主题标签 2. 点击名片小图标，跳转到我的名片页面 3. 点击商品时，跳转到商品详情页面

验收标准如下。

(1) 效果图能够展示多个商品摘要。
(2) 效果图能够完整展示商品摘要信息。

(3)效果图能够展示我的收藏页面中标签界面的效果。

(4)效果图能够展示其他拓展功能。

(5)效果图的展示效果和内容得到甲方确认。

3.5.2 实践指导

制作我的收藏页面效果图时,需要基于细化的个人信息、我的标签类型信息、收藏商品信息和交互操作等具体任务要求进行设计,以帮助用户管理已收藏的商品。每个商品都应包括主图、名称、简介、配送类型、价格、规格等信息。其中配送类型这一项需进行标识,以帮助用户快速区分到店自提、快递寄送等不同的发送服务。该页面的上部要显示用户头像、用户昵称和名片小图标。下方要根据不同标签类型进行内容展示,同时高亮显示当前选中标签类型的标识。

我的收藏页面
效果图制作

制作搜索录入页面效果图,需注意以下几方面的内容。

(1)我的收藏页面基本框架的绘制和各画板命名。

(2)我的收藏页面整体结构大小比例协调。

(3)收藏部分的商品布局可以参照列表页面的商品结构布局。

(4)注意页面主题标签中激活标签的状态标识。

请按本任务的任务要求,导出我的收藏页面效果图,效果图示例如图 3-5 所示。

图 3-5 我的收藏效果图

3.5.3 自我测试

1. 判断题

(1)收藏部分的商品布局,可以复制搜索结果页面的商品布局。　　　　　　(　　)

(2) 我的收藏页面效果图中,展示商品数量需要三个及以上。（　　）
(3) 我的收藏页面效果图中,商品至少要展示两种配送方式。（　　）
(4) 我的收藏页面效果图中,要注意页面主题标签中区分激活与未激活标签的展示效果。（　　）
(5) 我的收藏页面效果图中,买家信息中的用户姓名必须为真实姓名。（　　）

2. 填空题

(1) 设计我的收藏页面效果图时,需要添加的主题标签有_____、_____、_____、_____、_____。
(2) 在我的收藏页面中点击主题标签时,可以做到_____切换,并能够对当前标签进行_____。
(3) 我的收藏页面的子画板高度之和_____顶层画板高度。

任务 3.6　名片页面效果图

3.6.1　任务要求

依据名片页面结构草图,并结合页面显示需求,采用即时设计(https://js.design/)工具,制作名片页面效果图。名片页面的显示需求如表 3-6 所示。

表 3-6　名片页面显示需求

名片页面结构草图	页面显示需求
	名片信息(4 项内容): 1. 用户头像:自选照片占位显示 2. 用户昵称:刘凯 3. 个人二维码:自选二维码图片显示 4. 提示信息:"注意:需向店主展示该二维码"

验收标准如下。
(1) 效果图能够展示个人二维码。
(2) 效果图能够展示其他拓展功能。
(3) 效果图的展示效果和内容得到甲方确认。

3.6.2　实践指导

在设计名片效果图时,唯一需要凸显的就是二维码,要根据名片页面结构草图和名片信息的内容设计名片信息的布局结构,制作名片效果图。

制作名片页面效果图,需注意以下几方面的内容。
(1) 名片页面基本框架的绘制和各画板的命名。

(2)名片页面当中各元素的大小比例要协调。

请按本任务的任务要求,导出名片页面的效果图,效果图示例如图 3-6 所示。

名片页面
效果图制作

图 3-6 名片效果图

3.6.3 自我测试

1. 判断题

(1)名片页面展示的核心,是个人信息的二维码。   (   )
(2)名片页面当中其他的信息,可以作为辅助信息进行展示。   (   )
(3)名片页面是可以独立显示的一个页面。   (   )
(4)名片页面无交互操作。   (   )
(5)名片页面效果图中的二维码,可在网上下载一个二维码图片进行占位显示。   (   )

2. 填空题

(1)在名片页面中,需要添加的信息自上而下依次为_____、_____、_____、_____。
(2)在我的收藏页面中通过交互动作点击_____,可以进入名片页面。
(3)该页面顶层画板的宽度为_____。

任务 3.7 详情页面效果图

3.7.1 任务要求

依据详情页面结构草图,并结合页面显示需求,采用即时设计(https://js.design/)工具,制作详情页面效果图。详情页面的显示需求如表 3-7 所示。

验收标准如下。

(1)效果图能够展示多张商品图片。
(2)效果图能够完整展示商品摘要信息。
(3)效果图能够展示多张商品长图。

表 3-7　详情页面显示需求

详情页面结构草图	页面显示需求
（草图：商品文本摘要 text、长图、评论，底部图标区，标注 D、C、20）	商品详情——轮播图片模块： 商品轮播：自选照片占位显示 商品详情——文本信息模块： 1. 商品名称：牛肉面 2. 商品简介：大块牛肉十足菜品具有"一清、二白、三绿、四红、五黄"的特征,色香味美 3. 普通价格：99.56 元 4. VIP 价格：0.01 元 5. 商品规格：份 6. 分享图标：自选图标占位显示 商品详情——细节图片模块： 细节图组（长图）：自选多张照片占位显示 商品详情——商品评价模块： 1. 评价者头像：自选照片占位显示 2. 评价者昵称：张三 3. 评价内容：质量很好！ 4. 评价日期：2023-02-24 商品详情——配送、客服及收藏按钮模块： 1. 配送按钮：到店自提、送货上门、快递寄送 （当前配送类型要显著标识） 2. 客服图标：自选图标占位显示 3. 收藏图标：自选图标占位显示 （当前商品收藏与未收藏要显著标识区分） 交互操作： 1. 可以切换商品收藏状态 2. 可以和客服交流沟通 3. 可以向好友分享商品 4. 可以将商品加入购物车

（4）效果图能够展示多条商品评价。
（5）效果图能够完整展示商品评价信息。
（6）效果图能够展示加入购物车按钮的界面效果。
（7）效果图能够展示其他拓展功能。
（8）效果图的展示效果和内容得到甲方确认。

3.7.2　实践指导

制作详情页面效果图时,需要根据商品详情页面结构草图,使商品轮播清晰明了,让用户更加直观地了解商品。效果图中文本信息模块的商品名称要能准确描述商品；商品简介内容应简洁,同时能刻画商品的特色；普通价格要与 VIP 价格作对比,并以清晰的样式进行标识区别。用户可以在该页面中通过分享图标,快速将商品分享给好友或社交网络平台。细节图片模块需要展示详细的商品图片,同时允许用户通过手势滑动浏览图片,以获得更全面的视角。商品评价模块中应展现真实的评价信息,包括评价人的头像、昵称、评价内容和日期等,这样能让用户更加信任商品。配送、客服及收藏按钮模块要设置配送类型选择、客服沟通、收藏状态等功能,并明显标识不同选项。为了提升用户体验,推荐在商品详情页上增加交互操作,例如添加到购物车等。

制作详情页面效果图,需注意以下几方面的内容。
(1) 详情页面基本框架的绘制和各画板命名。
(2) 详情页面中商品展示内容超长的处理方法。
(3) 效果图当中不同模块之间分割线背景色的显示。
(4) 效果图当中所有字体的协调以及它们的颜色设置。
(5) 注意配送按钮激活状态和禁用状态的背景色区别。
请按本任务的任务要求,导出详情页面的效果图,效果图示例如图 3-7 所示。

详情页面
效果图制作

图 3-7 详情页面效果图

3.7.3 自我测试

1. 判断题

(1) 详情页面效果图的长度可以超过 1334rpx。 （ ）
(2) 详情页面底部按钮的位置和大小是固定的。 （ ）
(3) 详情页面中,商品展示信息内容的长度是无法确定的。 （ ）
(4) 详情页面中供商品展示的窗口大小和位置是固定的。 （ ）
(5) 详情页面效果图的商品评价部分至少要写两条记录。 （ ）

2. 填空题

(1) 在详情页面的文本信息模块,需要展示的信息有 _____、_____、_____、

_____、_____、_____。
(2) 在详情页面的评价模块,需要展示的信息有_____、_____、_____、_____。
(3) 对于细节图片模块,详情页面效果图需能够展示_____。
(4) 在详情页面的交互操作中,用户可以_____商品收藏状态,可以将商品_____购物车。

任务 3.8 购物车自提页面效果图

3.8.1 任务要求

依据购物车自提页面结构草图,并结合页面显示需求,采用即时设计(https://js.design/)工具,制作购物车自提页面效果图。购物车自提页面的显示需求如表 3-8 所示。

表 3-8 购物车自提页面显示需求

购物车自提页面结构草图	页面显示需求
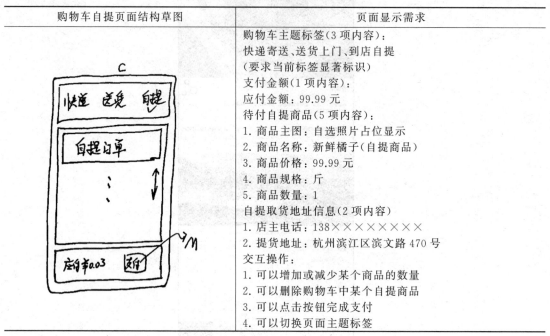	购物车主题标签(3项内容): 快递寄送、送货上门、到店自提 (要求当前标签显著标识) 支付金额(1项内容): 应付金额:99.99元 待付自提商品(5项内容): 1. 商品主图:自选照片占位显示 2. 商品名称:新鲜橘子(自提商品) 3. 商品价格:99.99元 4. 商品规格:斤 5. 商品数量:1 自提取货地址信息(2项内容): 1. 店主电话:138×××××××× 2. 提货地址:杭州滨江区滨文路470号 交互操作: 1. 可以增加或减少某个商品的数量 2. 可以删除购物车中某个自提商品 3. 可以点击按钮完成支付 4. 可以切换页面主题标签

验收标准如下。
(1) 效果图能够展示多个商品自提订单。
(2) 效果图能够完整展示商品自提订单信息。
(3) 效果图能够展示购物车自提页面标签界面效果。
(4) 效果图能够展示自提支付按钮界面效果。
(5) 效果图有修改订单商品数量的操作入口。
(6) 效果图能够展示其他拓展功能。
(7) 效果图展示效果和内容得到甲方确认。

3.8.2 实践指导

制作购物车自提页面效果图时,需要根据提供的结构草图及要求对页面进行布局和设计,并突出显示购物车所支持的自提取货选项。在支付金额信息模块中,效果图需要展示待付款金额,并以清晰明了的方式呈现出来。待付自提商品列表应包括商品图片、名称、价格、规格和数量等信息,同时要支持用户对其中某个商品的数量进行增加或减少,或者删除某个商品。在自提取货地址信息模块中,效果图需要展示店主电话和提货地址等细节。最后,同学们需要通过设计交互操作来完善用户的购买流程。例如,通过点击支付按钮来完成付款并提交订单,或者通过切换标签来选择不同的送货方式。

制作购物车页面自提效果图时,需注意以下几方面的内容。

(1) 购物车自提页面基本框架的绘制和各画板命名。

(2) 购物车自提页面整体结构比例的协调。

(3) 自提商品订单表单的内容显示和色彩搭配。

(4) 支付模块金额及按钮字体的显示设置。

请按本任务的任务要求,导出购物车自提页面效果图,效果图示例如图 3-8 所示。

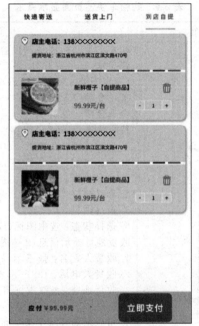

购物车自提页面
效果图制作

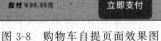

图 3-8　购物车自提页面效果图

3.8.3　自我测试

1. 判断题

(1) 购物车自提页面效果图中,自提订单可以用相同数据进行效果展示。　　(　　)

(2) 购物车自提页面效果图中,自提订单列表无须超出给定的显示区域。　　(　　)

(3) 购物车自提页面效果图中,支付金额必须等于所有的订单金额之和。　　(　　)

(4) 购物车自提页面效果图中,主题标签只能有一个处于激活状态。　　　　(　　)

(5) 购物车自提页面效果图中,地址分隔线仅起到装饰性的作用。　　　　　(　　)

2. 填空题

(1) 购物车自提页面效果图的当前主题标签需要_____标识。

(2) 在购物车自提页面的交互动作中,可以_____某个商品的数量,可以_____购物车中某个自提商品。

(3) 自提取货地址信息有_____、_____。

(4) 购物车自提页面顶层画板的高度为_____,宽度为_____。

(5) 在设计子画板尺寸时,子画板尺寸可用_____,也可用_____。

任务 3.9 购物车快递页面效果图

3.9.1 任务要求

依据购物车快递页面结构草图,结合页面显示需求,采用即时设计(https://js.design/)工具,制作购物车快递页面效果图。购物车快递页面的显示需求如表 3-9 所示。

表 3-9 购物车快递页面显示需求

购物车快递页面结构草图	页面显示需求
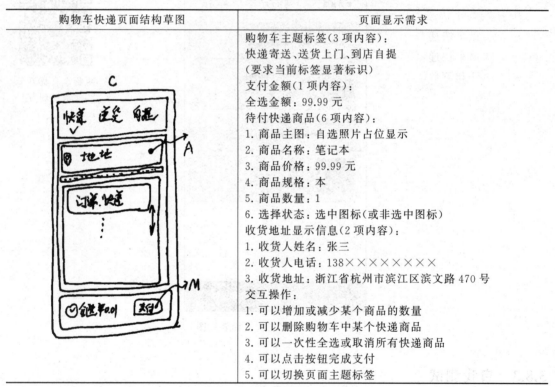	购物车主题标签(3 项内容): 快递寄送、送货上门、到店自提 (要求当前标签显著标识) 支付金额(1 项内容): 全选金额:99.99 元 待付快递商品(6 项内容): 1. 商品主图:自选照片占位显示 2. 商品名称:笔记本 3. 商品价格:99.99 元 4. 商品规格:本 5. 商品数量:1 6. 选择状态:选中图标(或非选中图标) 收货地址显示信息(2 项内容): 1. 收货人姓名:张三 2. 收货人电话:138×××××××× 3. 收货地址:浙江省杭州市滨江区滨文路 470 号 交互操作: 1. 可以增加或减少某个商品的数量 2. 可以删除购物车中某个快递商品 3. 可以一次性全选或取消所有快递商品 4. 可以点击按钮完成支付 5. 可以切换页面主题标签

验收标准如下。

(1) 效果图能够展示多个商品快递订单。

(2) 效果图能够完整展示商品快递订单的信息。

(3) 效果图能够完整展示商品收货地址的信息。

(4) 效果图能够展示购物车快递页面标签界面的效果。

(5) 效果图有修改商品数量的操作入口。

(6) 效果图有订单全选或取消的操作入口。

(7) 效果图能够展示自提支付按钮界面的效果。

(8)效果图能够展示其他拓展功能。

(9)效果图的展示效果和内容得到甲方确认。

3.9.2 实践指导

制作购物车快递页面效果图时,需要根据提供的结构草图及要求对页面进行布局和设计。要注重布局和设计细节,突出展示商品信息、支付金额信息、收货地址等细节。例如,在支付金额信息模块中应显示待付款金额;在自提取货地址信息模块中应展示店主电话和提货地址等细节。在待付快递商品列表中需包括商品图片、名称、价格、规格和数量等信息,并支持用户对其中某个商品数量进行增加或减少,或者删除某个商品。此外,还需要添加一些常用交互功能,如增减商品数量、删除购物车中的某个商品、批量选中或取消所有待付快递商品、完成支付等操作,让用户能更方便地使用购物车功能。最后,页面设计在保证易于使用和美观的同时,还要考虑任何可能的错误提示和解决方案,如在超出库存或输入不正确的数量时,要给用户提供适当的警告或错误提示。

制作购物车快递页面效果图时,需注意以下几方面的内容。

(1)购物车快递页面基本框架的绘制和各画板命名。

(2)购物车快递页面模块的划分和内容填充。

(3)地址和订单之间分割线的颜色设置。

(4)全选按钮的选中效果设置。

请按本任务的任务要求,导出购物车快递页面效果图,效果图示例如图3-9所示。

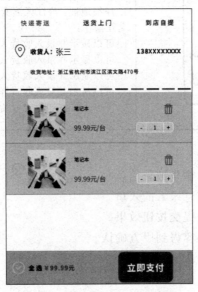

购物车快递页面
效果图制作

图3-9 购物车快递页面效果图

3.9.3 自我测试

1. 判断题

(1)在购物车快递页面效果图中,地址数据一定要准确,否则无法收货。 （ ）

(2)购物车快递页面效果图中的订单数据和订单金额要符合,否则无法支付金额。 （ ）

(3)购物车快递页面效果图的主要目标是向客户展示页面的最终效果。 （ ）

（4）勾选按钮的展示状态有两种。（　　）
（5）购物车快递页面效果图中必须注意各个元素的大小比例和背景色搭配。（　　）

2. 填空题

（1）当选中商品后，在下方会显示_____。

（2）购物车快递页面效果图能够展示_____商品快递订单，并能够_____商品快递订单信息。

（3）如果想要进行支付，可以点击_____。

任务 3.10　收货地址录入页面效果图

3.10.1　任务要求

依据收货地址录入页面结构草图，结合页面显示需求，采用即时设计（https://js.design/）工具，制作收货地址录入页面效果图。收货地址录入页面的显示需求如表 3-10 所示。

表 3-10　收货地址录入页面显示需求

收货地址录入页面结构草图	页面显示需求
A（收货人：×××；手机：13……；收货地址：×××；详细地址：×××；完成）	收货地址录入信息（4 项内容）： 1. 收货人姓名：张三 2. 收货人电话：138××××××××× 3. 收货人地址：浙江省杭州市 4. 详细地址：滨江区滨文路 470 号 交互操作： 1. 可以显示并录入收货人姓名 2. 可以显示并录入收货人手机号 3. 可以显示并录入收货人地址 4. 可以显示并录入收货详细地址 5. 可以点击按钮提交收货地址

验收标准如下。

（1）效果图能够完整展示收货地址信息。

（2）效果图有地址相关信息录入的入口。

（3）效果图能够展示地址提交按钮效果。

（4）效果图展示效果和内容得到甲方确认。

3.10.2　实践指导

该页面结构简单，制作效果图时可直接进入即时设计工具的设计器，选择合适的布局模板和元素，对收货地址录入界面进行设计。设计时需要在界面上添加相应的表单元素，包括收货人姓名、收货人电话、收货地址以及详细地址等项。在输入框或文本区域中添加默认值、占位符等提示语句，提高用户操作的便利性。为了让用户能够更加方便快捷地填写地址信息，可在输入框下面添加一些清晰明了简单易懂的错误提示和正确答案提醒。

制作收货地址录入页面效果图，需注意以下几方面的内容。

（1）收货地址录入页面基本框架的绘制和各画板的命名。

(2) 收货地址录入信息中四个选项标签的字体大小和编辑文本大小的设置。

(3) 提交按钮的大小以及按钮文本的位置需居中设置。

请按本任务的任务要求,导出收货地址录入页面的效果图,效果图示例如图 3-10 所示。

收货地址录入页面
效果图制作

图 3-10 收货地址录入页面效果图

3.10.3 自我测试

1. 判断题

(1) 收货地址录入页面效果图中的地址信息必须真实。（   ）

(2) 收货地址录入页面效果图的界面应该符合行业特征。（   ）

(3) 在收货地址录入页面中使用清晰易读的字体,可以让用户很容易地获取信息。（   ）

(4) 收货地址录入页面效果图只要用户满意就可以了。（   ）

(5) 收货地址录入页面效果图应着重关注设计师的审美观点。（   ）

2. 填空题

(1) 收货地址录入页面中的收货地址录入信息有_____、_____、_____、_____。

(2) 收货地址录入页面效果图能够展示_____按钮效果。

(3) 收货地址录入页面中,顶层画板的高度为_____。

任务 3.11 我的自提页面效果图

3.11.1 任务要求

依据我的自提页面结构草图,结合页面显示需求,采用即时设计（https://js.design/）工具,制作我的自提页面效果图。我的自提页面的显示需求如表 3-11 所示。

验收标准如下。

(1) 效果图能够展示多条商品摘要。

(2) 效果图能够完整展示商品摘要信息。

(3) 效果图能够展示我的自提页面标签界面的效果。

(4) 效果图能够展示其他扩展信息。

(5) 效果图的展示效果和内容得到甲方确认。

表 3-11 我的自提页面显示需求

我的自提页面结构草图	页面显示需求
	自提取货商品(3 项内容)： 1. 订单日期：2023-03-03 11:12:55 2. 已付金额：20.99 元 3. 订单所含商品列表(每商品 4 条信息，订单可含多个商品)： 　a. 商品主图：自选照片占位显示 　b. 商品名称：牛肉面 　c. 商品数量：1 　d. 商品单价：10.99 元 交互操作： 可以点击自提待取商品，跳到自提码页面

3.11.2 实践指导

使用即时设计工具，选中"网页设计"模板，开始绘制我的自提页面效果图。首先，在页面上部添加"自提"标题，并在标题旁边添加可以返回上一级页面的按钮。接着，在页面上方添加自提待取商品列表，显示所有用户已购买但未提取的商品详情。对于每个商品条目，都需要展示它的缩略图、名称、数量以及价格信息。同时，为了让用户能够更好地查看商品详情，可以在每个条目后面添加链接或按钮，使用户可以单击进入商品详情页面。对于每个商品，都需要显示订单日期(即购买日期)以及已付金额。

当用户点击自提待取商品列表的某个条目时，需要跳转到另一个页面，显示该商品对应的自提码和其他详细信息。

制作我的自提页面效果图，需注意以下几方面的内容。

(1) 注意自提订单元素大小设置。

(2) 自提订单的订单项目样例设置。

请按本任务的任务要求，导出我的自提页面效果图，效果图示例如图 3-11 所示。

我的自提页面
效果图制作

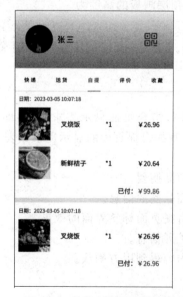

图 3-11 我的自提页面效果图

3.11.3 自我测试

1. 判断题

(1) 由于页面大小限制,自提模块不能显示过多订单。( )
(2) 自提订单中每个订单商品种类数目可以不同。( )
(3) 效果图已付金额必须符合商品数量和单价计算结果。( )
(4) 效果图中两个订单的日期必须相同。( )
(5) 过度视觉效果可能会导致页面看起来过于复杂。( )

2. 填空题

(1) 订单标签包含的商品信息有_____、_____、_____、_____。
(2) 可以点击_____商品,跳转到自提码页面。
(3) 我的自提页面的顶层画板高度为_____。

任务 3.12　自提码页面效果图

3.12.1　任务要求

依据自提码页面结构草图,结合页面显示需求,采用即时设计(https://js.design/)工具,制作自提码页面效果图。自提码页面的显示需求如表 3-12 所示。

表 3-12　自提码页面显示需求

自提码页面结构草图	页面显示需求
某商品订单 自提码 二维码提货 说明……	自提码信息(4 项内容): 1. 店主电话:138××××××× 2. 提货地址:浙江省杭州市滨江区滨文路 470 号 3. 提货二维码图片:自选二维码照片占位显示 4. 提示信息:"注意:需向店主展示该二维码"

验收标准如下。

(1) 效果图能够展示收货二维码。
(2) 效果图能够展示其他拓展功能。
(3) 效果图的展示效果和内容得到甲方确认。

3.12.2　实践指导

该页面结构简单,设计时首先在正中心放置一张自选的二维码照片,并在其下方添加文本提示"注意:需向店主展示该二维码"。然后在该二维码上方用易读的字体写出店主电话号码和提货地址,使得消费者能够快速浏览并确认相关信息。确认上述内容(共三行)的位置及大小后，可视情况进行调整。如需突出"注意"信息，则可采用较大的字体以增加关注度。最后，将以上内容合理地排版，制作出高质量的自提码效果图。

制作自提码页面效果图，需注意以下几方面的内容。

（1）自提码页面基本框架的绘制和各画板命名。

（2）自提码页面的订单表单可采用购物车自提页面的订单表单布局。

（3）合理选择二维码的展示位置和大小。

（4）注意其他辅助展示信息字体大小的设置。

请按本任务的任务要求，导出自提码页面的效果图，效果图示例如图 3-12 所示。

自提码页面
效果图

图 3-12　自提码页面效果图

3.12.3　自我测试

1. 判断题

（1）自提码页面要选择常用的字体，合适的字号和行距，以提高页面的可读性。　　（　　）

（2）应该根据具体需求合理搭配颜色和图标。　　（　　）

（3）自提码页面效果图不应因追求视觉效果而忽视功能的实用性。　　（　　）

（4）自提码页面效果图过度的特异性，可能会给用户留下混乱的印象。　　（　　）

（5）不同的页面采用不同的风格，用户体验会更好。　　（　　）

2. 填空题

（1）在自提码页面中，需要添加的信息自上而下依次为_____、_____、_____。

（2）对于提货二维码图片，我们可以自选二维码照片进行_____。

（3）子画板高度和需_____顶层画板高度。

任务 3.13 我的快递页面效果图

3.13.1 任务要求

依据我的快递页面结构草图,结合页面显示需求,采用即时设计(https://js.design/)工具,制作我的快递页面效果图。我的快递页面的显示需求如表 3-13 所示。

表 3-13 我的快递页面显示需求

我的快递页面结构草图	页面显示需求
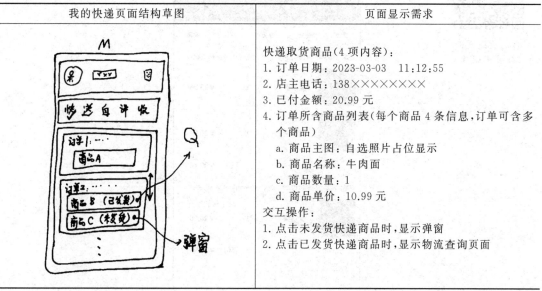	快递取货商品(4 项内容): 1. 订单日期:2023-03-03　11:12:55 2. 店主电话:138×××××××× 3. 已付金额:20.99 元 4. 订单所含商品列表(每个商品 4 条信息,订单可含多个商品) 　a. 商品主图:自选照片占位显示 　b. 商品名称:牛肉面 　c. 商品数量:1 　d. 商品单价:10.99 元 交互操作: 1. 点击未发货快递商品时,显示弹窗 2. 点击已发货快递商品时,显示物流查询页面

验收标准如下。

(1) 效果图能够展示多条快递商品摘要。
(2) 效果图能够完整展示商品摘要信息。
(3) 效果图能够展示我的快递页面标签界面的效果。
(4) 效果图能够展示其他拓展功能。
(5) 效果图的展示效果和内容得到甲方确认。

3.13.2 实践指导

制作该页面时,首先在页面上添加一个标题,如"快递",并在其正下方添加一个表格组件,用于展示所有订单的商品信息。然后在表格中添加"订单日期"栏目,并在此栏中填写对应的订单日期。之后添加"店主电话""已付金额"和"操作"三个栏目,分别填写对应信息。其中,"操作"栏中根据需要还要添加两个按钮,分别用于跳转到"未发货"的弹窗和"已发货"的物流查询页面。

最关键的是添加"订单所含商品列表"栏目,该栏目中的每个订单均可使用子表格展示多个商品信息,主表格的每一行表示一个商品,子表格内容包括商品主图、商品名称、商品数量和商品单价等信息。对于用于占位显示的自选照片,也可以使用占位符代替真实图片。最后,通过对上述内容进行设计排版、字体配色、线条加粗等,以保证该页面呈现出美观易懂的视觉效果。

制作我的快递页面效果图制作,需注意以下几方面的内容。
(1) 参照我的页面其他主题布局。
(2) 快递订单注意样例订单项目数目。
(3) 店主电话和订单日期字体颜色设置。
请按任务的任务要求,导出我的快递页面效果图,效果图示例如图 3-13 所示。

我的快递页面
效果图制作

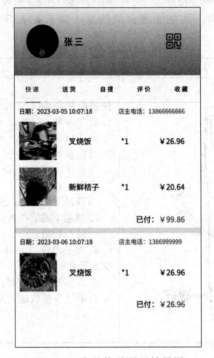

图 3-13　我的快递页面效果图

3.13.3　自我测试

1. 判断题

(1) 我的快递页面效果图应关注用户感知需求,如色彩、形状等。　　　　　(　)
(2) 我的快递页面效果图需要考虑如何提高按钮和菜单的可操作性。　　　　(　)
(3) 我的快递页面效果图中的视觉元素要保证一定间距,以增强用户对信息的感知度。
　　　　　　　　　　　　　　　　　　　　　　　　　　　　　　　　　　(　)
(4) 我的快递页面效果图要以用户为中心,考虑信息的展示和交互操作。　　(　)
(5) 我的快递页面效果图需考虑互动设计,这样才能吸引用户并增强用户的参与度。
　　　　　　　　　　　　　　　　　　　　　　　　　　　　　　　　　　(　)

2. 填空题

(1) 在制作我的快递页面效果图时,需要能够展示多个_____,并能够完整展示_____。
(2) 可以在订单上方添加_____信息,表明商品的下单时间。
(3) 当我们点击已发货商品时,需要添加_____动作,用于跳转到物流页面。

任务 3.14　物流查询页面效果图

3.14.1　任务要求

依据物流查询页面结构草图,结合页面显示需求,采用即时设计(https://js.design/)工具,制作物流查询页面效果图。物流查询页面的显示需求如表 3-14 所示。

表 3-14　物流查询页面显示需求

物流查询页面结构草图	页面显示需求
	快递物流信息: 1. 签收按钮:"签收" 2. 进度记录(每条记录 2 条信息,可多条记录) 3. 时间节点:2023-03-01　13:03:54 4. 目前状态:"代收点"您的快件已暂存至 杭州东方海岸 交互操作: 货物已到时,点击"签收"按钮完成签收货物,返回我的快递页面

验收标准如下。

(1) 效果图能够展示多条物流进度。

(2) 效果图能够展示其他拓展功能。

(3) 效果图的展示效果和内容得到甲方确认。

3.14.2　实践指导

制作该页面时,首先在顶部设置一个按钮,用于完成货物签收。按钮应包括"签收"文本,并具有明显的外观特征,以增加辨识度。然后在屏幕中央设置状态追踪模块,此处需要用列表的形式列出每一阶段的物流信息。每个物流阶段要求展示两个条目,即时间节点和目前状态。确认好以上内容的位置后,视情况对细节进行调整。比如,可以通过更改字体大小、颜色、背景颜色和线条粗细等来实现所需风格或突出重点。最后,将以上内容合理地排版、精心设计,制作出高质量的快递物流信息页面效果图。

制作物流查询页面效果图,需注意以下几方面的内容。

(1) 物流查询页面基本框架的绘制和各画板命名。

(2) 物流进度列表的展示形式和字体设置。

(3) 物流进度节点标识的设置和连接线的设置。

(4) "签收"按钮的大小及字体设置。

请按本任务的任务要求，导出物流查询页面效果图，效果图示例如图 3-14 所示。

物流查询页面
效果图制作

图 3-14　物流查询页面效果图

3.14.3　自我测试

1. 判断题

（1）物流查询页面效果图应该包含多种颜色和字体，以增加页面的视觉吸引力。（　　）
（2）物流查询页面效果图的 UI 要突出物流的主要信息和状态，以便用户快速了解当前的物流进度。（　　）
（3）物流查询页面的主体内容是记录列表。（　　）
（4）物流查询页面不能独立显示。（　　）
（5）物流查询页面是以记录显示为主要功能的页面。（　　）

2. 填空题

（1）快递物流信息有_____、_____、_____、_____、_____。
（2）在设计时，每个物流阶段需要展示两个条目，分别为_____、_____。
（3）物流查询页面需要展示_____物流进度，并能通过点击"签收"按钮进行_____。

任务 3.15　我的已收订单页面效果图

3.15.1　任务要求

依据我的已收订单页面结构草图，结合页面显示需求，采用即时设计（https://js.design/）工具，制作我的已收订单页面效果图。我的已收订单页面的显示需求如表 3-15 所示。

表 3-15 我的已收订单页面显示需求

我的已收订单页面结构草图	页面显示需求
(草图)	已收货商品信息(5项内容)： 1. 订单日期：2023-03-03　11:12:55 2. 店主电话：138×××××××× 3. 已付金额：20.99元 4. 订单类型：到店自提/快递寄送 5. 订单所含商品列表(每商品 4 条信息,订单含多个商品)： 　a. 商品主图：自选照片占位显示 　b. 商品名称：牛肉面 　c. 商品数量：1 　d. 商品单价：10.99 元 　e. 商品状态图标：已提货图标/已评价图标(自选 2 种图标占位) 交互操作： 1. 点击未评商品时,显示评价录入页面 2. 点击已评商品时,显示弹窗

验收标准如下。

(1) 效果图能够展示我的已收订单页面标签界面的效果。

(2) 效果图能够展示多条已收货商品记录。

(3) 效果图有进入评价内容录入页面的入口。

(4) 效果图有弹出已评价提示窗的操作入口。

(5) 效果图能够展示其他拓展功能。

(6) 效果图的展示效果和内容得到甲方确认。

3.15.2　实践指导

在订单日期下面加入已付金额、订单类型等几个标签,文字用黑色展示。对于已付金额,建议加上人民币符号,并突出显示,以吸引用户注意。添加一个表格组件,使用户可以查看订单中所有物品的商品信息,每个订单展示的信息包括商品主图、商品名称、商品数量和商品单价等。

对于已取货并且未评价的商品,需要为其添加一个"评价"按钮,当用户点击此按钮后,将会弹出评价录入页面。若商品已被评价,则会显示"已评价"的图标。对于未评价的商品,评价录入页面可采取类似弹出框的形式让用户输入评价内容,评价内容需要包含标题、内容和评分三项。

最后,确定好以上几个部分的位置和大小后,进行合理地排版,精心设计,以达到最佳视觉效果。

制作我的已收订单页面效果图,需注意以下几方面的内容。

(1) 我的已收订单页面基本框架的绘制和各画板的命名。

(2) 已收订单中订单数目的设置和展示。

(3) 每个商品订单是否已评价的图标展示。

(4) 每个订单的配送方式标识及背景色设置。

请按本任务的任务要求,导出我的已收订单页面效果图,效果图示例如图 3-15 所示。

我的已收订单
页面效果图制作

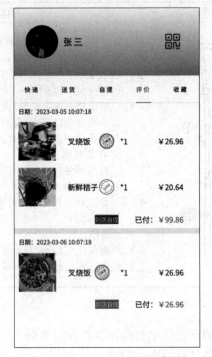

图 3-15　我的已收订单页面效果图

3.15.3　自我测试

1. 判断题

（1）不同订单的评价状态可以不相同。　　　　　　　　　　　　　　　　　　　（　　）

（2）已收订单的商品配送方式一定相同。　　　　　　　　　　　　　　　　　　（　　）

（3）每个订单可以有不同的商品。　　　　　　　　　　　　　　　　　　　　　（　　）

（4）我的已收订单页面效果图中的商品金额可以自己确定。　　　　　　　　　　（　　）

（5）我的已收订单页面效果图中的订单时间不能自己确定。　　　　　　　　　　（　　）

2. 填空题

（1）我的已收订单页面效果图需要对未评价商品或已评价商品进行_____。

（2）单击未评价商品时,需要显示_____页面,点击已评价商品时,需要显示_____。

（3）我的已收订单页面顶层画板的高度为_____,宽度为_____。

任务 3.16　评价录入页面效果图

3.16.1　任务要求

依据评价录入页面结构草图,根据页面显示需求,采用即时设计(https://js.design/)工具,制作评价录入页面效果图。评价录入页面的显示需求如表 3-16 所示。

验收标准如下。

（1）效果图能够展示商品的相关属性。

表 3-16 评价录入页面显示需求

评价录入页面结构草图	页面显示需求
	评价录入信息： 1. 提交按钮："提交" 2. 商品主图：自选照片占位显示 3. 商品名称：牛肉面 4. 购买时间：2023-03-03 10：12：56 5. 评价录入内容："请文明用语" 交互操作： 1. 可以录入评价内容 2. 点击按钮提交评价内容，返回我的快递页面

(2) 效果图有录入评价内容的入口。
(3) 效果图有提交评价内容的操作入口。
(4) 效果图的展示效果和内容得到甲方确认。

3.16.2 实践指导

制作评价录入页面效果图，首先需要在页面上部区域加入一个包含商品主图、商品名称以及购买时间的控件，控件中的图片用自选照片占位显示。然后在页面中部添加一个可供用户输入评价内容的文本框或富文本编辑器，在所有必填项全部填写完毕后，在页面下方添加一个提交按钮，该按钮的颜色应与品牌主色和整个网站的配色方案相协调。最后，确保以上三个部分的位置和大小合适，并根据需要进行必要的样式优化、布局设计和主题设置等。

制作评价录入页面效果图，需注意以下几方面的内容。
(1) 评价录入页面基本框架的绘制和各画板的命名。
(2) 评价商品主要信息和辅助信息的设置和显示。
(3) 评价内容录入方式的展示和设置。
(4) 评价内容框的大小及字体设置。

请按本任务的任务要求，导出评价录入页面的效果图，效果图示例如图 3-16 所示。

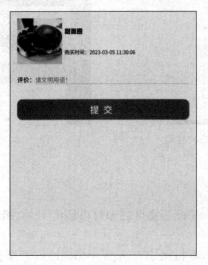

评价录入页面
效果图制作

图 3-16 评价录入页面效果图

3.16.3 自我测试

1. 判断题

（1）评价录入页面效果图中，不显示商品图片不会影响页面功能。（   ）
（2）评价录入页面效果图必须有评论录入的编辑入口。（   ）
（3）评价录入页面效果图中，提交按钮文本必须居中。（   ）
（4）效果图应该准确、简洁和生动。（   ）
（5）效果图得到甲方认可是后续工作的重要基础。（   ）

2. 填空题

（1）效果图的展示效果和内容需要和_____进行沟通确认。
（2）评价录入页面需展示订单的_____、_____、_____。
（3）在交互操作中，可以在_____录入评价内容，并点击提交按钮进行_____。

技能提炼

1. 效果图制作工具

（1）推荐工具

① 在线设计工具：即时设计（https://js.design/）。
② 图标获取工具：阿里巴巴矢量图标库（https://www.iconfont.cn/）。

（2）练习

① 在即时设计网站注册账号，登录网站（图 3-17），试用画板工具。
② 在阿里巴巴矢量图标库网站注册账号，登录网站（图 3-18），尝试搜索图标并下载。

图 3-17 即时设计网站账户注册

图 3-18 阿里巴巴矢量图标库网站

2. 顶层画板尺寸规则

（1）约定规则

① 整体上下滚动的页面，子画板高度之和可以超出 1334（效果图建议画板尺寸 750rpx×1334rpx）。
② 整体固定不动的页面，画板尺寸 750rpx×1334rpx，子画板高度按需分配，但高度之和不能超出 1334rpx。

(2) 练习

根据图 3-19 所示的草图,在即时设计网站中绘制相应画板,注意画板尺寸。

3. 页面效果决定画板尺寸

制作效果图时(图 3-20),应以让客户认可效果图为目标,无须过分关注子画板尺寸数值,在效果图许可的前提下,建议子画板尺寸取整。

(1) 约定

① 页面效果决定画板尺寸。

② 子画板尺寸可用相对百分比,也可用绝对尺寸。

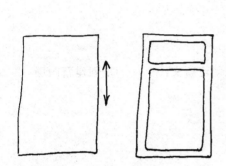

图 3-19 草图

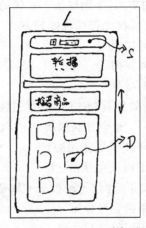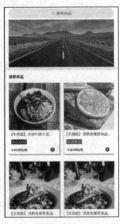

图 3-20 列表页面草图及效果图

(2) 练习

判断下面说法是否正确,并解释原因。

① 画板的所有尺寸都是事先约定好的。(　　)原因:_____。

② 图片和文字的尺寸,在页面效果设计前,就已经确定了。(　　)原因:_____。

③ 子画板的尺寸,在页面效果制作时,只要按照草图标注尺寸录入就可以了。(　　)原因:_____。

4. 子画板排列方式

(1) 约定

子画板在主画板中仅允许有横向排列和竖向排列两种排列方式。

(2) 练习

判断图 3-21 至图 3-23 所示的画板嵌套能否实现,若可以,请给出画板嵌套建议。

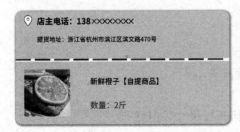  

图 3-21 自提商品　　图 3-22 商品牛肉面　　图 3-23 商品乐高积木

课后习题

1. 对于顶层画板尺寸规则,下列说法正确的是(   )。
   A. 整体上下滚动页面,子画板高度之和可以超出1334rpx
   B. 整体上下滚动页面,画板尺寸为760rpx×1334rpx
   C. 需先确定图片或文本位置,才能确定顶层画板尺寸
   D. 屏幕可视等高页面,子画板高度之和不能超出750rpx

2. 关于子画板的排列要点,下例说法不正确的是(   )。
   A. 主画板中,子画板仅允许两种排列方式
   B. 子画板可以横向排列
   C. 子画板可以竖向排列
   D. 子画板可以斜向排列

3. 使用设计工具进行效果页制作时,需要先做(   )。
   A. 创建新页面　　B. 创建新画板　　C. 创建新文件　　D. 创建新图层

4. 关于子画板尺寸,下例说法错误的是(   )。
   A. 无须过分关注子画板尺寸
   B. 效果图许可前提下,建议子画板尺寸取整
   C. 子画板尺寸可用相对百分比
   D. 子画板尺寸必须用绝对尺寸

5. 在即时设计中添加图片的方法是(   )。
   A. 选择左侧组件工具栏的"图片"进行添加
   B. 直接将图片拖拽至画布编辑区进行添加
   C. 复制图片后,使用快捷键Ctrl+V粘贴至画布编辑区完成添加
   D. 在左上角功能主菜单文件选项下,选择"导入"→"导入图片"

6. 对于图片填充,下列说法正确的是(   )。
   A. 不能对图层进行图片填充
   B. 选中图层后,再将图片拖至该图层中
   C. 选中图层后,在右侧面板中选择"图片填充"调取本地图片进行填充
   D. 填充图层的图片大小必须小于300KB

7. 关于文本功能,下列说法错误的是(   )。
   A. 可以对文字字体进行设置
   B. 可以对文字的粗细、大小进行设置
   C. 可以设置自动宽度,但不能设置自动高度
   D. 超出文本框的文字可以进行省略隐藏

8. 下面选项中可实现画板尺寸的修改的方法是(   )。
   A. 在画布编辑区,选择"直接拖拽画板边框"修改大小
   B. 在属性面板中,选择"输入尺寸"进行修改
   C. 在属性面板中展开画板尺寸面板,选择"选择画板尺寸"进行修改
   D. 画板尺寸固定,不允许修改

9. 关于文本超链接,下列说法正确的是(   )。

A. 想要建立文本超链接,需要单独创建链接图层
  B. 想要修改链接,必须先删除,再添加
  C. 将鼠标放到字体上进行双击即可跳转链接
  D. 如果想要删除超链接,可删除文本图层
10. 如果想要制作合格的列表页面效果图,需要做到(　　)。
  A. 效果图能够展示多个商品摘要
  B. 效果图能够完整展示商品摘要信息
  C. 效果图能够展示多个商品类别
  D. 效果图能够展示搜索按钮效果
11. 在分类页面效果图中,属于交互操作的是(　　)。
  A. 点击"搜索",跳到搜索页面
  B. 点击商品时,跳转到商品详情页面
  C. 录入关键词内容时,搜索按钮启用标识
  D. 点击商品类别,当前类别标识更新,过滤商品随之更新
12. 对于我的收藏页面效果图,(　　)信息需要存在。
  A. 用户头像、昵称　　　　　　B. 商品评价
  C. 商品价格　　　　　　　　　D. 用户二维码
13. 在详情页面中,不能完成(　　)操作。
  A. 查看完整展示商品摘要信息　B. 将商品加入购物车
  C. 进行商品结算付款　　　　　D. 与客服联系
14. 关于购物车自提页及其功能,下列说法不正确的是(　　)。
  A. 需显示快递寄送、送货上门、到店自提三个主题标签
  B. 可以进行商品付款结算
  C. 可以对商品进行删除操作
  D. 不能看到自提地址信息

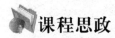

课程思政

1. 关注社会时事和行业特征

以电商平台为例,引导学生要了解当前电商行业的最新趋势和政策变化,如电商平台的经营模式、用户需求和行业法规等。同时,还要关注社会上相关问题的发展和变化,如消费者权益保护、个人信息保护等,这样才能更好地认识到自己的社会责任和社会道德观念,从而形成积极向上、有责任感的人格品质。

2. 掌握交流和沟通技巧

在制作页面效果图的过程中,需要与其他团队成员进行交流和沟通,以确保最终的设计符合要求,引导学生听取他人观点、倾听他人问题、给出合理反馈,以及识别潜在的沟通问题等技能,培养有效沟通的能力。此外,还要培养以下技能:协调不同意见、制订一个清晰的沟通计划、构建一个高效的沟通进程。

3. 注重情感体验和情感教育

在设计页面效果图时,应该注重用户的情感体验,包括用户对整个页面的感觉和页面所传

达的情感信息。在设计过程中,要思考用户多元化的需要和体验,如颜色、字体、排版、图片等设计要素,以及界面风格和布局等方面的内容,通过用心的设计增加用户对页面的喜爱和满意度。一个好的设计不仅要满足用户的功能需求,更要符合用户的情感需求。此外,通过激发自己的创造力,在设计中体验到自己的成长和进步,从而形成积极向上、自信稳健的人格品质。

4. 思考

(1) 如何在电商行业中遵循商业道德和社会责任,保护消费者合法权益和数据安全?

(2) 如何通过多种沟通方式,实现有效的团队合作和协商,发挥团队的最大优势?

(3) 如何在页面设计中满足用户的情感体验,达到更好的用户满意度和品牌忠诚度?

(4) 如何在数字化时代中培养自己的创新创造和实践能力,同时了解多元化的职业和社会需求?

(5) 如何通过创新思维和社会责任,推动电商行业持续健康发展,实现经济、社会和人类的共同发展?

单元 4

页面制作规划

　　页面制作规划,是指以页面效果图为页面的开发目标,根据页面功能构成,将页面划分为若干模块,规划每个模块所在画板的名称、所需数据的名称、交互动作的名称和所需反馈的信息。页面制作规划的相关信息需要填入表格,为后续的页面制作开发工作做好整体规划和分工。

思维导图

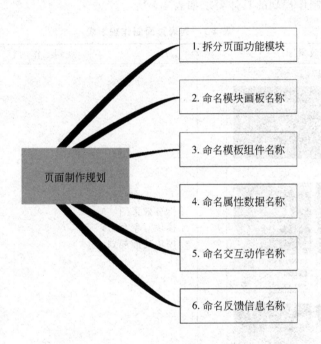

知识目标

- 理解模板和组件的使用场景;
- 制定模板和组件命名的规则;
- 掌握模板数据命名的格式;
- 掌握组件数据命名的格式;
- 理解接口函数和接管动作的异同;
- 掌握模板接口函数命名的格式;
- 掌握组件接管动作命名的格式。

技能目标

- 能够合理拆分页面组成;

- 能够正确绘制页面框架草图；
- 能够合理规划框架对应的模板(或组件)名称；
- 能够合理规划模板(或组件)对应的数据名称；
- 能够合理规划接口函数或接管动作的功能和名称。

能力目标
- 具备模块化思维；
- 具备解决问题的能力；
- 具备科学思维。

任务 4.1　列表页面制作规划

4.1.1　任务要求

将列表页面效果图按功能拆分为若干模块，对每个模块对象命名，设计每个模块的具体功能需求。列表页面制作规划的具体要求如表 4-1 所示。

表 4-1　列表页面制作规划表

页面效果图	规划工作内容
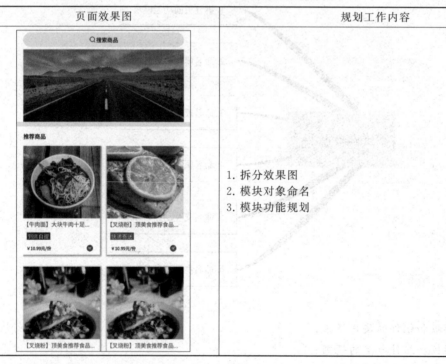	1. 拆分效果图 2. 模块对象命名 3. 模块功能规划

验收标准如下。

（1）页面效果图拆分合理，模块规划逻辑清晰。

（2）画板、模板(组件)等命名规范。

4.1.2　实践指导

1. 拆分页面效果图

将列表页面效果图拆分为以下两个主要模块。

列表页面制作规划

（1）轮播展示模块。
（2）商品列表模块。

图 4-1 所示为页面效果图拆分方案。

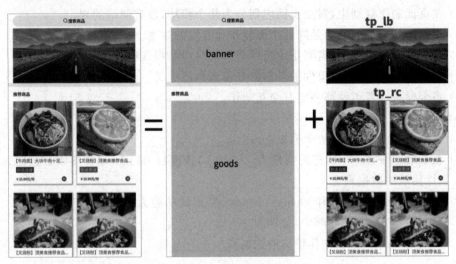

图 4-1　列表页面效果图拆分示意图

2. 模块对象命名

列表页面各模块对象的命名规划如表 4-2 所示。

表 4-2　列表页面—画板—模板命名对照表

画板	模板名称	属性名称、数据名称	交互动作名称、返回字段名称
banner	tp_lb	lbimgs：lbimgs lbindex：lbindex	changeLBindex：function(e) e.detail.current
goods	tp_rc	goods：goods img：'/images/icons/gwc.png'	goDetail：function(e) e.currentTarget.dataset.pageindex e.currentTarget.dataset.index

3. 功能规划

（1）模板 tp_lb（轮播模板）应该具有如表 4-3 所示的功能。

表 4-3　列表页面—模板 tp_lb—功能规划表

显示功能	1. 显示图片对象数组 lbimgs 2. lbindex 序号对应图片为当前图片
交互功能	"重写函数"左右滑动切换图片 changeLBindex，反馈当前图片序号 e.detail.current

（2）模板 tp_rc（列表商品列表模板）应该具有如表 4-4 所示的功能。

表 4-4　列表页面—模板 tp_rc—功能规划表

显示功能	显示商品对象数组 goods
交互功能	"重写函数"点击商品 goDetail，反馈商品所在组号 e.currentTarget.dataset.pageindex，组内商品序号 e.currentTarget.dataset.index

4.1.3 自我测试

1. 判断题

(1) 在页面制作规划中,对于页面应划分为几个模块,没有明确的规定。（　）
(2) 页面制作规划的目的是降低页面制作和开发的难度。（　）
(3) 在页面制作规划中,需要指定每一个模块对应画板或组件的名称。（　）
(4) 在规划阶段,画板或组件的名称由开发者自己定义。（　）
(5) 每个模板或者组件都一定有交互动作。（　）

2. 填空题

(1) 在列表页面,规划了两个模板,分别为_____、_____。
(2) 在 banner 画板中,填充的模板为_____,该模板 lbimgs 属性接收的数据为_____,lbindex 属性接收的数据则为_____。
(3) 模板 tp_lb 的交互动作 changeLBindex 实现的功能为_____。
(4) 模板 tp_rc 的属性有两个,分别为_____、_____。
(5) 模板 tp_rc 中,交互动作输出的数据有_____个。

任务 4.2　分类页面制作规划

4.2.1　任务要求

将分类页面效果图按功能拆分为若干模块,对每个模块对象命名,设计每个模块的具体功能需求。分类页面制作规划的具体要求如表 4-5 所示。

表 4-5　分类页面制作规划表

页面效果图	规划工作内容
	1. 拆分效果图 2. 模块对象命名 3. 模块功能规划

验收标准如下。

(1) 页面效果图拆分合理,模块规划逻辑清晰。
(2) 画板、模板(组件)等命名规范。

4.2.2 实践指导

1. 拆分页面效果图

将分类页面效果图拆分为以下两个主要模块。

（1）商品类别列表模块。

（2）过滤商品列表模块。

图 4-2 所示为页面效果图拆分方案。

分类页面制作规划

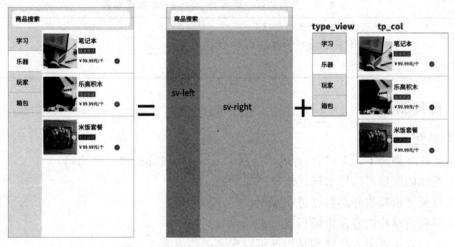

图 4-2　分类页面效果图拆分示意图

2. 模块对象命名

分类页面各模块对象的命名规划如表 4-6、表 4-7 所示。

表 4-6　分类页面—画板—组件命名对照表

画板	组件名称	属性名称、数据名称	交互动作名称、返回字段名称
sv_left	type_view	types="{{types}}" cur_index="{{cur_index}}"	bind:switch_type="switch_type" e.detail

表 4-7　分类页面—画板—模板命名对照表

画板	模板名称	属性名称、数据名称	交互动作名称、返回字段名称
sv_right	tp_col	goods：goods img：'/images/icons/gwc.png'	goDetail：function(e) e.currentTarget.dataset.index
	tp_zanwu	tip：'暂无该类商品' img：'/images/icons/zwsp.png'	无交互操作

3. 功能规划

（1）组件 type_view（分类类别列表组件）应该具有如表 4-8 所示的功能。

表 4-8　分类页面—组件 type_view—功能规划表

显示功能	1. 显示商品类别对象数组 types 2. cur_index 对应类别为激活状态（选中状态）
交互功能	1. "内部动作"切换类别按钮，选中类别激活状态同步更新 2. "接管动作"切换商品类别 switch_type 输出所选类别序号 e.detail

(2) 模板 tp_col（分类商品列表模板）应该具有如表 4-9 所示的功能。

表 4-9　分类页面—模板 tp_col—功能规划表

显示功能	显示商品对象数组 goods
交互功能	"重写函数"点击商品 goDetail,反馈 商品序号 e.currentTarget.dataset.index

(3) 模板 tp_zanwu（暂无提示模板）应该具有如表 4-10 所示的功能。

表 4-10　分类页面—模板 tp_zanwu—功能规划表

显示功能	1. 显示提示信息"暂无该类商品" 2. 显示指定图标"/images/icons/zwsp.png"
交互功能	无交互

4.2.3　自我测试

1. 判断题

(1) 组件规划时 types="{{types}}"，两个 types 的名称必须完全相同。　　（　　）
(2) 组件的属性可以用来描述组件的显示状态。　　（　　）
(3) 模板可以接收外部数据进行显示。　　（　　）
(4) 模板的动作内容是由模板定义的。　　（　　）
(5) 模板和组件最大的区别是组件可以定义动作内容。　　（　　）

2. 填空题

(1) 在分类页面制作规划中，规划了两个模板，分别为_____、_____。
(2) 在 sv_left 画板中，填充的组件为_____，该组件 types 属性接收的数据为_____，cur_index 属性接收的数据则为_____。
(3) 组件 type_view 的交互动作 changeLBindex 实现的功能为_____。
(4) 在模板 tp_col 中，goods 属性接收的数据为_____。
(5) _____模板（组件）没有交互动作。

任务 4.3　搜索录入页面制作规划

4.3.1　任务要求

将搜索录入页面效果图按功能拆分为若干模块，对每个模块对象命名，设计每个模块的具体功能需求。搜索录入页面制作规划的具体要求如表 4-11 所示。

验收标准如下。
(1) 页面效果图拆分合理，模块规划逻辑清晰。
(2) 画板、模板（组件）等命名规范。

表 4-11　搜索录入页面制作规划表

页面效果图	规划工作内容
（搜索录入页面效果图）	1. 拆分效果图 2. 模块对象命名 3. 模块功能规划

4.3.2　实践指导

1. 拆分页面效果图

将搜索录入页面效果图拆分为以搜索信息录入模块为主体的页面结构。图 4-3 所示为页面效果图拆分方案。

搜索录入页面制作规划

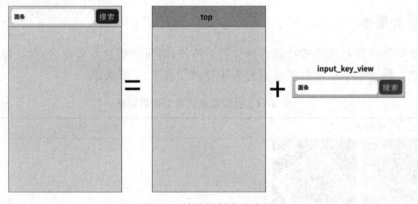

图 4-3　效果图拆分示意图

2. 模块对象命名

搜索录入页面各模块对象的命名规划如表 4-12 所示。

表 4-12　搜索录入页面—画板—组件命名对照表

画板	组件名称	属性名称、数据名称	交互动作名称、返回字段名称
top	input_key_view	key="{{key}}"	bind:goResult="goResult" e.detail

3. 功能规划

组件 input_key_view（关键词录入提交组件）应该具有如表 4-13 所示的功能。

表 4-13 搜索录入页面—组件 input_key_view—功能规划表

显示功能	1. 组件属性 key 值为空时,组件显示"请录入关键词!",搜索按钮禁用 2. 组件属性 key 值非空时,组件显示具体关键词,搜索按钮启用
交互功能	1. "内部动作"组件编辑框录入关键词,搜索按钮启用 2. "接管动作"搜索按钮 goResult,反馈关键词 e.detail

4.3.3 自我测试

1. 判断题

(1) 组件可以理解为是一个具有显示和操作的功能单元。　　　　　　　　　　(　　)
(2) 组件通过组件属性接收数据。　　　　　　　　　　　　　　　　　　　(　　)
(3) 组件一定需要外部数据才能运行。　　　　　　　　　　　　　　　　　(　　)
(4) 组件可以通过交互动作向外输出信息。　　　　　　　　　　　　　　　(　　)
(5) 组件和模板的交互操作过程完全相同。　　　　　　　　　　　　　　　(　　)

2. 填空题

(1) 在搜索录入页面,规划了_____组件。
(2) 组件 input_key_view 有_____属性,该属性的数据为_____。
(3) 组件 input_key_view 中,交互动作 goResult 实现的功能为_____。

任务 4.4　搜索结果页面制作规划

4.4.1　任务要求

将搜索结果页面效果图按功能拆分为若干模块,对每个模块对象命名,设计每个模块的具体功能需求。搜索结果页面制作规划的具体要求如表 4-14 所示。

表 4-14　搜索结果页面制作规划表

页面效果图	规划工作内容
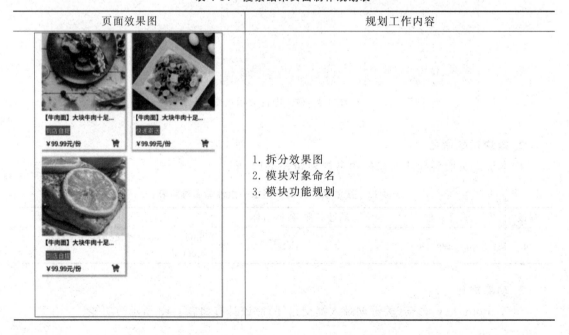	1. 拆分效果图 2. 模块对象命名 3. 模块功能规划

验收标准如下。
(1) 页面效果图拆分合理,模块规划逻辑清晰。
(2) 画板、模板(组件)等命名规范。

4.4.2 实践指导

1. 拆分页面效果图

将搜索结果页面效果图拆分为以过滤商品展示模块为主体的页面结构。图 4-4 所示为页面效果图拆分方案。

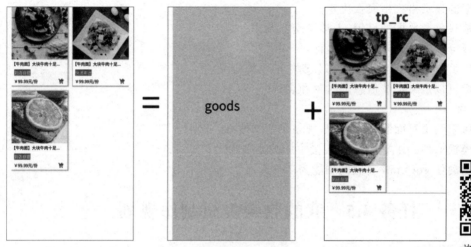

图 4-4 效果图拆分示意图

搜索结果页面
制作规划

2. 模块对象命名

搜索结果页面各模块对象的命名规划如表 4-15 所示。

表 4-15 搜索结果页面—画板—模板命名对照表

画板	模板名称	属性名称、数据名称	交互动作名称、返回字段名称
goods	tp_rc	goods:goods img:'/images/icons/gwc.png'	goDetail:function(e) e.currentTarget.dataset.pageindex e.currentTarget.dataset.index
	tp_zanwu	tip:'暂无搜索商品' img:'/images/icons/zwsp.png'	无交互操作

3. 功能规划

(1) 模板 tp_rc(列表商品列表模板)应该具有如表 4-16 所示的功能。

表 4-16 搜索结果页面—模板 tp_rc—功能规划表

显示功能	显示商品对象数组 goods
交互功能	"重写函数"点击商品 goDetail 反馈商品所在组号 e.currentTarget.dataset.pageindex 组内商品序号 e.currentTarget.dataset.index

(2) 模板 tp_zanwu(暂无提示模板)应该具有如表 4-17 所示的功能。

表 4-17　搜索结果页面—模板 tp_zanwu—命名对照表

显示功能	1. 显示提示信息"暂无搜索商品" 2. 显示指定图标"/images/icons/zwsp.png"
交互功能	无交互

4.4.3　自我测试

1. 判断题

(1) 数据的显示格式由模板决定。　　　　　　　　　　　　　　　　　　(　　)
(2) 模板只负责数据的显示,不涉及交互动作。　　　　　　　　　　　　(　　)
(3) 模板可以定义交互动作的名称。　　　　　　　　　　　　　　　　　(　　)
(4) 模板可以完成交互动作中部分动作的内容定义。　　　　　　　　　(　　)
(5) 模板可以定义反馈信息的对象和名称。　　　　　　　　　　　　　　(　　)

2. 填空题

(1) 在搜索结果页面制作规划中,规划了两个模板,分别为_____、_____。
(2) 在模板 tp_rc 中,属性 goods 接收的数据则为_____。
(3) 交互动作 goDetail 实现的功能为_____。

任务 4.5　我的收藏页面制作规划

4.5.1　任务要求

将我的收藏页面效果图按功能拆分为若干模块,对每个模块对象命名,设计每个模块的具体功能需求。我的收藏页面制作规划的具体要求如表 4-18 所示。

表 4-18　我的收藏页面制作规划表

页面效果图	规划工作内容
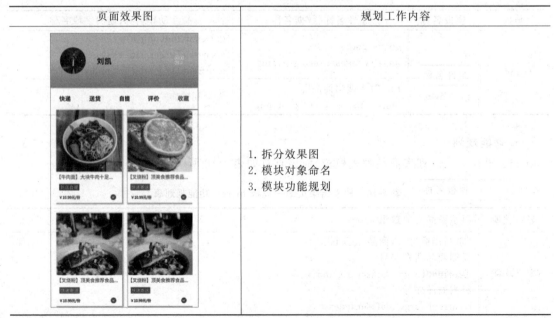	1. 拆分效果图 2. 模块对象命名 3. 模块功能规划

验收标准如下。
(1) 页面效果图拆分合理,模块规划逻辑清晰。
(2) 画板、模板(组件)等命名规范。

4.5.2 实践指导

1. 拆分页面效果图

将我的页面收藏效果图拆分为以下两个主要模块。
(1) 页面主题切换模块。
(2) 主题内容展示模块(收藏商品列表)。
图 4-5 所示为页面效果图拆分方案。

我的收藏页面
制作规划

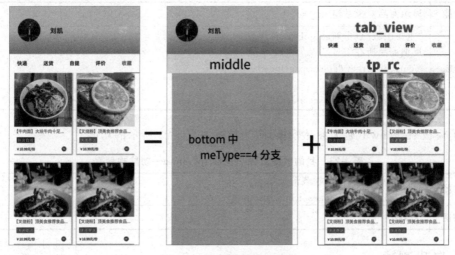

图 4-5 效果图拆分示意图

2. 模块对象命名

我的收藏页面各模块对象命名规划如表 4-19、表 4-20 所示。

表 4-19 我的收藏—画板—组件命名对照表

画板	组件名称	属性名称、数据名称	交互动作名称、返回字段名称
middle	tab_view	tabDatas="{{mytabDatas}}" curTab="{{meType}}"	bind:tabE="tabE" e.detail
说明:我的收藏页面中不同主题的切换,采用同一个主题切换模块			

表 4-20 我的收藏—画板—模板命名对照表

画板	模板名称	属性名称、数据名称	交互动作名称、返回字段名称
bottom	tp_rc	goods:me_sc img:'/images/icons/gwc.png'	goDetail:function(e) e.currentTarget.dataset.pageindex e.currentTarget.dataset.index
	tp_zanwu	tip:'暂无收藏记录' img:'/images/icons/wsc.png'	无交互操作

3. 功能规划

(1) 组件 tab_view(选项卡组件)应该具有如表 4-21 所示的功能。

表 4-21 我的收藏页面—组件 tab_view—功能规划表

显示功能	1. 显示主题标签对象数组 mytabDatas 2. meType 主题标签显示为激活状态(选中状态)
交互功能	1. "内部动作"切换主题标签按钮,标签状态同步切换 2. "接管动作"主题切换 tabE,反馈所选标签序号 e.detail
说明:我的收藏页面中不同主题的切换,采用同一个主题切换模块	

(2) 模板 tp_rc 应该具有如表 4-22 所示的功能。

表 4-22 我的收藏页面—模板 tp_rc—功能规划表

显示功能	显示商品对象数组 me_sc
交互功能	"重写函数"点击商品 goDetail 反馈商品所在组号 e.currentTarget.dataset.pageindex 组内商品序号 e.currentTarget.dataset.index

(3) 模板 tp_zanwu(暂无商品模板)应该具有如表 4-23 所示的功能。

表 4-23 我的收藏页面—模板 tp_zanwu—功能规划表

显示功能	显示提示信息"暂无收藏记录" 显示指定图标"/images/icons/wsc.png"
交互功能	无交互

4.5.3 自我测试

1. 判断题

(1) 组件动作无法更新页面显示状态。　　　　　　　　　　　　(　　)
(2) 组件动作属性名称和绑定动作名称必须相同。　　　　　　　(　　)
(3) 同一个模板可以在不同页面中重复使用。　　　　　　　　　(　　)
(4) 模板动作名称可以由模板调用者自行定义。　　　　　　　　(　　)
(5) 模板属性一次只能接收一个商品对象数据。　　　　　　　　(　　)

2. 填空题

(1) 组件 tab_view 的属性分别为_____、_____。
(2) 组件 tab_view 的交互动作实现的功能为_____。
(3) 模板 tp_rc 交互动作返回的数据分别为_____、_____。

任务 4.6　名片页面制作规划

4.6.1　任务要求

将名片页面效果图按功能拆分为若干模块,对每个模块对象命名,设计每个模块的具体功能需求。名片页面的制作规划的具体要求如表 4-24 所示。

表 4-24　名片页面制作规划表

页面效果图	规划工作内容
	1. 拆分效果图 2. 模块对象命名 3. 模块功能规划

验收标准如下。
(1) 页面效果图拆分合理，模块规划逻辑清晰。
(2) 画板、模板(组件)等命名规范。

4.6.2　实践指导

1. 拆分页面效果图

将名片页面效果图拆分为以二维码显示模块为主体的页面结构。图 4-6 所示为页面效果图拆分方案。

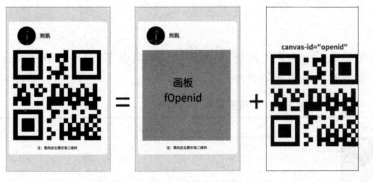

图 4-6　名片页面效果图拆分示意图　　　　　名片页面制作规划

2. 模块对象命名

名片页面各模块对象的命名规划如表 4-25 所示。

表 4-25　名片页面—画板—画布组件命名对照表

画板	画板编号	绘制二维码
fOpenid	canvas-id="openid"	onReady 重写： drawfile.qrcode('openid', ' 测试',630,630);
js 文件需引入第 3 方工具：var drawfile = require('../../utils/index.js');		

3. 功能规划

画板 fOpenid 中的画布组件 canvas-id="openid"应该具有如表 4-26 所示的功能。

表 4-26 名片页面—画布 canvas-id="openid"—功能规划表

显示功能	画布 openid 显示二维码
交互功能	"重写函数"onReady，调用 drawfile.qrcode('openid','测试',630,630);
js 文件需引入第 3 方工具：var drawfile = require('../../utils/index.js');	

4.6.3 自我测试

1. 判断题

(1) 二维码是图片的显示。 (　　)
(2) 二维码是某些信息的图形化显示。 (　　)
(3) 画布是可以绘制图形的容器。 (　　)
(4) 画布的编号可以由开发者自行定义。 (　　)
(5) 绘制图形时，要依据画布编号进行绘制。 (　　)

2. 填空题

(1) 在名片页面，规划了一个 fOpenid 画板，其属性 canvas-id 接收的数据为_____。
(2) 函数 drawfile.qrcode 中，参数 buyerIDStore 为_____。
(3) 二维码宽高尺寸为_____。

任务 4.7 详情页面制作规划

4.7.1 任务要求

将详情页面效果图按功能拆分为若干模块，对每个模块对象命名，设计每个模块的具体功能需求。详情页面制作规划的具体要求如表 4-27 所示。

表 4-27 详情页面制作规划表

页面效果图	规划工作内容
	1. 拆分效果图 2. 模块对象命名 3. 模块功能规划

验收标准如下。
(1) 页面效果图拆分合理,模块规划逻辑清晰。
(2) 画板、模板(组件)等命名规范。

4.7.2 实践指导

1. 拆分页面效果图

将详情页面效果图拆分为以下四个主要模块。
(1) 轮播展示模块。
(2) 商品摘要模块。
(3) 详情评论模块。
(4) 详情按钮模块。
图 4-7 所示为页面效果图拆分方案。

详情页面制作规划

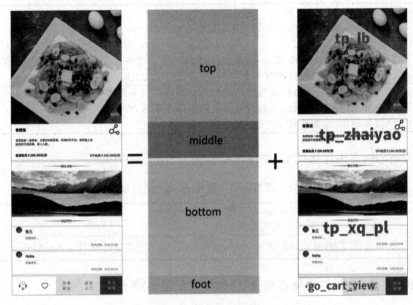

图 4-7　商品详情页面效果图拆分示意图

2. 模块对象命名

商品详情页面,各模块对象的命名规划如表 4-28 和表 4-29 所示。

表 4-28　详情页面—画板—组件命名规划表

画板	组件名称	属性名称、数据名称	交互动作名称、返回字段名称
foot	go_cart_view	item:item img_kf:'/images/icons/kf01.png' img_sc_true:'/images/icons/sc01.png' img_sc_false:'/images/icons/sc02.png'	bind:goCart="goCart" 客服按钮 收藏按钮 显示弹窗 wx.showToast 缓存 meSCStore 增删商品

本组件 go_cart_view 的使用条件如下。
1. 删除"style":"v2"。
2. app.js 添加缓存 wx.setStorageSync('meSCStore',[ ])。
3. 不能用测试 AppID。

表 4-29　详情页面—画板—模板命名规划表

画板	模板名称	属性名称、数据名称	交互动作名称、返回字段名称
top	tp_lb	lbimgs：lbimgs lbindex：lbindex	changeLBindex：function(e) e.detail.current
middle	tp_zhaiyao	item：item img：'/images/icons/zf.png'	重写 onShareAppMessage console.log(this.data.item);
bottom	tp_xq_pl	xqImgs：xqImgs pjs：pjs img_tw：'/images/icons/wsc.png' img_pl：'/images/icons/ly.png'	无交互操作

3. 功能规划

(1) 组件 go_cart_view(详情加购操作组件)应该具有如表 4-30 所示功能。

表 4-30　详情页面—组件 go_cart_view—功能规划表

显示功能	1. 显示商品的收藏状态 说明：商品对象 item 的 fID，是否在收藏缓存 meSCStore 2. 显示商品的配送方式 说明：商品对象 item 的 fKuaidi、fSonghuo、fZiti 这三个属性中，哪个属性值为字符串'true' 我们规定这三个属性只能有一个为'true'，其他两个为'false'
交互功能	1."内部动作"客服按钮，真机弹出微信对话框(前提：小程序后台已添加客服人员微信账号) 2."内部动作"收藏按钮，当前商品加入或移除收藏缓存 meSCStore 3."接管动作"加购按钮 goCart，无反馈

(2) 模板 tp_lb(多图轮播模板)应该具有如表 4-31 所示的功能。

表 4-31　详情页面—模板 tp_lb—功能规划表

显示功能	1. 显示图片对象数组 lbimgs 2. lbindex 序号对应图片为当前图片
交互功能	"重写函数"左右滑动切换图片 changeLBindex，反馈当前图片序号 e.detail.current

(3) 模板 tp_zhaiyao(详情摘要模板)应该具有如表 4-32 所示的功能。

表 4-32　详情页面—模板 tp_zhaiyao—功能规划表

显示功能	1. 显示商品名称 item.fName 2. 显示商品简介 item.fDescription 3. 显示普通价格 item.fOldPrice 4. 显示会员价格 item.fPrice 5. 显示商品规格 item.fUnit
交互功能	"内部按钮"点击分享按钮，真机显示分享弹窗 "重写函数"点击分享按钮 onShareAppMessage，反馈商品对象 item

(4) 模板 tp_xq_pl(详情评论列表模板)应该具有如表 4-33 所示的功能。

表 4-33　详情页面—模板 tp_xq_pl—功能规划表

显示功能	1. 显示商品长图对象数组 xqImgs 2. 显示商品评论对象数组 pjs
交互功能	无交互

4.7.3 自我测试

1. 判断题

（1）模板的属性可以接收对象类型。　　　　　　　　　　　　　　　　（　　）
（2）模板的属性名称和数据名称必须相同。　　　　　　　　　　　　　（　　）
（3）模板可以通过交互操作向外输出信息。　　　　　　　　　　　　　（　　）
（4）组件可以通过缓存向外输出信息。　　　　　　　　　　　　　　　（　　）
（5）组件动作可以完成部分动作内容，其余动作内容由页面实现。　　　（　　）

2. 填空题

（1）在该页面，规划了三个模板，分别为_____、_____、_____。
（2）模板 tp_lb 的交互动作 changeLBindex 输出的内容为_____。
（3）没有交互动作的模板为_____。
（4）模板 tp_xq_pl 中，属性 pjs 代表的是_____。
（5）组件 go_cart_view 共有_____个属性。

任务 4.8　购物车自提页面制作规划

4.8.1　任务要求

将购物车自提页面效果图按功能拆分为若干模块，对每个模块对象命名，设计每个模块的具体功能需求。购物车自提页面具体制作规划要求如表 4-34 所示。

表 4-34　购物车自提页面制作规划表

页面效果图	规划工作内容
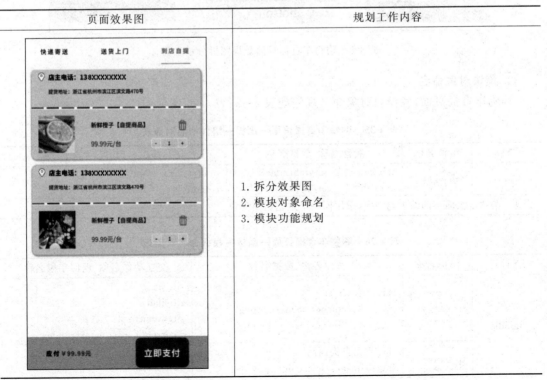	1. 拆分效果图 2. 模块对象命名 3. 模块功能规划

验收标准如下。
(1) 页面效果图拆分合理,模块规划逻辑清晰。
(2) 画板、模板(组件)等命名规范。

4.8.2 实践指导

1. 拆分页面效果图

将购物车自提页面效果图拆分为以下三个主要模块。
(1) 页面主题切换模块。
(2) 主题内容展示模块(自提订单)。
(3) 订单金额支付模块(自提订单)。
图 4-8 所示为本页面效果图拆分方案。

购物车自提
制作规划

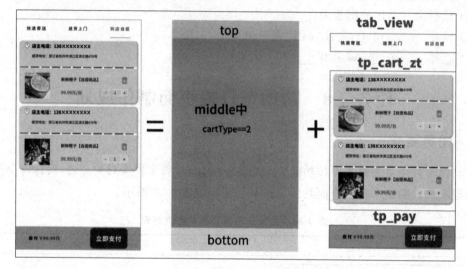

图 4-8 购物车自提页面效果图拆分示意图

2. 模块对象命名

购物车自提页面,各模块对象命名规划如表 4-35、表 4-36 所示。

表 4-35 购物车自提页面—画板—组件命名对照表

画板	组件名称	属性名称、数据名称	交互动作名称、返回字段名称
top	tab_view	tabDatas="{{mytabDatas}}" curTab="{{cartType}}"	bind:tabE="tabE" e.detail
说明:购物车页面不同的主题切换,采用同一个主题切换模块			

表 4-36 购物车自提页面—画板—模板命名对照表

画板	模板名称	属性名称、数据名称	交互动作名称、返回字段名称
middle	tp_cart_zt	cart_zt:cart_zt img_del:'/images/icons/del.png' img_dw:'/images/icons/dw.png'	ziti_jia ziti_jian ziti_remove e.currentTarget.dataset.index
	tp_zanwu	tip:'暂无自提商品' Img:'/images/icons/ddzt.png'	无交互操作

续表

画板	模板名称	属性名称、数据名称	交互动作名称、返回字段名称
bottom	tp_pay	cartType：cartType total：total 注意：以下两项自提时无效 cart_kd_select_all：cart_kd_select_all cart_kd：cart_kd	pay：function()

3. 功能规划

（1）组件 tab_view（选项卡组件）应该具有如表 4-37 所示功能。

表 4-37　购物车自提页面—组件 tab_view—功能规划表

显示功能	1. 显示主题标签对象数组 mytabDatas 2. cartType 主题标签显示为激活状态（选中状态）
交互功能	1. "内部动作"切换主题标签按钮，标签状态同步切换 2. "接管动作"主题切换 tabE，反馈所选标签序号 e.detail

说明：购物车自提页面中不同主题的切换，采用同一个主题切换模块

（2）模板 tp_cart_zt（购物车自提列表模板）应该具有如表 4-38 所示功能。

表 4-38　购物车自提页面—模板 tp_cart_zt—功能规划表

显示功能	显示自提订单对象数组 cart_zt
交互功能	1. "重写函数"增加按钮 ziti_jia，反馈订单序号 e.currentTarget.dataset.index 2. "重写函数"减少按钮 ziti_jian，反馈订单序号 e.currentTarget.dataset.index 3. "重写函数"订单移除按钮 ziti_remove，反馈订单序号 e.currentTarget.dataset.index

（3）模板 tp_zanwu（暂无提示模板）应该具有如表 4-39 所示的功能。

表 4-39　购物车自提页面—模板 tp_zanwu—功能规划表

显示功能	1. 显示提示信息"暂无自提商品" 2. 显示指定图标"/images/icons/ddzt.png"
交互功能	无交互

（4）模板 tp_pay（金额支付模板）应该具有如表 4-40 所示功能。

表 4-40　购物车自提页面—模板 tp_pay—功能规划表

显示功能	前提：cartType==2 1. total==0 时，显示应付 0.00 元；"立即支付"按钮显示禁用 2. total>0 时，显示应付 0.04 元；"立即支付"按钮显示启用
交互功能	"重写函数"支付按钮 pay，无反馈

4.8.3　自我测试

1. 判断题

（1）组件动作可以更新组件状态。　　　　　　　　　　　　　　　　　　　（　　）

(2) 组件动作可以向外输出信息。（ ）
(3) 模板动作的内容,已在模板中定义和说明。（ ）
(4) 模板动作反馈信息已在模板中定义和说明。（ ）
(5) 模板的显示状态可以由外部数据确定。（ ）

2. 填空题

(1) 组件 tab_view 有两个属性,分别存储的数据为_____、_____。

(2) 组件 tab_view 中,交互动作 tabE 实现的功能为_____。

(3) 购物车自提页面总共规划拆分了三个模板,分别为_____、_____、_____。

(4) 模板 tp_cart_zt 中,交互动作 ziti_jia、ziti_jian 和 ziti_remove 分别实现的功能为_____、_____、_____。

(5) 模板 tp_pay 中属性 cart_kd_select_all 实现的功能为_____。

任务 4.9　购物车快递页面制作规划

4.9.1　任务要求

将购物车快递页面效果图按功能拆分为若干模块,对每个模块对象命名,设计每个模块的具体功能需求。购物车快递页面制作规划的具体要求如表 4-41 所示。

表 4-41　购物车快递页面制作规划表

页面效果图	规划工作内容
	1. 拆分效果图 2. 模块对象命名 3. 模块功能规划

验收标准如下。

(1) 页面效果图拆分合理,模块规划逻辑清晰。

(2) 画板、模板(组件)等命名规范。

4.9.2 实践指导

1. 拆分页面效果图

将购物车快递页面效果图拆分为以下三个主要模块。

（1）页面主题切换模块。
（2）主题内容展示模块（快递订单）。
（3）订单金额支付模块（快递订单）。

图 4-9 所示为本页面效果图拆分方案。

购物车快递
页面制作规划

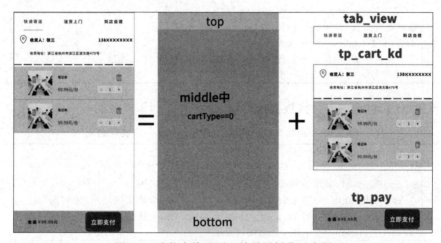

图 4-9　购物车快递页面效果图拆分示意图

2. 模块对象命名

购物车快递页面各模块对象的命名规划如表 4-42、表 4-43 所示。

表 4-42　购物车快递页面—画板—组件对象命名规划表

画板	组件名称	属性名称、数据名称	交互动作名称、返回字段名称
top	tab_view	tabDatas="{{mytabDatas}}" curTab="{{cartType}}"	bind:tabE="tabE" e.detail
说明：购物车快递页面中不同主题的切换，采用同一个主题切换模块			

表 4-43　购物车页面—画板—模板命名对照表

画板	模板名称	属性名称、数据名称	交互动作名称、返回字段名称
middle	tp_cart_kd	cart_kd:cart_kd fUserGetName:fUserGetName fUserGetTel:fUserGetTel fUserGetAddress:fUserGetAddress img_del:'/images/icons/del.png' img_dw:'/images/icons/dw.png'	goAddress 无返回 kuaidi_jia kuaidi_jian kuaidi_remove kuaidi_selectItem e.currentTarget.dataset.index
	tp_zanwu	tip:'暂无快递商品' img:'/images/icons/wkd.png'	无交互操作
bottom	tp_pay	cartType:cartType total:total cart_kd_select_all:cart_kd_select_all cart_kd:cart_kd	pay:function()无反馈 selectAll:function()无反馈

3. 功能规划

（1）模板 tp_cart_kd（购物车快递列表模板）应该具有如表 4-44 所示的功能。

表 4-44　购物车快递页面—模板 tp_cart_kd—功能规划表

显示功能	1. 显示收货信息数据 fUserGetName、fUserGetTel、fUserGetAddress 2. 显示快递订单对象数组 cart_kd
交互功能	1."重写函数"点击收货地址 goAddress，无反馈 2."重写函数"数量增加按钮 kuaidi_jia，反馈 订单序号 e.currentTarget.dataset.index 3."重写函数"数量减少按钮 kuaidi_jian，反馈 订单序号 e.currentTarget.dataset.index 4."重写函数"订单移除按钮 kuaidi_remove，反馈 订单序号 e.currentTarget.dataset.index 5."重写函数"切换订单按钮 kuaidi_selectItem，反馈 订单序号 e.currentTarget.dataset.index

（2）模板 tp_pay（金额支付模板）应该具有如表 4-45 所示的功能。

表 4-45　购物车快递页面—模板 tp_pay—功能规划表

显示功能	前提：cartType==0 1. total==0 时，显示金额 0.00 元；"立即支付"按钮禁用 2. total＞0 时，显示金额 0.04 元；"立即支付"按钮启用 3. cart_kd.length＞0 且 cart_kd_select_all==0 时，全选按钮显示"未勾选" 4. cart_kd.length＞0 且 cart_kd_select_all==1 时，全选按钮显示"已勾选" 5. cart_kd.length==0 时，全选按钮隐藏
交互功能	1."重写函数"支付按钮点击 pay，无反馈 2."重写函数"全选按钮切换 selectAll，无反馈

（3）组件 tab_view 和模板 tp_zanwu 的功能需求，见任务 4.8。

4.9.3　自我测试

1. 判断题

（1）购物车快递页面中，同一个区域只能显示一个模板。　　　　　　　　　　（　　）
（2）模板的动作一定要有反馈信息。　　　　　　　　　　　　　　　　　　　（　　）
（3）模板的属性既可以接收变量，也可以接收静态数据。　　　　　　　　　　（　　）
（4）模板可以没有交互操作。　　　　　　　　　　　　　　　　　　　　　　（　　）
（5）模板可以根据属性取值的情况显示不同的内容和格式。　　　　　　　　　（　　）

2. 填空题

（1）在购物车快递页面的效果图中，规划了三个模板，分别为_____、_____、_____。
（2）模板 tp_cart_kd 中，属性 fUserGetName 接收的数据为_____。
（3）模板 tp_pay 中，交互动作 pay 实现_____功能。

任务 4.10　收货地址录入页面制作规划

4.10.1　任务要求

将收货地址录入页面效果图按功能拆分为若干模块，对每个模块对象命名，设计每个模块的具体功能需求。收货地址录入页面制作规划的具体要求如表 4-46 所示。

表 4-46　收货地址录入页面制作规划表

页面效果图	规划工作内容
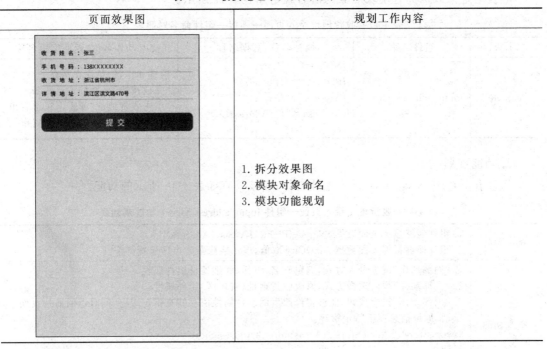	1. 拆分效果图 2. 模块对象命名 3. 模块功能规划

验收标准如下。

(1) 页面效果图拆分合理,模块规划逻辑清晰。

(2) 画板、模板(组件)等命名规范。

4.10.2　实践指导

1. 拆分页面效果图

将收货地址录入页面效果图拆分为以地址信息录入模块为主体的页面结构。图 4-10 所示为本页面效果图拆分方案。

收货地址录入
页面制作规划

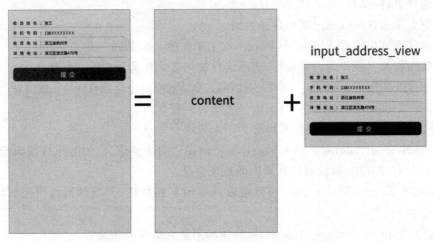

图 4-10　收货地址录入页面效果图拆分示意图

2. 模块对象命名

收货地址录入页面各模块对象的命名规划如表 4-47 所示。

表 4-47 收货地址录入页面—画板—组件命名对照表

画板	组件名称	属性名称、数据名称	交互动作名称、返回字段名称
content	input_address_view	fName="{{fName}}" fPhone="{{fPhone}}" fAreas="{{fAreas}}" fAddress="{{fAddress}}" showCity="{{showCity}}"	内部动作,信息存在缓存 "完成按钮"存地址＋返回 cart "点击收货地址"弹窗下拉选省市 "省市确定按钮"fAreas 存省市

3. 功能规划

组件 input_address_view（录入地址组件）应该具有如表 4-48 所示的功能。

表 4-48 收货地址录入页面—组件 input_address_view—功能规划表

显示功能	1. 组件能够显示页面数据 fName、fPhone、fAreas、fAddress 2. 组件能够根据页面数据 showCity 取值,展示或隐藏省市区选择弹窗
交互功能	1. "内部动作"键盘录入方式,编辑姓名、电话、详细地址组件属性 2. "内部动作"弹窗选择方式,修改收货地址(省市区)组件属性 3. "内部动作"提交按钮,能够将修改后的组件属性值存储在指定缓存,同时返回前一页面反馈,地址信息存于特定缓存。 'fNameStore'、'fPhoneStore'、'fAreasStore'、'fAddressStore' 说明: ① 按钮为组件内部动作,无须调用者接管。 ② 指定缓存名称,在提交按钮函数已指定

4.10.3 自我测试

1. 判断题

（1）属性是用来描述组件特征的。   （   ）
（2）页面数据和组件属性是同一个变量对象。   （   ）
（3）属性取值发生改变时,对应的页面数据一定发生改变。   （   ）
（4）组件事件（函数）无法创建缓存。   （   ）
（5）页面和组件可以通过缓存传递数据。   （   ）
（6）组件规划中的 fName="{{fName}}",两个 fName 是同一变量。 （   ）
（7）若组件交互操作为内部动作,表示组件使用者无权重写组件交互操作内容。（   ）
（8）通过组件 input_address_view 提交按钮后,页面数据一定会接收到新地址信息。（   ）
（9）缓存是页面之间的共享空间,组件无法访问缓存。   （   ）
（10）地址录入页面效果图只能拆分为一个模块。   （   ）
（11）组件 input_address_view 只能显示页面提供的地址信息,但是组件编辑修改后的地址信息却存储在缓存中,并没有更新页面的地址信息。（   ）
（12）组件 input_address_view 可以接收并显示页面数据,但组件属性值更新时,页面数据也会同步更新。（   ）
（13）组件 input_address_view 中,属性值的更新无法向外传递。   （   ）
（14）缓存可以作为组件和页面之间传递数据桥梁。   （   ）

(15) 组件 input_address_view 的功能可以理解为：输入初始信息（页面数据），内部交互操作后输出 4 个缓存信息。　　　　　　　　　　　　　　　　　（　　）

2. 填空题

(1) 在收货地址录入页面制作规划中，规划了_____个模板，_____个组件。

(2) 在组件 input_address_view 中，属性 fAddress 接收的数据为_____。

(3) 当点击_____，显示下拉弹窗并可以选省市。

任务 4.11　我的自提页面制作规划

4.11.1　任务要求

将我的自提页面效果图按功能拆分为若干模块，对每个模块对象命名，设计每个模块的具体功能需求。我的自提页面制作规划的具体要求如表 4-49 所示。

表 4-49　我的自提页面制作规划表

页面效果图	规划工作内容
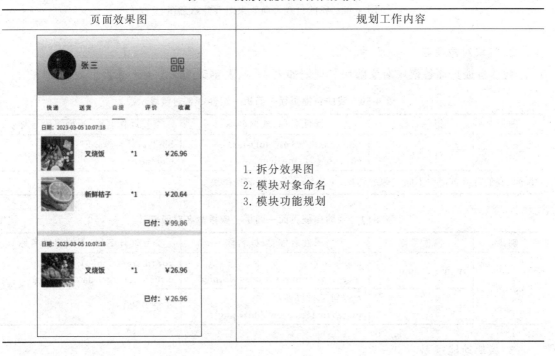	1. 拆分效果图 2. 模块对象命名 3. 模块功能规划

验收标准如下。

(1) 页面效果图拆分合理，模块规划逻辑清晰。

(2) 画板、模板（组件）等命名规范。

4.11.2　实践指导

1. 拆分页面效果图

将我的自提页面效果图拆分为以下两个主要模块。

(1) 页面主题切换模块。

我的自提页面
制作规划

(2) 主题内容展示模块(自提商品列表)。

图 4-11 所示为本页面效果图拆分方案。

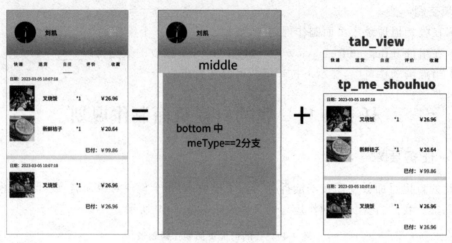

图 4-11　我的自提页面效果图拆分示意图

2. 模块对象命名

我的自提页面各模块对象的命名规划如表 4-50、表 4-51 所示。

表 4-50　我的自提页面—画板—组件命名对照表

画板	组件名称	属性名称、数据名称	交互动作名称、返回字段名称
middle	tab_view	tabDatas="{{mytabDatas}}" curTab="{{meType}}"	bind:tabE="tabE" e.detail

说明：我的自提页面中不同主题的切换，采用同一个主题切换模块。

表 4-51　我的自提页面—画板—模板命名对照表

画板	模板名称	属性名称、数据名称	交互动作名称、返回字段名称
bottom	tp_me_shouhuo	goods：me_zt img_yfh：'/images/icons/yfh.png'	goZtm：function(e) e.currentTarget.dataset
	tp_zanwu	tip：'暂无自提商品' img：'/images/icons/ddzt.png'	无交互操作

3. 模块功能规划

(1) 模板 tp_me_shouhuo(我的订单列表模板)应该具有如表 4-52 所示的功能。

表 4-52　我的自提页面—模板 tp_me_shouhuo—功能规划表

显示功能	显示自提订单对象数组 me_zt
交互功能	"重写函数"点击自提订单 goZtm，反馈 自提订单对象 e.currentTarget.dataset

(2) 组件 tab_view 和模板 tp_zanwu 的功能需求，见任务 4.5。

4.11.3 自我测试

1. 判断题

（1）组件和模板都可以显示外部数据。（   ）
（2）模板的动作内容完全由模板调用者实现。（   ）
（3）组件的动作可以完全由组件本身实现。（   ）
（4）模板可以没有交互操作。（   ）
（5）模板和组件可以提高页面开发效率。（   ）

2. 填空题

（1）在我的自提页面制作规划中，规划了两个模板，分别为_____、_____。
（2）模板 tp_me_shouhuo 中，属性 goods 接收的数据为_____。
（3）在我的自提页面制作规划中规划的两个模板里，没有交互动作的模板是_____。
（4）本任务中画板 bottom 可以在_____模板和_____模板中，选其一进行显示。
（5）本任务中组件 tab_view 的交互动作名称是_____。

任务 4.12　自提码页面制作规划

4.12.1　任务要求

将自提码页面效果图按功能拆分为若干模块，对每个模块对象命名，设计每个模块的具体功能需求。自提码页面制作规划的具体要求如表 4-53 所示。

表 4-53　自提码页面制作规划表

页面效果图	规划工作内容
	1. 拆分效果图 2. 模块对象命名 3. 模块功能规划

验收标准如下。

（1）页面效果图拆分合理，模块规划逻辑清晰。
（2）画板、模板（组件）等命名规范。

4.12.2 实践指导

1. 拆分页面效果图

将自提码页面效果图拆分为以下两个主要模块。

(1) 商品订单展示模块。

(2) 提货二维码展示模块。

图 4-12 所示为本页面效果图拆分方案。

自提码页面
制作规划

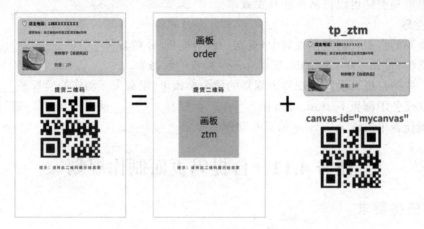

图 4-12 自提码页面效果图拆分示意图

2. 模块对象命名

自提码页面各模块对象的命名规划如表 4-54、图 4-55 所示。

表 4-54 自提码页面—画板—组件命名对照表

画板	画布编号	绘制二维码
ztm	canvas-id = "mycanvas"	onReady 重写： drawfile.qrcode('mycanvas','测试',420,420)

表 4-55 自提码页面—画板—模板命名对照表

画板	模板名称	属性名称、数据名称	交互动作名称、返回字段名称
order	tp_ztm	zt_order:zt_order img:'/images/icons/dw.png'	无交互

3. 功能规划

(1) 模板 tp_ztm(自提码模板)应该具有如表 4-56 所示的功能。

表 4-56 自提码页面—模板 tp_ztm—功能规划表

显示功能	显示自提订单对象数据 zt_order
交互功能	无交互

(2) 画板 ztm 中的画布 canvas-id="mycanvas"应该具有如表 4-57 所示的功能。

表 4-57　自提码页面—画布 canvas-id＝"mycanvas"—功能规划表

显示功能	画布 mycanvas 显示二维码
绘图功能	"重写函数"onReady 调用 drawfile.qrcode('mycanvas','测试',420,420)

4.12.3　自我测试

1. 判断题

（1）模板可以接收一个对象进行显示。　　　　　　　　　　　　　　　　　（　　）
（2）进行模板定义时，可以指定模板的显示效果。　　　　　　　　　　　　（　　）
（3）画布是一种可以绘制图形的系统组件。　　　　　　　　　　　　　　　（　　）
（4）同一个页面中绘制不同内容的两个画布，其编号可以相同。　　　　　　（　　）
（5）图片和图形的显示方式不相同。　　　　　　　　　　　　　　　　　　（　　）

2. 填空题

（1）自提码页面制作规划中只规划了一个模板，是_____。
（2）模板 tp_ztm 中，属性 zt_order 接收的数据为_____。
（3）自提码页面中，二维码宽高尺寸为_____。

任务 4.13　我的快递页面制作规划

4.13.1　任务要求

将我的快递页面效果图按功能拆分为若干模块，对每个模块对象命名，设计每个模块的具体功能需求。我的快递页面制作规划的具体要求如表 4-58 所示。

表 4-58　我的快递页面制作规划表

页面效果图	规划工作内容
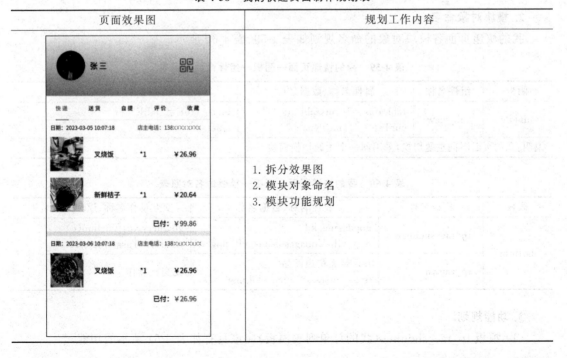	1. 拆分效果图 2. 模块对象命名 3. 模块功能规划

验收标准如下。
(1) 页面效果图拆分合理,模块规划逻辑清晰。
(2) 画板、模板(组件)等命名规范。

4.13.2 实践指导

我的快递页面
制作规划

1. 拆分页面效果图

将我的快递页面效果图拆分为以下两个主要模块。
(1) 页面主题切换模块。
(2) 主题内容展示模块(快递商品列表)。
图 4-13 所示为本页面效果图拆分方案。

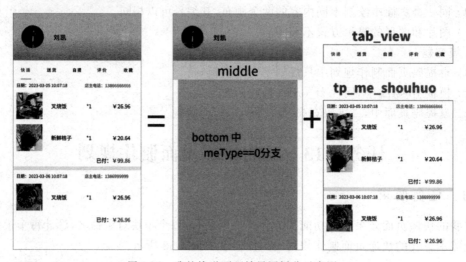

图 4-13 我的快递页面效果图拆分示意图

2. 模块对象命名

我的快递页面各模块对象的命名规划如表 4-59、表 4-60 所示。

表 4-59 我的快递页面—画板—组件命名对照表

画板	组件名称	属性名称、数据名称	交互动作名称、返回字段名称
middle	tab_view	tabDatas="{{mytabDatas}}" curTab="{{meType}}"	bind：tabE="tabE" e.detail
说明:我的页面不同主题切换,采用同一个主题切换模块			

表 4-60 我的快递页面—画板—模板命名对照表

画板	模板名称	属性名称、数据名称	交互动作名称、返回字段名称
bottom	tp_me_shouhuo	goods：me_kd img_yfh：'/images/icons/yfh.png'	goQueryKd：function(e) e.currentTarget.dataset
	tp_zanwu	tip：'暂无快递商品' img：'/images/icons/wkd.png'	无交互操作

3. 功能规划

(1) 模板 tp_me_shouhuo(我的订单列表模板)应该具有如表 4-61 所示的功能。

表 4-61　我的快递页面—模板 tp_me_shouhuo—功能规划表

显示功能	显示自提订单对象数组 me_kd
交互功能	"重写函数"点击快递订单 goQueryKd,反馈 快递订单对象 e.currentTarget.dataset

（2）组件 tab_view 和模板 tp_zanwu 的功能需求,见任务 4.5。

4.13.3　自我测试

1. 判断题

（1）进行页面规划时,模板的名称由设计者自行命名。　　　　　　（　　）
（2）不同页面不能用同一个模板。　　　　　　　　　　　　　　　（　　）
（3）模板若要接收外部数据,一定需要有对应的接收属性。　　　　（　　）
（4）模板不能接收静态数据。　　　　　　　　　　　　　　　　　（　　）
（5）模板可接收静态图片文件进行显示。　　　　　　　　　　　　（　　）

2. 填空题

（1）框架划分的原则为_____、_____、_____。
（2）模板 tp_me_shouhuo 中,属性 img_yfh 接收的数据为_____。
（3）模板 tp_me_shouhuo 有_____个交互动作。

任务 4.14　物流查询页面制作规划

4.14.1　任务要求

将物流查询页面效果图按功能拆分为若干模块,对每个模块对象命名,设计每个模块的具体功能需求。物流查询页面制作规划的具体要求如表 4-62 所示。

表 4-62　物流查询页面制作规划表

页面效果图	规划工作内容
	1. 拆分效果图 2. 模块对象命名 3. 模块功能规划

验收标准如下。

(1) 页面效果图拆分合理,模块规划逻辑清晰。

(2) 画板、模板(组件)等命名规范。

4.14.2 实践指导

1. 拆分页面效果图

将物流查询效果图拆分为以物流进度展示模块为主体的页面结构。图 4-14 所示为本页面效果图拆分方案。

物流查询页面制作规划

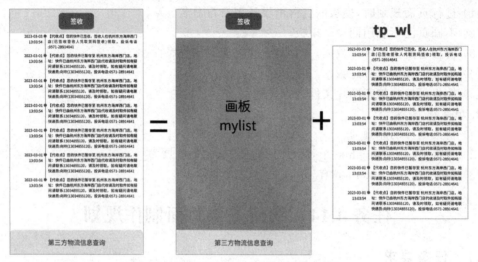

图 4-14　物流查询页面效果图拆分示意图

2. 模块对象命名

物流查询页面各模块对象的命名规划如表 4-63、表 4-64 所示。

表 4-63　物流查询页面—画板—组件命名对照表

画板	组件名称	属性名称、数据名称	交互动作名称、返回字段名称
top	button	type="primary" size="mini"	bindtap="qianshou"

表 4-64　物流查询页面—画板—模板命名对照表

画板	模板名称	属性名称、数据名称	交互动作名称、返回字段名称
sv_middle	tp_wl	wl_list：wl_list	无交互

3. 功能规划

(1) 模板 tp_wl(物流模板)应该具有如表 4-65 所示的功能。

表 4-65　物流查询页面—模板 tp_wl—功能规划表

显示功能	显示物流进度对象数组 wl_list
交互功能	无交互

(2) 画板 top 中的组件 button 应该具有如表 4-66 所示的功能。

表 4-66 模板 tp_wl—功能规划表

显示功能	显示'签收'文本
交互功能	"绑定函数"签收按钮 qianshou,无反馈

4.14.3 自我测试

1. 判断题

(1) 模板的作用之一是将数据按照指定的格式进行显示。　　　　　　　(　　)
(2) 模板必须有交互动作。　　　　　　　　　　　　　　　　　　　　(　　)
(3) 模板显示的信息只能来自属性接收到的数据。　　　　　　　　　　(　　)
(4) 在模板中无法指定列表内容的滚动方向。　　　　　　　　　　　　(　　)
(5) 模板必须有数据传入。　　　　　　　　　　　　　　　　　　　　(　　)

2. 填空题

(1) 在物流查询页面制作规划中的模板为_____。
(2) 属性 wl_list 接收的数据为_____。
(3) 模板 tp_wl 有_____个交互动作。

任务 4.15　我的已收订单页面制作规划

4.15.1　任务要求

将我的已收订单页面效果图按功能拆分为若干模块,对每个模块对象命名,设计每个模块的具体功能需求。我的已收订单页面制作规划的具体要求如表 4-67 所示。

表 4-67　我的已收订单页面制作规划表

页面效果图	规划工作内容
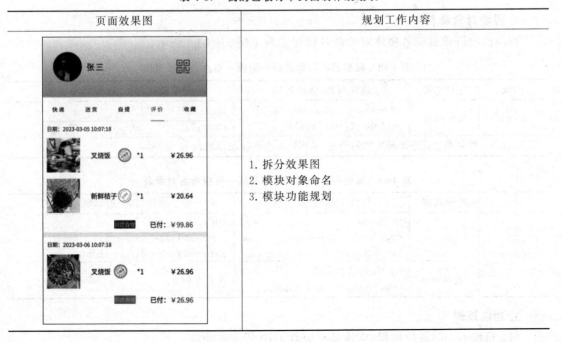	1. 拆分效果图 2. 模块对象命名 3. 模块功能规划

验收标准如下。
(1) 页面效果图拆分合理,模块规划逻辑清晰。
(2) 画板、模板(组件)等命名规范。

4.15.2 实践指导

1. 拆分页面效果图

将我的已收订单页面效果图拆分为以下两个主要模块。
(1) 页面主题切换模块。
(2) 主题内容展示模块(已收货订单列表,即评价模块)。
图 4-15 所示为本页面效果图拆分方案。

我的已收订单
制作规划

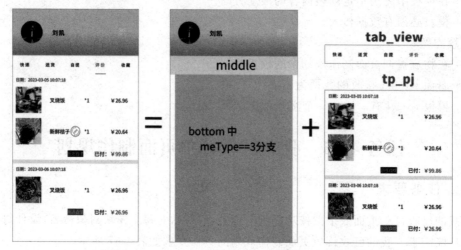

图 4-15 我的已收订单页面效果图拆分示意图

2. 模块对象命名

我的已收订单页面各模块对象命名规划如表 4-68、表 4-69 所示。

表 4-68 我的已收订单页面—画板—组件命名对照表

画板	组件名称	属性名称、数据名称	交互动作名称、返回字段名称
middle	tab_view	tabDatas="{{mytabDatas}}" curTab="{{meType}}"	bind:tabE="tabE" e.detail

说明:我的已收订单页面中不同主题的切换,采用同一个主题切换模块

表 4-69 我的已收订单页面—画板—模板命名对照表

画板	模板名称	属性名称、数据名称	交互动作名称、返回字段名称
bottom	tp_pj	me_pj:me_pj img_yiti:'/images/icons/yiti.png' img_ypj:'/images/icons/ypj.png'	goPJ:function(e) e.currentTarget.dataset.j e.currentTarget.dataset.plstate
	tp_zanwu	tip:'暂无已收商品' img:'/images/icons/ly.png'	无交互操作

3. 功能规划

(1) 模板 tp_pj(评价模板)应该具有如表 4-70 所示的功能。

表 4-70 我的已收订单页面—模板 tp_pj—功能规划表

显示功能	展示已收货订单对象数组 me_pj
交互功能	"重写函数"点击已收货订单 goPJ,反馈 已收货订单对象 e.currentTarget.dataset.j 此订单评价状态 e.currentTarget.dataset.plstate

(2) 组件 tab_view 和模板 tp_zanwu 的功能需求,见任务 4.5。

4.15.3 自我测试

1. 判断题

(1) 数组可以作为一个整体赋值给模板。   （   ）
(2) 模板可以以列表的形式将数据输出。   （   ）
(3) 模板中动作属性的名称是在模板制作过程预先定义的。 （   ）
(4) 模板动作的反馈信息是在页面中进行定义的。   （   ）
(5) 模板的绑定动作名称,可以由页面调用者自行定义。   （   ）

2. 填空题

(1) 在我的已收订单页面制作规划中,规划了两个模板,分别为_____、_____。
(2) 模板 tp_pj 中,属性 img_ypj 接收的数据为_____。
(3) 交互动作 goPJ 实现的功能为_____。

任务 4.16 评价录入页面制作规划

4.16.1 任务要求

将评价录入页面效果图按功能拆分为若干模块,对每个模块对象命名,设计每个模块的具体功能需求。评价录入页面制作规划的具体要求如表 4-71 所示。

表 4-71 评价录入页面制作规划表

页面效果图	规划工作内容
	1. 拆分效果图 2. 模块对象命名 3. 模块功能规划

验收标准如下。
(1) 页面效果图拆分合理,模块规划逻辑清晰。
(2) 画板、模板(组件)等命名规范。

4.16.2 实践指导

1. 拆分页面效果图

将评论录入页面效果图拆分为以信息录入模块为主体的页面结构。图 4-16 所示为本页面效果图拆分方案。

评价录入页面
制作规划

图 4-16 效果图拆分示意图

2. 模块对象命名

评价录入页面效果图拆分为轮播模块和商品列表模块,各模块对象命名规划如表 4-72 所示。

表 4-72 评价录入页面—画板—组件命名对照表

画板	组件名称	属性名称、数据名称	交互动作名称、返回字段名称
content	pj_view	item="{{item}}"	bind:goMe="goMe" e.detail

3. 功能规划

组件 pj_view(评价录入组件)应该具有如表 4-73 所示的功能。

表 4-73 评价录入页面—画板—组件命名对照表

显示功能	1. 展示订单对象 item 2. 评论编辑框,每次初始化显示"请文明用语"提示
交互功能	1. "内部动作"录入评价内容,更新组件属性 fContent 2. "接管动作"提交评价按钮 goMe,反馈评价内容 e.detail

4.16.3 自我测试

1. 判断题

(1) 组件 pj_view 的评论初始值,一定需要由页面提供。 ( )

(2) 组件 pj_view 若无初始值，则无法向外输出信息。 (   )
(3) 交互动作 bind：goMe＝"goMe"中，右边函数名称必须用 goMe。 (   )
(4) 页面可以作为组件展示的容器。 (   )
(5) 组件不仅能够接收数据，而且可以通过交互的方式对数据加工，最终向外输出加工后的数据。 (   )
(6) 组件的初始状态，一定是由外部数据决定的。 (   )
(7) 外部数据可以决定组件的初始状态。 (   )
(8) 仅依靠组件无法实现页面数据的更新。 (   )
(9) 组件的交互动作可以只对数据进行"粗加工"，"精加工"可留给页面函数实现。 (   )
(10) "接管动作"是指页面函数继续完成组件尚未完成的某个动作。 (   )
(11) "接管动作"通常需要组件提供"半成品"数据。 (   )
(12) 组件可以理解为是一个加工数据的半自动设备。 (   )
(13) 组件在运行时，人是无法干预的。 (   )
(14) 若组件属性初值相同，那么组件输出结果也一定相同。 (   )

2. 填空题

(1) 组件 pj_view 共有两个属性，分别为_____、_____。
(2) 属性 item 接收的数据为_____，属性 fContent 接收的数据为_____。
(3) 组件 pj_view 的交互动作 goMe 实现的功能为_____。

技能提炼

课堂素材如图 4-17 所示。

图 4-17　课堂素材

1. 拆分并提取页面框架

(1) 作用

将页面分割为不同的组成部分，有利于理清页面结构和分工合作开发。页面框架的划分方法没有唯一的答案,要根据具体的开发需要进行规划,图 4-18 所示的是一种划分形式。为了便于提高后期编码效率,建议对页面框架的画板进行命名。

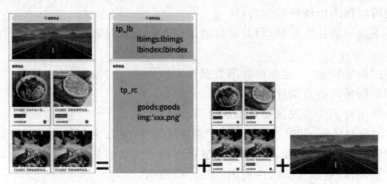

图 4-18　页面框架

(2) 原则
① 画板数据聚集性高。
② 画板功能相对集中。
③ 画板结构相对一致。
(3) 练习
拆分图 4-17 中的课堂素材页面,绘制页面框架草图。
要求:对框架草图中的画板进行命名,并标注在画板上。

2. 查看并标注画板尺寸
(1) 作用
查看并标注画板大小和位置的尺寸的作用是为后续编码做好准备。
(2) 格式
① 画板大小尺寸:绝对值(rpx)、百分比(%)、等比例(vh)。
② 画板位置尺寸:间距、默认居中。
(3) 练习
基于图 4-17 中的课堂素材页面框架草图,标注画板尺寸。

3. 识别并标识三种画板
(1) 作用
根据页面数据滚动显示方式,在页面中标识画板类型,提高后期开发效率。
(2) 约定
① 内容超长整页滚动(顶层画板标注上下箭头)。
② 局部画板内容滚动(局部画板标注上下箭头)。
③ 内容等高无需滚动(顶层画板标注 100vh)。
④ 常规画板无需标注。
(3) 练习
基于课堂素材页面框架草图,标注画板类型。

4. 规划模板和数据名称
(1) 工作内容
以页面草图和效果图为基础,针对画板中需要展示的内容,用模板或组件的形式进行定义和规划。规划模板或组件时,需要定义模板或组件的名称、模板或组件所需数据的名称、模板交互动作(包含动作的接口名称和动作的返回信息)、组件交互动作(包括动作的事件名称和动作的返回信息)。

(2) 模板约定

模板约定的方法和示例如表 4-74 所示。

表 4-74　模板约定表

画板	模板名称	属性名称及数据名称	交互动作名称及反馈字段名称
示例: 画板名称	示例: 模板名称+模板截图	示例: 数据名称:数据名称	示例: 接口:接口名称 返回:

(3) 练习

基于课堂素材页面框架草图,规划模板(组件)名称、模板(组件)数据、模板接口、组件接管事件,完成相应的"模板(组件)规划表",其中模板(组件)截图可从即时设计中效果图片导出。

课后习题

1. 对于页面拆分,下列说法中正确的是(　　)。

   A. 在规划页面制作方案时,可不对页面进行拆分

   B. 页面拆分就是按照一定的模板进行页面划分

   C. 页面分割为不同组成部分,便于理清页面结构和分工合作开发

   D. 可以自由对页面进行拆分

2. 关于框架划分的原则,下列说法中正确的是(　　)。

   A. 画板数据具有较高的聚集性

   B. 画板功能相对集中

   C. 画板结构相对一致,便于分工开发

   D. 以上都对

3. 下列选项中属于画板大小尺寸的是(　　)。

   A. 绝对值(rpx)　　　B. 百分比(%)　　　C. 默认居中　　　D. 两边对齐

4. 在内容超长整页画板滚动类型中,标注画板类型的方式是(　　)。

   A. 顶层画板标注上下箭头　　　　　　B. 局部画板标注上下箭头

   C. 顶层画板标注 100vh　　　　　　　D. 无须标注

5. 顶层画板标注 100vh 的是(　　)类型。

   A. 内容超长整页滚动　　　　　　　　B. 局部画板内容滚动

   C. 内容等高无须滚动　　　　　　　　D. 常规画板

6. 页面拆分后,应该做的规划是(　　)。

   A. 规划框架对于模板(或组件)名称

   B. 规划模板(或组件)对于数据名称

   C. 规划模板交互动作(接口名称+返回信息)

   D. 规划组件交互动作(事件名称+返回信息)

7. 对于组件接管动作及模板接口函数,下列说法中错误的是(　　)。
   A. 组件完成部分交互内容
   B. 交互动作均有页面完成
   C. 模板接口需要完成交互动作
   D. 组件数据名称格式为:数据名称＝"{{数据名称}}"

8. 在进行搜索录入页面规划时,用到(　　)。
   A. 组件 type_view(选项卡组件)
   B. 组件 input_key_view(关键词录入组件)
   C. 组件 go_cart_view(详情页面底部固定栏组件)
   D. 组件 tp_lb(图片轮播组件)

9. 在进行详情页面规划时,用到(　　)。
   A. 模板 tp_col(分类商品列表模板)
   B. 模板 tp_xq_pl(详情评论列表模板)
   C. 模板 input_key_view(关键词录入模板)
   D. 模板 tp_pay(购物车立即支付模板)

10. 在列表页面制作规划中,可以将列表页面拆分为(　　)。
    A. 文本摘要模块与商品列表模块
    B. 轮播模块和商品列表模块
    C. 竖向排列模块与商品列表模块
    D. 文本摘要模块与轮播模块

11. 在分类页面制作规划中,竖向排列模板的交互动作是(　　)。
    A. 点击搜索,跳到搜索录入页面
    B. 点击商品时,跳转到详情页面
    C. 录入关键词内容时,搜索按钮启用标识
    D. 点击商品类别,当前类别标识更新,过滤商品随之更新

12. 对于详情页面,用到的组件是(　　)。
    A. 组件 type_view(主题切换组件)
    B. 组件 input_key_view(搜索录入组件)
    C. 组件 input_address_view(地址录入组件)
    D. 组件 go_cart_view(商品加购组件)

13. 搜索结果页面可以规划为(　　)模板。
    A. 0　　　　　　B. 1　　　　　　C. 2　　　　　　D. 3

14. 组件 pj_view(评价录入组件)在(　　)中。
    A. me 页面评价　　B. pj 评价页面　　C. me 页面自提　　D. address 页面快递

15. 关于购物车自提页面制作规划,下列说法中不正确的是(　　)。
    A. 在模板 tp_cart_zt(自提待付模板)中,有三个交互动作
    B. 在模板 tp_zanwu(暂无提示模板)中,没有交互动作
    C. 在组件 tp_pay(金额支付)中,有一个交互动作
    D. 增加商品数量的交互动作在模板 tp_cart_zt(自提待付)中

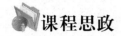课程思政

1. 整体观念和大局观念

引导学生要从整体和大局的角度考虑页面制作规划问题,如考虑整个网站的页面风格、网站的结构布局等,要了解页面制作规划对网站整体效果的影响。同时,也要意识到自己所做的页面制作规划与整个项目的进展和目标密切相关,明确自己所负责的部分在整个项目中的地位和作用,从而培养整体观念和大局观念。

2. 提纲挈领和抓住事物本质

在进行页面制作规划的过程中,引导学生要有一个明确的设计目标和界面风格,同时需要考虑用户需求和实际应用情况,从整体和细节两个方面把握好页面的制作规划。此外,还要掌握分析问题的方法和思维模式,及时发现问题的本质和影响,为解决问题提供有力的支持。

3. 条理清晰和分而治之的思想

在进行页面制作规划的过程中,引导学生要条理清晰,掌握分而治之的思想,将页面的制作分为多个部分,每个部分都要有一个明确的目标和功能。在教师的引导下分析每个部分的具体需求和规划,同时明确每个部分的责任和角色,从而让页面制作规划更加清晰明了。

4. 规范命名和素质要求结合

在进行页面制作规划的过程中,引导学生还应该注重规范命名和素质要求相结合,注意页面元素、文件和目录的命名规范,遵循相关的行业规范和标准,避免不规范的命名和设计。同时,还要有责任心和团队协作意识,明确自己所承担的责任和义务,与团队其他成员紧密合作,共同完成整个项目。

5. 思考

(1) 如何在信息化时代推广良好的行业道德和职业道德,弘扬诚实守信、创新创造的精神?

(2) 科技创新是促进社会进步的力量,但也会带来新的问题和风险,如何在发展科技的同时注重人文关怀和社会责任?

(3) 在数字化时代,如何遵循信息真实、准确、全面和公正的原则,提高信息素养和辨别能力?

(4) 如何加强对数字化时代下信息传播的监管和规范,保护公民权益和信息安全?

(5) 如何通过科技创新和社会责任,推动经济发展和社会进步,实现人民幸福和社会和谐?

单元 5

搭建页面框架

搭建页面框架的目的是,按照页面功能构成的规划,将页面划分为相应的区域。页面框架的搭建需要遵循一定的顺序,首先,通过绘制页面结构草图的形式,按由外到内、逐层递进的顺序,分别记录每个画板的名称、大小和位置关系;然后,以页面结构草图为参考,在微信小程序开发工具中,按由外到内的顺序定义每个画板的画板样式;最后,在模拟器上进行页面框架结构的展示。

思维导图

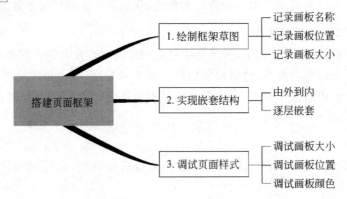

知识目标
- 掌握页面画板嵌套制作的原则;
- 掌握页面描述的常规基本属性;
- 掌握快速创建多个画板的方法;
- 掌握通过弹性盒子控制子元素排列的技巧;
- 掌握内边距、外边距的应用技巧;
- 掌握文本内容决定尺寸的方法;
- 掌握父画板、子画板的高度关系;
- 掌握画板添加背景颜色的作用。

技能目标
- 能够制作整体上下滚动的画板;
- 能够制作局部内容滚动的画板;
- 能够制作等高可视区域的画板;
- 能够制作百分比高度的画板;

- 能够控制子元素的排列对齐；
- 能够设置相邻画板两边的边距；
- 能够设置页面标题内容的颜色。

任务 5.1　项目基础框架

5.1.1　任务要求

（1）创建微信小程序默认页面。

（2）在小程序默认页面添加底部导航栏。

底部导航栏页面命名的规划如表 5-1 所示。

表 5-1　底部导航栏页面命名

按钮文本	列表	分类	购物车	我的
对应页面	列表(list)页面	分类(type)页面	购物车(cart)页面	个人中心(me)页面

验收标准如下。

（1）底部导航栏及页面显示正常。

（2）点击"导航"按钮，能够实现页面切换，且上方文件路径能够对应显示。

（3）标题页面和字体颜色设置正确。

5.1.2　实践指导

在模拟器测试项目基础框架的截图如图 5-1 所示。

搭建开发环境

图 5-1　项目基础框架图

1. 创建小程序默认页面

首先，通过详情—本地设置—调试基础库，选择 2.16.0 降低数据库版本；其次，打开

project.config.json 文件,利用查找快捷键找到 checkSiteMap,修改属性值为 false;最后,对新建小程序默认页面进行基础设置(图 5-2)。

图 5-2 设置默认小程序

2. 创建底部导航栏

(1) 新建图标文件夹 pages/images/icons,导入图标(图 5-3)。
(2) 通过以下步骤实现小程序底部导航栏(图 5-4)。

图 5-3 导入图标　　　　　图 5-4 设置底部导航栏

① 在 app.json 文件中设置 pages 字段:

```
"pages": [
  "pages/list/list",
  "pages/type/type",
  "pages/cart/cart",
  "pages/me/me"
],
```

pages 字段定义了小程序的所有页面路径。小程序有四个页面,分别是列表页面(pages/list/list)、分类页面(pages/type/type)、购物车页面(pages/cart/cart)和个人中心页面(pages/me/me)。用户可以通过点击小程序的底部导航栏来进入这些页面。

② 在 app.json 文件中,在最后一行代码后添加 tabBar.list 字段:

```
"tabBar": {
  "list": [
    {
      "pagePath": "pages/list/list",
      "text": "列表",
      "iconPath": "/images/icons/list1.png",
      "selectedIconPath": "/images/icons/list2.png"
    },
    {
```

```
          "pagePath": "pages/type/type",
          "text": "分类",
          "iconPath": "/images/icons/type1.png",
          "selectedIconPath": "/images/icons/type2.png"
      },
      {
          "pagePath": "pages/cart/cart",
          "text": "购物车",
          "iconPath": "/images/icons/cart1.png",
          "selectedIconPath": "/images/icons/cart2.png"
      },
      {
          "pagePath": "pages/me/me",
          "text": "我的",
          "iconPath": "/images/icons/me1.png",
          "selectedIconPath": "/images/icons/me2.png"
      }
   ]
}
```

在小程序中设置底部导航栏的配置,通过 tabBar.list 字段设置每个 tab 的页面路径、文本、默认图标和选中图标。

③ 在文件 app.json 中,修改 window 字段的属性值:

```
"window": {
    "backgroundTextStyle": "light",
    "navigationBarBackgroundColor": "# f00",
    "navigationBarTitleText": "Weixin",
    "navigationBarTextStyle": "white"
},
```

这段代码是 app.json 文件中的设置,用于定义小程序的全局配置。具体来说,它包括以下几个元素。

- backgroundTextStyle 是全局的默认字体颜色,仅支持 light 和 dark 两种颜色。
- navigationBarBackgroundColor 是导航栏背景颜色。
- navigationBarTitleText 是导航栏标题文字内容。
- navigationBarTextStyle 是导航栏标题文字颜色,仅支持 white 和 black 两种颜色。

这些设置可以直接影响到小程序的界面呈现效果,包括整体配色、导航栏显示等。在实际开发中,开发者可以根据需求对其进行个性化设置,以满足用户的使用需求。

5.1.3 自我测试

(1) 注册开发者账号时,需选择_____账号类型进行注册,在信息填写时需选择_____主体信息。

(2) 微信小程序默认页面的创建步骤为_____、_____、_____、_____、_____。

(3) 调试基础库版本建议选择为_____。

(4) 在文件 app.json 中,通过修改_____字节来设置小程序的整体配色和导航栏显示。

(5) 在进行页面添加相关配置时,需要在_____文件中添加对应的页面路径。

任务 5.2　列表页面框架

5.2.1　任务要求

依据列表页面效果图的拆分方案,制作列表页面框架,具体要求如表 5-2 所示。

表 5-2　列表页面框架要求表

效果图拆分方案	页面框架要求
(搜索商品 / banner / 推荐商品 / goods)	1. 结构符合效果图拆分结构; 2. 元素(画板)命名规范; 3. 元素(画板)大小符合效果图比例; 4. 页面框架中元素(画板)易于识别; 5. 列表页面内容可上下滚动; 6. 在列表页面中可以点击进入搜索页面。 软件要求:微信小程序开发者工具

验收标准如下。

(1) 微信小程序模拟器能够正确显示列表页面框架。

(2) list.wxml 和 list.wxss 文件中的画板命名符合"画板—模板(组件)命名对照表"的规划。

(3) 页面框架中画板大小设置及位置设置与效果图一致。

(4) 有点击跳转到搜索页面的入口。

5.2.2　实践指导

1. 实践步骤

1) 绘制框架草图

依据效果图拆分方案,分层绘制框架草图,列表页面框架草图示例如图 5-5～图 5-7 所示。

2) 制作页面框架

依据效果图拆分方案及框架草图,制作页面框架,列表页面框架示例如图 5-8 所示。

 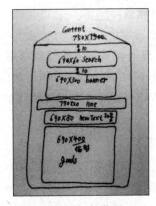

图 5-5　列表页面第 1 层框架草图（content 画板）　　图 5-6　列表页面第 2 层框架草图（content 子元素）

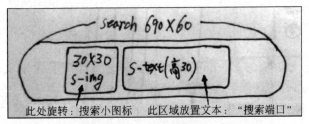

图 5-7　列表页面第 3 层框架草图（search 子元素）

图 5-8　列表页面框架

3）实现跳转进入搜索录入页面

此功能的实现需首先在项目中创建搜索录入页面，可将该页面命名为 search，然后绑定交互动作和设置跳转命令，最后测试页面跳转功能。

搭建列表页面框架

2. 技能储备

1）框架实现

（1）实现列表页面顶层框架草图。

根据图 5-8 的草图结构，利用微信小程序开发工具，创建顶层画板框架。

① 在 WXML 文件中设置创建框架结构：

```
<view class="content">
</view>
```

通过 class 属性将该容器命名为 content，用以表示草图中的顶层画板结构。

② 根据草图中的标识信息，在 WXSS 文件中定义结构样式：

```
.content{
  width: 750rpx;
  height: 1500rpx;
  background-color: yellow;
}
```

.className 是定义画板容器 content 样式的语法结构，上述定义设置了它的宽度为 750rpx，高度为 1500rpx，背景颜色为黄色。

（2）实现五个子画板。

① 在 WXML 文件中设置创建框架结构：

```
<view class="content">
  <view class="search"></view>
  <view class="banner"></view>
  <view class="line"></view>
  <view class="newtext"></view>
  <view class="goods"></view>
</view>
```

以上为微信小程序页面的布局代码，使用了 view 标签来创建不同的组件，相当于 HTML 中的 div 标签。其中，class 是用来指定该组件的样式的，类似于 HTML 中的 class 和 CSS 中的类选择器。

首先，外层 view 组件的 class 为 content，通过设置其宽度、高度、背景色、字体大小等样式属性，来控制页面整体的布局，从而实现草图结构。

② 根据草图中的标识信息，在 WXSS 文件中定义结构样式：

```
.content{
  width: 750rpx;
  /* height: 1500rpx; */
  background-color: yellow;
  font-size: 26rpx;
  display: flex;
  flex-direction: column;
  justify-content: flex-start;
  align-items: center;
  padding-top: 10rpx;
}
.search{
```

```
    width: 690rpx;
    height: 60rpx;
    background-color: rgb(0, 255, 85);
    border-radius: 60rpx;
}
.banner{
    width: 690rpx;
    height: 300rpx;
    background-color: rgb(0, 47, 255);
    margin-top: 10rpx;
}
.line{
    width: 720rpx;
    height: 20rpx;
    background-color: rgb(212, 0, 255);
}
.newtext{
    width: 690rpx;
    height: 80rpx;
    background-color: rgb(255, 0, 0);
}
.goods{
    width: 690rpx;
    height: 400rpx;
    background-color: rgb(0, 238, 255);
}
```

.content 样式：设置容器的宽度为 750rpx，高度为自适应，背景色为黄色，字体大小为 26rpx，采用垂直方向的 flex 布局，主轴方向为上对齐，交叉轴方向为居中对齐，顶部留有 10rpx 的填充。

.search 样式：设置搜索框的宽度为 690rpx，高度为 60rpx，背景色为绿色，圆角为 60rpx。

.banner 样式：设置横幅广告的宽度为 690rpx，高度为 300rpx，背景色为蓝色，顶部距离为 10rpx。

.line 样式：设置分割线的宽度为 720rpx，高度为 20rpx，背景色为紫色。

.newtext 样式：设置最新消息的框的宽度为 690rpx，高度为 80rpx，背景色为红色。

.goods 样式：设置商品展示框的宽度为 690rpx，高度为 400rpx，背景色为淡蓝色。

2）跳转搜索录入页面

当用户点击列表页面顶部的搜索区域时，页面要能跳转到搜索录入页面（search 页面）。

（1）绑定动作。

```
<view class="search" bindtap="goSearch">
```

通过在搜索视图标签中，添加属性 bindtap，以实现用户点击搜索视图时跳转到搜索页面的功能。

（2）实现跳转。

```
goSearch: function () {
  wx.navigateTo({
    url: '/pages/search/search',
  })
}
```

注意：goSearch 测试的前提是搜索录入（search）页面已创建。

在页面的脚本文件.js 中添加自定义函数，函数名要求同绑定动作中 bindtap 的属性值一致。该函数通过微信小程序提供的 API 方法 wx.navigateTo()来实现，将 url 设置为开发者期望跳转的页面路径。

（3）实现页面框架。

① 在 WXML 文件中设置创建框架结构：

```
<view class="content">
  <view class="search">
    <view class="s_img"></view>
    <view class="s_text"></view>
  </view>
  <view class="banner"></view>
  <view class="line"></view>
  <view class="newtext"></view>
  <view class="goods"></view>
</view>
```

根据顶层画板草图中对 search 搜索结构的规划，在 search 容器内添加两个 view 元素：s_img 用于展示搜索框左侧的图标，s_text 用于展示搜索框内的文本输入框。

② 根据草图中的标识信息，在 WXSS 文件中定义结构样式：

```
.content{
  width: 750rpx;
  /* height: 1500rpx; */
  background-color: yellow;
  font-size: 26rpx;
  display: flex;
  flex-direction: column;
  justify-content: flex-start;
  align-items: center;
  padding-top: 10rpx;
}
.search{
  width: 690rpx;
  height: 60rpx;
  background-color: rgb(0, 255, 85);
  border-radius: 60rpx;
  display: flex;
  flex-direction: row;
  justify-content: center;
  align-items: center;
}
.s_img{
  width: 30rpx;
  height: 30rpx;
  background-color: red;
}
.s_text{
  width: 300rpx;
  height: 30rpx;
  background-color: rgb(55, 0, 255);
```

```
}
.banner{
  width: 690rpx;
  height: 300rpx;
  background-color: rgb(0, 47, 255);
  margin-top: 10rpx;
}
.line{
  width: 720rpx;
  height: 20rpx;
  background-color: rgb(212, 0, 255);
}
.newtext{
  width: 690rpx;
  height: 80rpx;
  background-color: rgb(255, 0, 0);
}
.goods{
  width: 690rpx;
  height: 400rpx;
  background-color: rgb(0, 238, 255);
}
```

总容器使用了 Flex 布局,展示为一个垂直方向的容器,并通过 padding-top 增加了一个 10rpx 的上内边距,使其内容整体下移。搜索框同样使用了 Flex 布局,展示为一个横向的容器,并设置了宽度、高度、背景色和圆角等样式,里面包含了一个图片和一个文本框。轮播图、分割线、新闻文字和商品展示区域都设置了相应的宽度、高度和背景色等样式,用于展示具体的内容。

5.2.3 自我测试

(1) 草图中 1500rpx 下面标注"临时",这里临时的含义是_____。

(2) 通常情况下,一个"画板(view)"的样式需要描述_____、_____、_____、_____等属性。

(3) 可以通过_____样式来控制子 view 在父 view 里的排列方向和对齐方式,如_____、_____、_____、_____属性。

(4) 属性 bindtap 的作用为_____。

(5) 画板 s-text 的宽度是由_____决定的。

任务 5.3 分类页面框架

5.3.1 任务要求

依据分类页面效果图的拆分方案,制作分类页面框架,具体要求如表 5-3 所示。
验收标准如下。
(1) 微信小程序模拟器能够正确显示分类页面框架。
(2) 画板命名符合"画板—模板(组件)命名对照表"规划。
(3) 画板大小设置及位置设置与效果图一致。

表 5-3　分类页面框架要求

效果图拆分方案	页面框架要求
![sv-left / sv-right 布局]	1. 绘制框架草图,标注画板尺寸 2. 依据框架草图,制作页面框架 3. 绑定交互动作,跳转搜索页面 软件要求:微信小程序开发者工具

5.3.2 实践指导

1. 实践步骤

1) 绘制框架草图

依据效果图拆分方案,分层绘制页面框架草图,分类页面框架草图示例如图 5-9～图 5-12 所示。

图 5-9　第 1 层框架草图(content)

图 5-10　第 2 层框架草图(content 子元素)

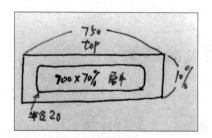

图 5-11　第 3 层框架草图(top 子元素)

图 5-12　第 3 层框架草图(bottom 子元素)

2) 制作页面框架

依据效果图拆分方案及框架草图,制作页面框架,分类页面框架示例如图 5-13 所示。

图 5-13 分类页面框架

3）实现跳转进入搜索录入页面

要实现此功能首先需要在项目中创建搜索录入页面,可将该页面命名为 search,然后绑定交互动作并设置跳转命令,最后测试页面跳转功能。

搭建分类页面框架

2. 技能储备

1）框架实现

（1）分类页面的框架结构。

根据图 5-9 至图 5-12 的草图结构,利用微信小程序开发工具,创建分类(type)页面框架：

```
<view class="content">
  <view class="top">
    <view class="search"></view>
  </view>
  <view class="bottom">
    <scroll-view class="sv_left" scroll-y>
    </scroll-view>
    <scroll-view class="sv_right" scroll-y>
    </scroll-view>
  </view>
</view>
```

该小程序列表页面的框架设计包括两个主要部分：上半部分为搜索框,下半部分为左右两个可滚动的列表。

① 上半部分：该部分使用了一个名为"top"的 view 容器包含搜索框,可以在布局中设置该部分的大小和位置。搜索框使用了一个名为"search"的 view 容器,该容器可以通过使用 CSS 样式设置其背景、边框、圆角等属性来美化其外观。

② 下半部分：该部分使用了一个名为"bottom"的 view 容器作为下半部分的列表区域容器，该容器可以使用 CSS 样式设置其背景、边距、边框等属性。左右两个列表分别使用了名为"sv_left"和"sv_right"的 scroll-view 容器，并且都开启了垂直方向的 scroll-y 滚动属性。这两个容器可以使用 CSS 样式设置其高度、宽度、内边距、边框等属性。同时，两个列表中的每一个列表项都可以使用具体的 DOM 元素（如 text、image 等）来展示对应的内容，也可以使用自定义组件来实现更加丰富的交互效果。

(2) 分类页面的结构样式

```css
.content{
  width: 750rpx;
  height: 100vh;
  background-color: teal;
}
.top{
  width: 750rpx;
  height: 10% ;
  background-color: rgb(13, 0, 128);
  display: flex;
  flex-direction: row;
  justify-content: center;
  align-items: center;
}
.search{
  width: 700rpx;
  height: 70% ;
  background-color: rgb(228, 227, 236);
  border-radius: 20rpx;
}
.bottom{
  width: 750rpx;
  height: 90% ;
  background-color: rgb(128, 0, 111);
  display: flex;
  flex-direction: row;
  justify-content: center;
  align-items: center;
}
.sv_left{
  width: 200rpx;
  height: 100% ;
  background-color: rgb(0, 128, 38);
}
.sv_right{
  width: 550rpx;
  height: 100% ;
  background-color: rgb(16, 191, 214);
}
```

① .content 是整个页面的容器，设置宽度为 750rpx，高度为 100vh，背景色为 teal。

② .top 是上半部分搜索框的容器，设置宽度为 750rpx，高度为 10%，背景色为 rgb(13,0,

128)。该容器采用 Flex 布局,flex-direction 设置为 row,表示子元素的排列方向为水平方向;justify-content 设置为 center,表示子元素在主轴方向上居中对齐;align-items 设置为 center,表示子元素在交叉轴方向上居中对齐。

③ .search 是搜索框的容器,设置宽度为 700rpx,高度为 70%,背景色为 rgb(228,227,236)。该容器设置了 20rpx 的边框半径,使其呈现圆角矩形的外观。

④ .bottom 是下半部分列表的容器,设置宽度为 750rpx,高度为 90%,背景色为 rgb(128,0,111)。该容器同样采用 Flex 布局,flex-direction 设置为 row,表示子元素的排列方向为水平方向。justify-content 设置为 center,表示子元素在主轴方向上居中对齐,align-items 设置为 center,表示子元素在交叉轴方向上居中对齐。

⑤ .sv_left 是下半部分列表左侧的容器,设置宽度为 200rpx,高度为 100%,背景色为 rgb(0,128,38)。该容器采用了 scroll-view 组件来实现滚动,可以在其中放置列表左侧的内容。

⑥ .sv_right 是下半部分列表右侧的容器,设置宽度为 550rpx,高度为 100%,背景色为 rgb(16,191,214)。该容器同样采用 scroll-view 组件来实现滚动,可以在其中放置列表右侧的内容。

小程序页面的框架样式设计,采用了流行的 Flex 布局和 scroll-view 组件,使得页面能够很好地进行布局和交互。

2. 跳转搜索录入页面

(1) 绑定动作:

```
<view class="search" bindtap="goSearch">
```

(2) 实现跳转:

```
goSearch: function () {
  wx.navigateTo({
    url: '/pages/search/search',
  })
}
```

注意:goSearch 测试的前提是搜索录入(search)页面已创建。

5.3.3 自我测试

(1) 100vh 表示_____。

(2) 画板中 top 容器的高度设置为 10%,这是基于_____的百分比高度。

(3) 画板四角若要实现圆角,圆角命令应为_____,若只要实现画板的左上角为圆角,则参数设置应为_____。

(4) sv-left 容器表示画板的内容可以在画板指定范围内滚动,其标签名为_____,若要实现画板内容可以在画板内上下滚动,则需要添加属性_____。

(5) sv-left 容器的高度设置为 100%,这是基于_____画板的百分数。

任务 5.4 搜索录入页面框架

5.4.1 任务要求

依据搜索录入页面效果图的拆分方案,制作页面框架,具体要求如表 5-4 所示。

表 5-4　搜索录入页面框架要求

效果图拆分方案	页面框架要求
top	1. 绘制框架草图,标注画板尺寸 2. 依据框架草图,制作页面框架 软件要求:微信小程序开发者工具

验收标准如下。
(1) 微信小程序模拟器能够正确显示搜索录入页面框架。
(2) 画板命名符合"画板—模板(组件)命名对照表"规划。
(3) 画板大小设置及位置设置与效果图一致。

5.4.2　实践指导

1. 实践步骤

1) 绘制框架草图

依据效果图拆分方案,分层绘制页面框架草图,搜索录入页面框架草图示例如图 5-14、图 5-15 所示。

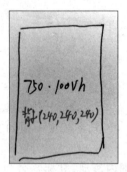　　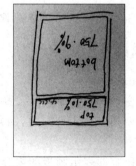

图 5-14　第 1 层框架草图(content)　　图 5-15　第 2 层框架草图(content 子元素)

2) 制作页面框架

依据效果图拆分方案及框架草图,制作页面框架,搜索录入页面框架示例如图 5-16 所示。

2. 技能储备

1) 框架实现

(1) 添加搜索录入(search)页面:

"pages": [

搭建搜索录入
页面框架

图 5-16 搜索录入页面框架

```
    "pages/list/list",
    "pages/type/type",
    "pages/cart/cart",
    "pages/me/me",
    "pages/search/search"
],
```

（2）在搜索录入页面的 WXML 文件中创建视图结构：

```
<view class="content">
  <view class="top"></view>
  <view class="bottom"></view>
</view>
```

这段代码定义了一个名为 content 的 view 容器，它包含了两个子组件 top 和 bottom。在页面布局中，可以使用 view 容器来包含其他组件，从而实现对组件的排列和布局。这里的 top 和 bottom 可以是其他组件，也可以是文本、图片等。

（3）在搜索录入页面的 WXSS 文件中定义结构样式：

```
.content{
  width: 750rpx;
  height: 100vh;
  background-color: rgb(240,240,240);
}
.top{
  width: 750rpx;
  height: 10%;
  background-color: rgb(6, 129, 43);
  border-bottom: 4rpx solid #ccc;
}
```

```
.bottom{
  width: 750rpx;
  height: 90%;
  background-color: rgb(88, 180, 233);
}
```

① .content 规定了整个页面的宽度为 750rpx，高度为 100vh（页面可视高度），背景颜色为 rgb(240,240,240)。

② .top 规定了顶部布局的宽度为 750rpx，高度为 10%，背景颜色为 rgb(6,129,43)，下边框为 4rpx 宽的灰色。一般用于放置页面标题或导航栏。

③ .bottom 规定了底部布局的宽度为 750rpx，高度为 90%，背景颜色为 rgb(88,180,233)，一般用于放置页面主要内容。

2）实现列表页面和分类页面跳转搜索录入页面

(1) 在列表页面和分类页面的 search 视图中绑定搜索录入(search)页面：

```
<view class="search" bindtap="goSearch">
```

指定 class 为 search，同时绑定了一个点击事件 goSearch。

(2) 在列表页面和分类页面的 JS 文件中，自定义函数 goSearch：

```
goSearch:function(){
  wx.navigateTo({
    url: '/pages/search/search',
  })
}
```

自定义函数 goSearch 的作用是跳转到另一个页面。具体来说，wx.navigateTo()是微信小程序提供的 API，用于跳转到一个新页面。在这里，它接受了一个参数对象，里面包含一个 url 属性，表示要跳转到的目标页面的路径。也就是说，这个函数会跳转到/pages/search/search 这个路径对应的页面。

5.4.3 自我测试

(1) 搜索录入页面中，使用属性设置_____画板 top 的下边框线。

(2) 在进行下边框线的设置时，如果样式想要设置为实线，参数应该设置为_____；如果想要设置为点线，则参数设置为_____。

(3) 在搜索录入页面中，content 画板的高度为_____，宽度为_____。

任务 5.5　搜索结果页面框架

5.5.1　任务要求

依据搜索结果页面效果图的拆分方案，制作页面框架，具体要求如表 5-5 所示。

验收标准如下。

(1) 微信小程序模拟器能够正确显示搜索结果页面框架。

(2) 画板命名符合"画板—模板(组件)命名对照表"规划。

(3) 画板大小设置及位置设置与效果图一致。

表 5-5　搜索结果页面拆分方案要求表

效果图拆分方案	页面框架要求
goods	1. 绘制框架草图，标注画板尺寸 2. 依据框架草图，制作页面框架 软件要求：微信小程序开发者工具

5.5.2　实践指导

1. 实践步骤

1）绘制框架草图

依据效果图拆分方案，分层绘制页面框架草图，搜索结果页面框架草图示例如图 5-17、图 5-18 所示。

图 5-17　第 1 层框架草图（content）　　图 5-18　第 2 层框架草图（content 子元素）

2）制作页面框架

依据效果图拆分方案及框架草图，制作页面框架，搜索结果页面框架示例如图 5-19 所示。

搭建搜索结果页面框架

2. 技能储备

1）框架实现

（1）添加搜索结果（result）页面：

```
"pages": [
    "pages/result/result",
    "pages/list/list",
    "pages/type/type",
    "pages/cart/cart",
```

```
    "pages/me/me",
    "pages/search/search"
  ],
```

因搜索结果页面是通过用户点击动作弹出的页面。为了方便可视化调节,可暂时将其放在第一行优先展示。

(2) 在搜索结果页面的 WXML 文件中创建视图结构:

```
<view class="content">
  <view class="goods"></view>
</view>
```

图 5-19　搜索结果页面框架

这段代码定义了两个视图元素,第一个视图元素的 class 属性值为"content",表示这个视图元素是一个容器,用来包含用户实际看到的内容。在这个容器中,还可以添加其他的视图元素或视图组件。第二个视图元素的 class 属性值为"goods",表示这个视图元素是一个表示商品信息的视图元素。具体来说,它包含商品的图片、名称、价格等,并且会在逻辑处理中被动态地填充和更新。

(3) 在样式文件中定义框架样式:

```
.content{
  width: 750rpx;
  /* height: 1500rpx; */
  background-color: yellow;
  display: flex;
  flex-direction: column;
  justify-content: flex-start;
  align-items: center;
}
.goods{
  width: 690rpx;
  height: 1000rpx;
  background-color: rgb(25, 0, 255);
}
```

① .content 和.goods 是选择器,用于选中 HTML 中对应的元素并为其设置样式。属性 width 设置了.content 元素的宽度为 750rpx。注意,rpx 是微信小程序中的一个相对长度单位,可以根据不同设备的屏幕宽度进行自适应。这里的 750rpx 表示屏幕的总宽度。

② /* height:1500rpx; */是在 goods 框架创建前为了展示视图效果临时设置的。

③ 属性 background-color 设置了.content 元素的背景颜色为黄色。

④ display:flex 将.content 元素设置为 Flex 容器,可以用于实现弹性布局。

⑤ flex-direction:column 将弹性布局方向设置为垂直方向,即从上到下排列。

⑥ justify-content:flex-start 设置了元素在主轴上的对齐方式为 flex-start,表示所有元素都靠在容器的顶部。

⑦ align-items:center 设置了元素在侧轴上的对齐方式为 center,表示所有元素都在容器的中心位置。

⑧ .goods 元素设置了宽度为 690rpx,高度为 1000rpx,背景颜色为蓝色。这样,.goods 元素就成了.content 元素的一个子元素,并且在垂直方向上靠在.content 元素顶部的位置。

(4) 在 result 的.json 文件中,修改页面标题:

```
{
  "usingComponents": {},
  "navigationBarTitleText": "搜索结果"
}
```

通过在页面的.json 文档中添加属性 navigationBarTitleText,设置对应页面的标题文本。

2) 调整展示顺序

以上工作完成后,回到应用配置文件,调整页面展示顺序:

```
"pages": [
    "pages/list/list",
    "pages/type/type",
    "pages/cart/cart",
    "pages/me/me",
    "pages/search/search",
    "pages/result/result"
],
```

根据规划,搜索结果页面是用户在搜索录入页面通过点击"搜索"按钮弹出跳转的,因此应使其排在最后(搜索录入页面后),让列表页面一直作为首页优先展示。

5.5.3 自我测试

(1) 属性 display 的作用为_____。

(2) 在搜索结果页面中,如果要确保 goods 画板在父画板 content 的左右居中靠上对齐,可以将属性 display 设置为_____,属性 justify-content 设置为_____,属性 align-items 设置为_____。

(3) 如果想要实现子画板沿着父画板垂直方向依次排列,需要用到的属性为_____,参数设置为_____。

任务 5.6 我的收藏页面框架

5.6.1 任务要求

依据我的收藏页面效果图的拆分方案,制作页面框架,具体要求如表 5-6 所示。
验收标准如下。
(1) 微信小程序模拟器能够正确显示我的收藏页面框架。
(2) 画板命名符合"画板—模板(组件)命名对照表"规划。
(3) 画板大小设置及位置设置与效果图一致。

表 5-6　我的收藏页面框架要求

效果图拆分方案	页面框架要求
（middle / bottom 中 meType==4 分支 示意图）	1. 绘制框架草图，标注画板尺寸 2. 依据框架草图，制作页面框架 3. 绑定交互动作，跳转名片页面 软件要求：微信小程序开发者工具

5.6.2　实践指导

1. 实践步骤

1）绘制框架草图

依据效果图拆分方案，分层绘制页面框架草图，我的收藏页面框架草图示例如图 5-20 至图 5-22 所示。

　　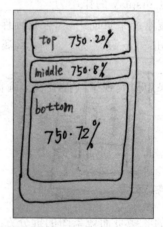

图 5-20　第 1 层框架草图（content 画板）　　图 5-21　第 2 层框架草图（content 子元素）

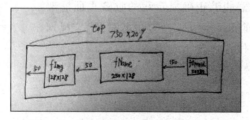

图 5-22　第 3 层框架草图（top 子元素）

2)制作页面框架

依据效果图拆分方案及框架草图,制作页面框架,我的收藏页面框架示例如图 5-23 所示。

图 5-23　我的收藏页面框架

3)跳转进入名片页面

此功能的实现需首先在项目中创建名片页面,可将该页面命名为 openid,然后绑定交互动作和设置跳转命令,最后测试页面跳转功能。

2. 技能储备

实现页面框架的过程如下。

搭建我的收藏
页面框架

(1)在我的收藏页面的 WXML 文件中搭建框架:

```
<view class="content">
  <view class="top">
    <view class="fImg"></view>
    <view class="fName"></view>
    <view class="fOpenid"></view>
  </view>
  <view class="middle"></view>
  <view class="bottom"></view>
</view>
```

① 顶部区域(top)包含了三个子元素,分别是 fImg、fName 和 fOpenid,这些子元素是用来显示用户的头像、昵称和 openid 等信息的。

② 中部区域(middle)没有在代码中显式定义,可以用来显示一些具体内容的区域。

③ 底部区域(bottom)没有在代码中显式定义,可以用来显示一些具体内容的区域。

(2)在样式文件中设置框架样式:

```
.content{
  width: 750rpx;
  height: 100vh;
  background-color: turquoise;
```

```
  }
  .top{
    width: 750rpx;
    height: 20%;
    background-color: rgb(75, 64, 224);
    display: flex;
    flex-direction: row;
    justify-content: flex-start;
    align-items: center;
    padding-left: 50rpx;
  }
  .fImg{
    width: 128rpx;
    height: 128rpx;
    background-color: rgb(14, 201, 76);
    margin-right: 50rpx;
  }
  .fName{
    width: 250rpx;
    height: 128rpx;
    background-color: rgb(201, 14, 108);
    margin-right: 150rpx;
  }
  .fOpenid{
    width: 50rpx;
    height: 50rpx;
    background-color: rgba(55, 202, 207, 0.616);
  }
  .middle{
    width: 750rpx;
    height: 8%;
    background-color: rgb(227, 226, 238);
  }
  .bottom{
    width: 750rpx;
    height: 72%;
    background-color: rgb(1, 68, 5);
  }
```

这里通过类选择器的方式,在样式文档中对结构文件中的每个视图都添加样式。

① .content 主视图的宽度为 750rpx,高度为 100vh,背景颜色为 turquoise(青绿色)。

② .top 表示上方区域,宽度同为 750rpx,高度为内容高度的 20%。背景颜色为 rgb(75,64,224)(深蓝紫色)。它是一个 Flex 容器,主轴方向为横向,内容左对齐,项目垂直对齐方式为居中对齐。它包含了三个子元素:.fImg、.fName 和.fOpenid。

③ .fImg 宽度为 128rpx,高度为 128rpx,背景颜色为 rgb(14,201,76)(深绿色),在顶部的左侧。

④ .fName 宽度为 250rpx,高度为 128rpx,背景颜色为 rgb(201,14,108)(洋红色),在中间。

⑤ .fOpenid 宽度为 50rpx,高度为 50rpx,背景颜色为 rgba(55,202,207,0.616)(浅绿色透

明度),在顶部的右上方。

⑥ .middle 表示中间区域,宽度同为 750rpx,高度为内容高度的 8%。背景颜色为 rgb(227,226,238)(浅灰色)。

⑦ .bottom 表示底部区域,宽度同为 750rpx,高度为内容高度的 72%。背景颜色为 rgb(1,68,5)(深绿色)。

5.6.3 自我测试

(1) 在我的收藏页面中共划分了_____个子画板,分别为_____、_____、_____。
(2) 在 top 画板中,设置 fImg 画板与父画板左边缘的距离需要用到属性_____。
(3) fOpenid 画板距离 fName 画板右边缘的尺寸为_____。

任务 5.7　名片页面框架

5.7.1 任务要求

依据名片页面效果图的拆分方案,制作页面框架,具体要求如表 5-7 所示。

表 5-7　名片页面框架制作要求

效果图拆分方案	页面框架要求
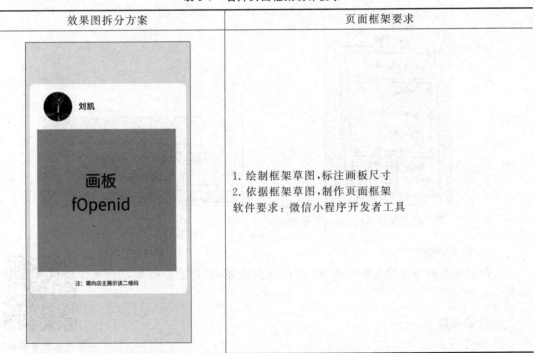	1. 绘制框架草图,标注画板尺寸 2. 依据框架草图,制作页面框架 软件要求:微信小程序开发者工具

验收标准如下。

(1) 微信小程序模拟器能够正确显示名片页面框架。
(2) 画板命名符合"画板—模板(组件)命名对照表"规划。
(3) 画板大小设置及位置设置与效果图一致。

5.7.2 实践指导

1. 实践步骤

1) 绘制页面框架草图

依据效果图拆分方案,分层绘制页面框架草图,名片页面框架草图示例如图 5-24 至图 5-27 所示。

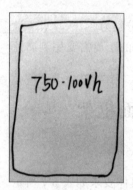

图 5-24　第 1 层框架草图(content 画板)

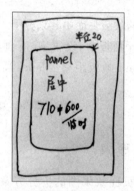

图 5-25　第 2 层框架草图(content 子元素)

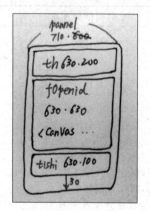

图 5-26　第 3 层框架草图(pannel 子元素)

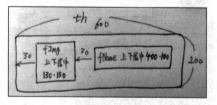

图 5-27　第 4 层框架草图(th 子元素)

2) 制作页面框架

依据效果图拆分方案及框架草图,制作页面框架,名片页面框架示例如图 5-28 所示。

2. 技能储备

1) 创建页面

在应用配置文件中,添加 pages/openid/openid,通过编译系统自动生成 openid 文件夹及页面。

2) 跳转绑定

首先,在个人中心页面绑定动作 goOpenid。然后,在个人中心页面的 JS 文件中,建立自定义函数 goOpenid,函数实现要点是通过方法 wx.navigateTo()来实现跳转指定 url。

搭建名片页面框架

```
goOpenid:function(){
    wx.navigateTo({
```

```
      url: '/pages/openid/openid',
    })
  }
```

3) 搭建页面框架及样式设定

(1) 搭建页面框架。

创建顶层画板（content 画板），在 content 画板内部嵌套 pannel 视图，再在 pannel 视图中嵌套 th、fOpenid、tishi 三个子视图，实现上中下的草图结构。其中在 th 子视图中，还需要嵌套两个子视图 fImg、fName。

```
<view class="content">
  <view class="pannel">
    <view class="th">
      <view class="fImg"></view>
      <view class="fName"></view>
    </view>
    <view class="fOpenid"></view>
    <view class="tishi"></view>
  </view>
</view>
```

图 5-28　名片页面框架

以上代码将整个页面的容器作为一个 view 标签，并在其内部设置了一个类名为 content 的视图。

① pannel 是一个类名为 pannel 的视图容器，用于将页面内容组织成一个面板，类似于 HTML 中的面板组件。这个面板定义了 th、fOpenid 和 tishi 等子视图。

② th 是一个类名为 th 的顶部视图容器，用于存放个人信息及头像。th 视图定义了 fImg 和 fName 等子视图。

③ fImg 是一个类名为 fImg 的子视图容器，用于存放用户的头像图片。在这个视图中，我们并没有设置具体的内容或尺寸，而是在 CSS 样式中通过设置外边距 margin-left 实现移动盒内元素的位置。

④ fName 是一个类名为 fName 的子视图容器，用于存放用户的姓名或昵称。在这个视图中并没有设置具体的内容，而是在后台数据接口中获取用户的信息并动态赋值。

⑤ fOpenid 是一个类名为 fOpenid 的子视图容器，用于存放用户的 openid，通常是用户身份的唯一标识。在这个视图中，同样是在后台数据接口中动态获取用户的 openid，并进行展示。

⑥ tishi 是一个类名为 tishi 的子视图容器，用于提示用户页面的用途或提醒用户进行相关操作。通常情况下，这个视图中需要添加一些文字提示或操作按钮等交互元素。

(2) 设定框架样式。

在 th 视图中，要求子画板 fImg 视图在 th 内部，并且 fImg 距离 th 内部左侧 50rpx。若通过设置 th 左侧内边距 padding-left 来达到目的，会导致父盒子的尺寸拉长，而如果是设置 fImg 子视图的外边距 margin-left，则仅会移动盒内元素的位置，不会拉长盒子的尺寸。

```
.content {
  width: 750rpx;
  height: 100vh;
```

```
  background-color: yellow;
  display: flex;
  flex-direction: column;
  justify-content: center;
  align-items: center;
}
.pannel {
  width: 710rpx;
  /* height: 600rpx; */
  background-color: rgb(0, 255, 64);
  border-radius: 20rpx;
  display: flex;
  flex-direction: column;
  justify-content: flex-start;
  align-items: center;
}
.th {
  width: 630rpx;
  height: 200rpx;
  background-color: rgb(17, 0, 255);
  display: flex;
  flex-direction: row;
  justify-content: flex-start;
  align-items: center;
  /* padding-left: 30rpx; */
}
.fImg {
  width: 130rpx;
  height: 130rpx;
  background-color: rgb(255, 230, 0);
  margin-left: 30rpx;
}
.fName {
  width: 400rpx;
  height: 100rpx;
  background-color: rgb(0, 255, 255);
  margin-left: 30rpx;
}
.fOpenid {
  width: 630rpx;
  height: 630rpx;
  background-color: rgb(255, 0, 242);
}
.tishi {
  width: 630rpx;
  height: 100rpx;
  background-color: rgb(0, 217, 255);
  margin-bottom: 30rpx;
}
```

① .content 表示整个页面的区域,宽度为 750rpx,高度为 100vh(相对视口的高度),背景颜色为黄色,采用 Flex 布局,并垂直居中和水平居中显示。

②.pannel 表示页面主体的区域，宽度为 710rpx，高度未设置，背景颜色为绿色，边角半径为 20rpx，采用 Flex 布局，并垂直居中和水平居中显示。

③.th 表示名片的顶部区域，宽度为 630rpx，高度为 200rpx，背景颜色为蓝色，采用 Flex 布局，并垂直居中和水平居中显示，左边距为 30rpx。

④.fImg 表示头像部分，宽度为 130rpx，高度为 130rpx，背景颜色为黄色，左外边距为 30rpx。

⑤.fName 表示名字部分，宽度为 400rpx，高度为 100rpx，背景颜色为青色，左外边距为 30rpx。

⑥.fOpenid 表示 openid 部分，宽度为 630rpx，高度为 630rpx，背景颜色为紫色。

⑦.tishi 表示提示信息部分，宽度为 630rpx，高度为 100rpx，背景颜色为淡蓝色，下外边距为 30rpx。

5.7.3 自我测试

（1）th 画板中有两个画板，分别为_____、_____。

（2）在对 content 画板进行样式设置时，属性 justify-content 需设为_____，属性 align-items 需设为_____。

（3）在 fName 画板中，属性 margin-left 需设为_____。

任务 5.8 详情页面框架

5.8.1 任务要求

依据详情页面效果图的拆分方案，制作页面框架，具体要求如表 5-8 所示。

表 5-8 详情页面框架要求

效果图拆分方案	页面框架要求
top middle bottom foot	1. 绘制框架草图，标注画板尺寸 2. 依据框架草图，制作页面框架 软件要求：微信小程序开发者工具

验收标准如下。

（1）微信小程序模拟器能够正确显示详情页面框架。

(2) 画板命名符合"画板—模板（组件）命名对照表"规划。
(3) 画板大小设置及位置设置与效果图一致。

5.8.2 实践指导

1. 实践步骤

1) 绘制页面框架草图

依据效果图拆分方案，分层绘制页面框架草图，详情页面框架草图示例如图 5-29 至图 5-31 所示。

 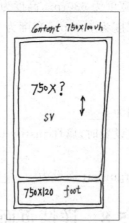 

图 5-29　第 1 层框架草图　　　图 5-30　第 2 层框架草图　　　图 5-31　第 3 层框架草图
　　　（content 画板）　　　　　　（content 子元素）　　　　　　（sv 子元素）

2) 制作页面框架

依据效果图拆分方案及框架草图，制作页面框架，详情页面框架示例如图 5-32 所示。

搭建详情页面框架　　　　图 5-32　详情页面框架

2. 技能储备

1) 创建页面

在应用配置文件中,添加 pages/detail/detail,通过编译系统自动生成详情(detail)页面及 detail 文件夹。

2) 搭建页面框架

```
<view class="content">
  <scroll-view class="sv" scroll-y>
    <view class="top"></view>
    <view class="middle"></view>
    <view class="bottom"></view>
  </scroll-view>
  <view class="foot"></view>
</view>
```

以上代码通过<scroll-view>标签实现了滚动,用 scroll-y 指定纵向滚动。其中,<view class="content">标签是整个页面的最外层,表示页面的整体。在这个标签内部,通过<scroll-view>标签实现了可滚动的部分,<view class="top"></view>表示在滚动区域中的顶部;class="middle"则表示滚动区域中的中部,class="bottom"则表示滚动区域中的底部;最后,view class="foot"表示页面底部的内容。

3) 画板 foot 的位置调整

```
.foot {
  position: fixed;
  height: 120rpx;
  left: 0;
  right: 0;
  bottom: 0;
}
```

将 foot 元素的属性 position 设置为 fixed,意味着该元素的位置将固定在浏览器窗口的可视区域内,不会随着页面滚动而移动。这个元素的属性 height 被设置为120rpx。注意,相对尺寸单位 rpx 是微信小程序中一种特殊的尺寸单位,它会根据设备的像素密度自动进行缩放。接下来,将属性 left、right 和 bottom 分别设置为 0,这表示元素分别位于页面的左、右和底部,并且与浏览器窗口的边缘距离为 0。这样一来,foot 视图就被固定在了页面底部,不会因为页面滚动而消失或者重叠。

4) 画板 sv 的位置设定

```
.sv {
  position: fixed;
  top: 0;
  left: 0;
  right: 0;
  bottom: 120rpx;
}
```

sv 指的是小程序中的滚动视图(scroll-view),可通过设置 class 为"sv"滚动视图的位置作为固定位置。其中,设置 position:fixed;可使得滚动视图固定在页面上不随鼠标滚动而移动。

同时,top、left、right 和 bottom 分别设置为 0、0、0 和 120rpx,表示滚动视图距离页面顶部、左侧、右侧和底部的距离均为 0,但是距离页面底部会留出 120rpx 的距离。

5.8.3 自我测试

(1) sv 画板样式中,属性 top、属性 left、属性 right 均设置为_____,其含义是_____。

(2) sv 画板样式中,bottom 属性设置为_____,属性 background-color 的作用为_____。

(3) foot 画板样式中,position 属性设置为_____,其作用为_____。

(4) foot 画板中 height 属性值与 sv 画板中 bottom 属性值是_____,这样设置实现了 foot 画板和 sv 画板在垂直方向上的_____的位置关系。

(5) sv 画板应该采用_____标签,并设置_____属性。

任务 5.9　购物车自提页面框架

5.9.1　任务要求

依据购物车自提页面效果图的拆分方案,制作页面框架,具体要求如表 5-9 所示。

表 5-9　购物车自提页面框架要求

效果图拆分方案	页面框架要求
top middle中 cartType==2 bottom	1. 绘制框架草图,标注画板尺寸 2. 依据框架草图,制作页面框架 软件要求:微信小程序开发者工具

验收标准如下。

(1) 微信小程序模拟器能够正确显示购物车自提页面框架。

(2) 画板命名符合"画板—模板(组件)命名对照表"规划。

(3) 画板大小设置及位置设置与效果图一致。

5.9.2　实践指导

1. 实践步骤

1) 绘制框架草图

依据效果图拆分方案,分层绘制页面框架草图,购物车自提页面草图示例如图 5-33、

图 5-34 所示。

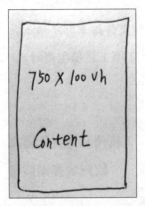
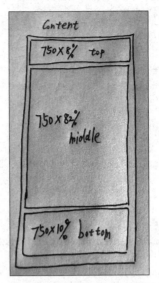

图 5-33　第 1 层框架草图（content 画板）　　图 5-34　第 2 层框架草图（content 子元素）

2）制作页面框架

依据效果图拆分方案及框架草图，制作页面框架，购物车自提页面框架示例如图 5-35 所示。

搭建购物车自提
页面框架

图 5-35　购物车自提页面框架

2. 技能储备

1）创建容器

创建一个名为 content 的 view 父容器和三个 view 子容器 top、middle 和 bottom：

```
<view class="content">
  <view class="top"></view>
  <view class="middle"></view>
  <view class="bottom"></view>
```

```
</view>
```

2) 框架样式定义

```
.content{
  width: 750rpx;
  height: 100vh;
  background-color: yellow;
}
.top{
  width: 750rpx;
  height: 8%;
  background-color: rgb(7, 122, 32);
}
.middle{
  width: 750rpx;
  height: 82%;
  background-color: rgb(37, 33, 216);
}
.bottom{
  width: 750rpx;
  height: 10%;
  background-color: rgb(210, 33, 216);
}
```

以上代码用于设置整体的样式和三个不同区域的样式。

(1) .content{}选择器用于设置整体的样式,它设置了宽度和高度分别为 750rpx 和 100vh,背景颜色为黄色。

(2) .top{}选择器用于设置顶部区域的样式,它设置了宽度和高度分别为 750rpx 和 8%,背景颜色为绿色。

(3) .middle{}选择器用于设置中间区域的样式,它设置了宽度和高度分别为 750rpx 和 82%,背景颜色为蓝色。

(4) .bottom{}选择器用于设置底部区域的样式,它设置了宽度和高度分别为 750rpx 和 10%,背景颜色为紫色。

5.9.3 自我测试

(1) 在 content 画板中,属性 width 设置为_____,属性 height 设置为_____。

(2) 在 content 画板中,共有三个画板,分别为_____、_____、_____。

(3) 在 top 画板中,共有_____个子画板,属性 justify-content 的值为_____,实现的功能为_____。

(4) 在 middle 画板中,属性 height 的值为_____,它是以_____画板为基础设置的。

(5) kd_address 画板中属性 padding-left 的作用为_____。

任务 5.10 购物车快递页面框架

5.10.1 任务要求

依据购物车快递页面效果图的拆分方案,制作页面框架,具体要求如表 5-10 所示。

表 5-10　购物车快递页面框架要求

效果图拆分方案	页面框架要求
top / middle中 cartType==0 / bottom	1. 绘制框架草图，标注画板尺寸 2. 依据框架草图，制作页面框架 软件要求：微信小程序开发者工具

验收标准如下。
（1）微信小程序模拟器能够正确显示购物车快递页面框架。
（2）画板命名符合"画板模板（组件）命名对照表"规划。
（3）画板大小设置及位置设置与效果图一致。

5.10.2　实践指导

购物车快递页面框架的制作过程，见任务 5.9.2。

搭建购物车快递
页面框架

任务 5.11　收货地址录入页面框架

5.11.1　任务要求

依据收货地址录入页面效果图的拆分方案，制作页面框架，具体要求如表 5-10 所示。

表 5-11　收货地址录入页面框架要求

效果图拆分方案	页面框架要求
content	1. 绘制框架草图，标注画板尺寸 2. 依据框架草图，制作页面框架 软件要求：微信小程序开发者工具

验收标准如下。

（1）微信小程序模拟器能够正确显示收货地址录入页面框架。

（2）画板命名符合"画板—模板（组件）命名对照表"规划。

（3）画板大小设置及位置设置与效果图一致。

5.11.2 实践指导

1. 实践步骤

1) 绘制框架草图

依据效果图拆分方案，分层绘制页面框架草图，收货地址录入页面草图示例如图 5-36 所示。

2) 制作页面框架

依据效果图拆分方案及框架草图，制作页面框架，收货地址录入页面框架示例如图 5-37 所示。

图 5-36　第 1 层框架草图（content 画板）　　图 5-37　收货地址录入页面框架　　收货地址录入页面框架

2. 技能储备

实现页面框架的过程如下。

（1）在结构文件中，创建结构框架：

```
<view class="content">

</view>
```

① view 容器是微信小程序中的基础组件，代表一个视图容器。

② class="content" 是给这个视图容器加上了一个样式类名，用于后续在 CSS 中对该容器进行样式设置或选择。

(2) 在样式文件中,设定结构样式:

```
.content{
    width: 750rpx;
    height: 100vh;
    background-color: yellow;
}
```

这段代码的作用是给".content"元素定义一个宽度为屏幕宽度的比例大小,并铺满整个屏幕高度,同时为该元素设置黄色背景。

5.11.3 自我测试

(1) 100vh 表示_____。

(2) 在 content 画板中,属性 width 设置为_____,其值为_____。

(3) top 画板下有_____个子画板,它们的样式设置是_____。

(4) 在 left 画板中,属性 width 的属性值为_____,属性 height 的作用为_____,属性 text-align 的作用为_____。

(5) 属性 border-radius 的作用为_____。

任务 5.12　我的自提页面框架

5.12.1　任务要求

依据我的自提页面效果图的拆分方案,制作页面框架,具体要求如表 5-12 所示。

表 5-12　我的自提页面框架要求

效果图拆分方案	页面框架要求
（图示：top 显示"刘凯"，middle，bottom 中 meType==2 分支）	1. 绘制框架草图,标注画板尺寸 2. 依据框架草图,制作页面框架 软件要求:微信小程序开发者工具

验收标准如下。

(1) 微信小程序模拟器能够正确显示我的自提页面框架。

(2) 画板命名符合"画板—模板(组件)命名对照表"规划。

(3) 画板大小设置及位置设置与效果图一致。

5.12.2 实践指导

我的自提页面框架制作过程,见任务 5.6.2。

搭建我的自提页面框架

任务 5.13 自提码页面框架

5.13.1 任务要求

依据自提码页面效果图的拆分方案,制作页面框架,具体要求如表 5-13 所示。

表 5-13 自提码页面框架要求

效果图拆分方案	页面框架要求
画板 order 提货二维码 画板 ztm 提示:请将此二维码展示给卖家	1. 绘制框架草图,标注画板尺寸 2. 依据框架草图,制作页面框架 软件要求:微信小程序开发者工具

验收标准如下。

(1) 微信小程序模拟器能够正确显示自提页面框架。

(2) 画板命名符合"画板—模板(组件)命名对照表"规划。

(3) 画板大小设置及位置设置与效果图一致。

5.13.2 实践指导

1. 实践步骤

1) 绘制框架草图

依据效果图拆分方案,分层绘制页面框架草图,自提码页面框架草图示例如图 5-38、图 5-39 所示。

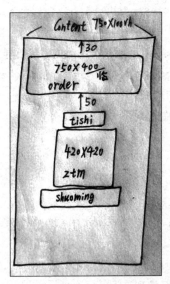

图 5-38　第 1 层框架草图(content 画板)　　图 5-39　第 2 层框架草图(content 子元素)

2)制作页面框架

依据效果图拆分方案及框架草图,制作页面框架,自提码页面框架示例如图 5-40 所示。

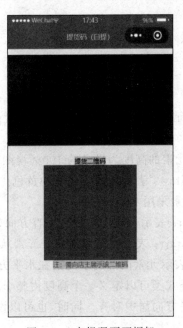

搭建自提码
页面框架

图 5-40　自提码页面框架

2. 技能储备

1)实现页面框架

```
<view class="content">
  <view class="order"></view>
  <view class="tishi"></view>
  <view class="ztm"></view>
```

```
<view class="shuoming"></view>
</view>
```

属性 class 用于指定样式类名,方便样式定义,这里指定了"content"类名。该类名的容器中包含了四个子容器:"order"、"tishi"、"ztm"、"shuoming",可以根据实际需要自行定义,用于区分不同的样式和功能。

2) 设定临时宽高

```
/* tishi 宽高均为临时 */
.tishi{
  width: 300rpx;
  height: 60rpx;
  background-color: rgb(159, 196, 161);
  margin-top: 50rpx;
}
```

为了方便画板视图的展示,利于调节,需要临时设置合适的尺寸。

3) 子画板排列

```
.content{
  width: 750rpx;
  height: 100vh;
  background-color: yellow;
  display: flex;
  flex-direction: column;
  justify-content: flex-start;
  align-items: center;
}
```

(1) width:750rpx;表示元素的宽度为 750rpx,rpx 是微信小程序的一种相对单位,会根据设备的宽度动态调整大小。

(2) height:100vh;表示元素的高度为设备的 100%视图高度,也就是占满整个屏幕。

(3) background-color:yellow;表示元素背景色为黄色。

(4) display:flex;表示元素采用 Flex 布局模型。

(5) flex-direction:column;表示元素的主轴为垂直方向,即内容从上到下排列。

(6) justify-content:flex-start;表示元素内部的子元素从上到下按顺序排列。

(7) align-items:center;表示元素内部的子元素在水平方向上居中对齐。

通过这些属性的设置,该样式类可以定义一个高度占整个屏幕的元素,并使其内部子元素在垂直方向从上到下排列、水平方向居中对齐。同时,也可以设置此元素的背景颜色为黄色。

5.13.3 自我测试

(1) 在 content 画板中,属性 width 设置为_____,属性 height 设置为_____。

(2) 在 order 画板中,属性 margin-top 的作用为_____。

(3) 如果想要实现 tishi 画板顶部距离 order 画板下边缘 50rpx,应该使用属性_____。

(4) 在 content 画板中,属性 align-items 的值为 center,表示其子画板_____。

(5) 如果要实现 tishi 画板和 shuoming 画板的内容决定画板的大小尺寸,可以使用_____方法获取它们的实际宽高,从而动态设置它们的样式。

任务 5.14 我的快递页面框架

5.14.1 任务要求

依据我的快递页面效果图的拆分方案,制作页面框架,具体要求如表 5-14 所示。

表 5-14 我的快递页面框架要求

效果图拆分方案	页面框架要求
(刘凯 / middle / bottom 中 meType==0 分支)	1. 绘制框架草图,标注画板尺寸 2. 依据框架草图,制作页面框架 软件要求:微信小程序开发者工具

验收标准如下。

(1) 微信小程序模拟器能够正确显示我的快递页面框架。
(2) 画板命名符合"画板—模板(组件)命名对照表"规划。
(3) 画板大小设置及位置设置与效果图一致。

5.14.2 实践指导

我的快递页面框架制作过程,见任务 5.6.2。

搭建我的快递页面框架

任务 5.15 物流查询页面框架

5.15.1 任务要求

依据物流查询页面效果图的拆分方案,制作页面框架,具体要求如表 5-15 所示。

表 5-15 物流查询页面制作要求

效果图拆分方案	页面框架要求
画板 mylist（签收按钮，第三方物流信息查询）	1. 绘制框架草图，标注画板尺寸 2. 依据框架草图，制作页面框架 3. 点击"签收"按钮，实现货物签收 软件要求：微信小程序开发者工具

验收标准如下。

（1）微信小程序模拟器能够正确显示物流查询页面框架。

（2）画板命名符合"画板模板（组件）命名对照表"规划。

（3）画板大小设置及位置设置与效果图一致。

5.15.2 实践指导

1. 实践步骤

1）绘制框架草图

依据效果图拆分方案，分层绘制页面框架草图，物流查询页面框架草图示例如图 5-41、图 5-42 所示。

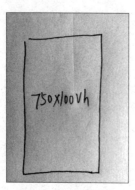
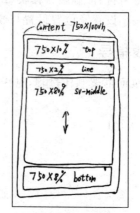

图 5-41　第 1 层框架草图（content 画板）　　图 5-42　第 2 层框架草图（content 子元素）

2）制作页面框架

依据效果图拆分方案及框架草图，制作页面框架，物流查询页面框架示例如图 5-43 所示。

搭建物流查询
页面框架

图 5-43　物流查询页面框架

2. 技能储备

1）创建物流查询页面

（1）创建物流详情（detail）页面：

在应用配置文件中，添加 pages/detail/detail，通过编译系统会自动生成 detail 文件夹及页面。

（2）修改物流详情页面标题文本：

在该页面的 JSON 文档内，添加页面标题文本的修改，修改为"物流查询"：

```
{
  "usingComponents": {},
  "navigationBarTitleText": "物流查询"
}
```

2）实现页面框架及样式

（1）页面框架搭建：

```
<view class="content">
  <view class="top"></view>
  <view class="line"></view>
  <scroll-view class="sv_middle" scroll-y></scroll-view>
  <view class="bottom"></view>
</view>
```

该页面整体布局使用了一个 view 容器，并赋予了 class 的值为"content"。该容器可以看作外部容器，控制整个页面的样式和布局，其内部包含了 4 个子组件。

① class＝"top"表示页面的顶部区域，可以在里面放置标题文字或者其他需要展示的内容。

② class＝"line"表示一个分割线条，可以通过设置 height 和 background-color 属性来控

制它的样式。

③ scroll-view class="sv_middle"表示为中间区域的可滚动区域,可以通过属性 scroll-y 来设置垂直滚动,在里面可以放置一些需要滚动展示的组件或者列表。

④ class="bottom"表示页面的底部区域。可以在里面放置一些操作按钮或者其他需要展示的内容。

以上4个子组件都是相对于它们的父组件进行定位的。我们可以通过设置 position、top、bottom、left、right 等属性来控制它们在父容器中的位置。

（2）框架样式：

```
.content{
  width: 750rpx;
  height: 100vh;
  background-color: yellow;
}
.top{
  width: 750rpx;
  height: 10%;
  background-color: rgb(150, 224, 192);
}
.line{
  width: 750rpx;
  height: 2%;
  background-color: rgb(16, 7, 63);
}
.sv_middle{
  width: 750rpx;
  height: 80%;
  background-color: rgb(21, 219, 31);
}
.bottom{
  width: 750rpx;
  height: 8%;
  background-color: rgb(219, 21, 186);
}
```

① .content：这个类定义了整个页面的宽度和高度,以及背景颜色。其中,750rpx 表示页面宽度为 750 个物理像素,100vh 表示高度为视口高度。

② .top：这个类用来定义页面顶部的样式,包括宽度、高度和背景颜色。

③ .line：这个类用来定义一条细线的样式,用来分隔页面内容,包括宽度、高度和背景颜色。

④ .sv_middle：这个类定义了页面中间部分(除了顶部和底部)的样式,包括宽度、高度和背景颜色。

⑤ .bottom：这个类用来定义页面底部的样式,包括宽度、高度和背景颜色。

5.15.3 自我测试

（1）content 画板中有_____个子画板,分别为_____、_____、_____、_____。

（2）content 画板的高宽尺寸为_____。

(3) content 子画板自上而下的高度为_____、_____、_____、_____。
(4) 如果想要将"签收"文本在纵向上设置上下居中,则需使用属性_____。
(5) 定义 mylist 画板的标签为_____,其作用为_____。

任务 5.16 我的已收订单页面框架

5.16.1 任务要求

依据我的已收订单页面效果图的拆分方案,制作页面框架,具体要求如表 5-16 所示。

表 5-16 我的已收订单页面框架要求

效果图拆分方案	页面框架要求
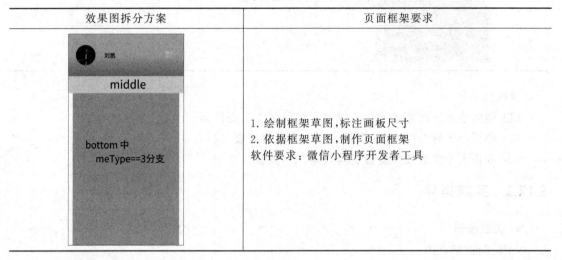	1. 绘制框架草图,标注画板尺寸 2. 依据框架草图,制作页面框架 软件要求:微信小程序开发者工具

验收标准如下。
(1) 微信小程序模拟器能够正确显示我的已收订单页面框架。
(2) 画板命名符合"画板模板(组件)命名对照表"规划。
(3) 画板大小设置及位置设置与效果图一致。

5.16.2 实践指导

我的已收订单页面框架制作过程,见任务 5.10.2。

搭建我的已收订单页面框架

任务 5.17 评价录入页面框架

5.17.1 任务要求

依据评价录入页面效果图的拆分方案,制作页面框架,具体要求如表 5-17 所示。

表 5-17 评价录入页面框架要求

效果图拆分方案	页面框架要求
content	1. 绘制框架草图,标注画板尺寸 2. 依据框架草图,制作页面框架 软件要求：微信小程序开发者工具

验收标准如下。

(1) 微信小程序模拟器能够正确显示评价录入页面框架。

(2) 画板命名符合"画板—模板(组件)命名对照表"规划。

(3) 画板大小设置及位置设置与效果图一致。

5.17.2 实践指导

1. 实践步骤

1) 绘制框架草图

依据效果图拆分方案,分层绘制页面框架草图,评价录入页面框架草图示例如图 5-44 所示。

图 5-44 第 1 层框架草图(content 画板)

2) 评价录入页面框架

依据效果图拆分方案及框架草图,制作页面框架,评价录入页面框架示例如图 5-45 所示。

2. 技能储备

以下是评价录入页面的框架样式定义：

搭建评价录入
页面框架

图 5-45　评价录入页面框架

```
.content{
    width: 750rpx;
    height: 100vh;
    background-color: turquoise;
}
```

（1）width：750rpx；设置了元素的宽度为 750rpx。

（2）height：100vh；设置了元素的高度为 100vh。vh 是视口高度的单位，表示当前屏幕显示区域的高度。这里设置为 100vh，即元素的高度为整个屏幕的高度。

（3）background-color：turquoise；设置了元素的背景色为 turquoise（蓝绿色）。

综合起来，这段代码的作用是设置一个类名为"content"的视图模板，让它占据整个屏幕的高度，宽度为 750rpx，背景色为 turquoise（蓝绿色）。

5.17.3　自我测试

（1）在 top 画板中的子画板为_____、_____，在 item-right 画板中的子画板为_____、_____。

（2）在 content 画板中，属性 flex-direction 的属性值为_____，属性 justify-content 的属性值为_____。

（3）在 top 画板中，如果想要指定上内边距，则需要用到的属性为_____。

（4）在 item-right 画板中，子画板的排列方式为_____，用到的属性为_____。

（5）如果想要将商品标题字体加粗设置，需要用到的属性为_____，其值为_____。

技能提炼

1. 创建整体滚动画板

（1）作用：当画板高度大于手机屏幕高度时，这个画板将会上下滚动。

（2）格式：

```
height:1500rpx
```

(3) 练习：
调试表 5-18 所示的程序，要求能显示效果图的文字描述。

表 5-18　创建整体滚动画板

效　果　图	结　构　文　件	样　式　文　件

（效果图：此画板能在手机可视区（屏幕）上下整体滚动）	`<view class="content">`
	
	`</view>`
		.content{
		  width: 750rpx;
		  height: ①_____;
		  background-color: yellow;
		}

2. 创建窗体等高画板

(1) 作用：若画板高度小于或等于手机屏幕（可视区域）高度时，画板将不会上下滚动。

(2) 格式：

`height:100vh`

(3) 练习：
调试表 5-19 所示的程序，要求能显示效果图的文字描述。

表 5-19　创建窗体等高画板

效　果　图	结　构　文　件	样　式　文　件

（效果图：此画板能在手机可视区（屏幕）上下整体滚动）	`<view class="content">`
	
	`</view>`
		.content{
		  width: 750rpx;
		  height: ①_____;
		  background-color: yellow;
		}

3. 创建局部滚动画板

（1）特性：指定范围内的元素，当高度之和超出父画板高度时，子元素可以在父画板范围内上下滚动，例如，任务 5.3 的分类页面框架。

（2）格式：

```
<scroll-view class="content" scroll-y>
</scroll-view>
```

（3）调试表 5-20 所示的程序，要求子元素可以在父画板 content 内上下滚动，将上述程序所缺程序片段，按对应序号填入下表。

表 5-20　创建局部滚动画板

效　果　图	结 构 文 件	样 式 文 件

	`<①_____ class="content" ②_____>`
	　`<view class="top">1</view>`
	　`<view class="middle">2</view>`
	　`<view class="bottom">3</view>`
	`</③_____>`
		`.content{`
		　`width: 750rpx;`
		　`height: 500rpx;`
		　`background-color: yellow;`
		`}`
		`.top{`
		　`width: 300rpx;`
		　`height: 300rpx;`
		　`background-color: rgb(150, 233, 117);`
		`}`
		`.middle{`
		　`width: 300rpx;`
		　`height: 300rpx;`
		　`background-color: rgb(228, 132, 231);`
		`}`
		`.bottom{`
		　`width: 300rpx;`
		　`height: 300rpx;`
		　`background-color: rgba(102, 235, 245);`
		`}`

4. 创建相对高度画板

（1）特性：画板的高度可以用父画板高度的百分数标识。

（2）格式：

```
height: 30%
```

注释：标识子画板高度是父画板高度的 30%。

（3）练习：

① 调试表 5-21 所示的程序，要求子元素在视区中占据适当比例的大小。

表 5-21 创建相对高度画板

效 果 图	样 式 文 件
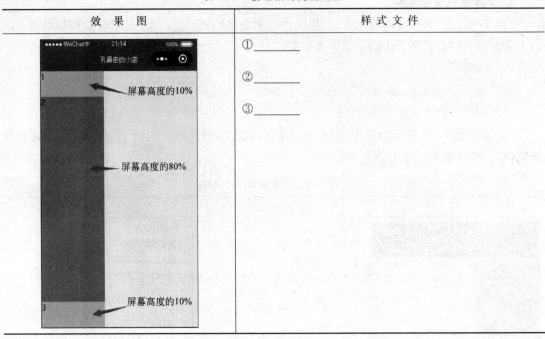	①_____ ②_____ ③_____

② 调试以下程序,要求三个元素高度符合表 5-21 的要求,且父画板和手机屏幕等高,请填空。

```
<view class="content">
  <view class="top">1</view>
  <view class="middle">2</view>
  <view class="bottom">3</view>
</view>
```

```
.content{
  width: 750rpx;
  height: ①_____;
  background-color: yellow;
}
.top{
  width: 300rpx;
  height: ②_____;
  background-color: rgb(150, 233, 117);
}
.middle{
  width: 300rpx;
  height: ③_____;
  background-color: rgb(228, 132, 231);
}
.bottom{
  width: 300rpx;
  height: ④_____;
  background-color: rgba(102, 235, 245);
}
```

5. 注释父画板的高度

(1) 特性:根据需要,父画板的高度有两种类型:

父画板高度=子画板高度之和

说明:此时父画板不能标注高度。

父画板高度=固定高度

说明：此时父画板的高度和子画板的高度无关，父画板必须标注高度值。

（2）练习：

要实现模拟器效果，请问表 5-22 中标注①的语句如何处理？

方案 1：_____

方案 2：_____

表 5-22　注释父画板高度

效 果 图	结 构 文 件	样 式 文 件

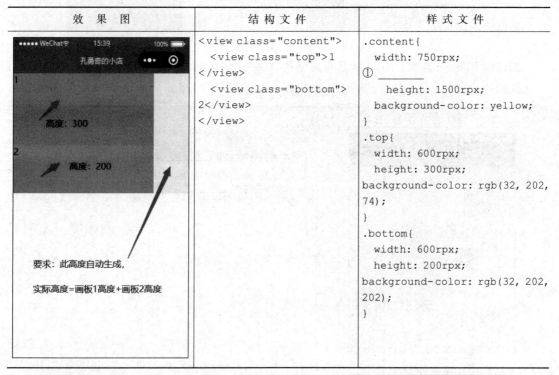	`<view class="content">`
	　`<view class="top">1</view>`
	　`<view class="bottom">2</view>`
	`</view>`
		`.content{`
		　`width: 750rpx;`
		　① _____
		　`height: 1500rpx;`
		　`background-color: yellow;`
		`}`
		`.top{`
		　`width: 600rpx;`
		　`height: 300rpx;`
		　`background-color: rgb(32, 202, 74);`
		`}`
		`.bottom{`
		　`width: 600rpx;`
		　`height: 200rpx;`
		　`background-color: rgb(32, 202, 202);`
		`}`

6. 控制元素排列对齐

（1）特性：在父画板中定义子画板的布局规则。

（2）格式：

```
display: flex;
flex-direction: row;
justify-content: center;
align-items: center;
```

（3）练习：

```
<view class="content">
  <view class="top">1</view>
  <view class="bottom">2</view>
</view>
```

```
.content{
  width: 750rpx;
  height: 800rpx;
  background-color: yellow;
  /* 以下 4 个命令，按顺序写在父画板 */
  display: flex;
  flex-direction: _____;
  justify-content: _____;
```

```
        align-items: _____;
    }
    .top{
        width: 100rpx;
        height: 100rpx;
        background-color: rgb(5, 201, 80);
    }
    .bottom{
        width: 300rpx;
        height: 300rpx;
        background-color: rgba(102, 235, 245);
    }
```

调试以上程序,实现表 5-23 所示布局结构,将每个结构的 3 个属性值填写在右边空格。

表 5-23 控制元素排列对齐

效 果 图	样 式 文 件
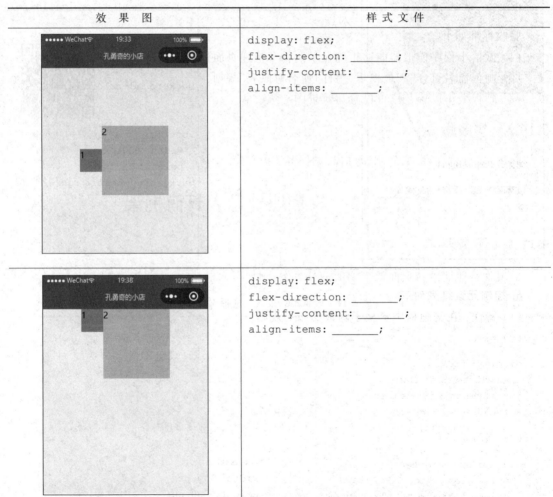	display: flex; flex-direction: _____; justify-content: _____; align-items: _____;
	display: flex; flex-direction: _____; justify-content: _____; align-items: _____;

续表

效 果 图	样 式 文 件
(图：两个方块位于顶部居中，1号小方块，2号大方块)	display: flex; flex-direction: _____; justify-content: _____; align-items: _____;
(图：两个方块位于左下，1号小方块，2号大方块)	display: flex; flex-direction: _____; justify-content: _____; align-items: _____;
(图：两个方块位于左上，1号小方块，2号大方块)	display: flex; flex-direction: _____; justify-content: _____; align-items: _____;

续表

效 果 图	样 式 文 件
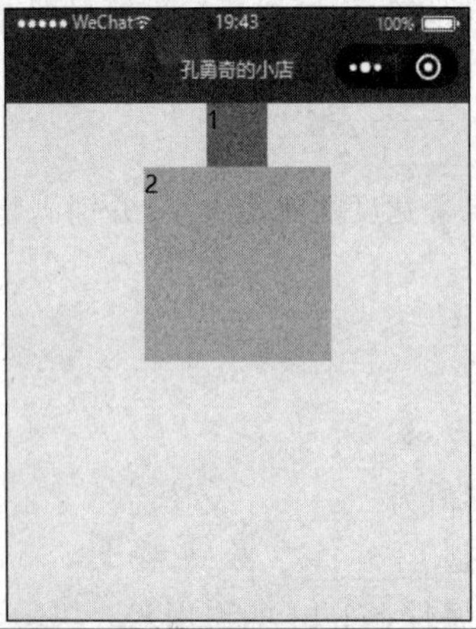	display: flex; flex-direction: _____; justify-content: _____; align-items: _____;
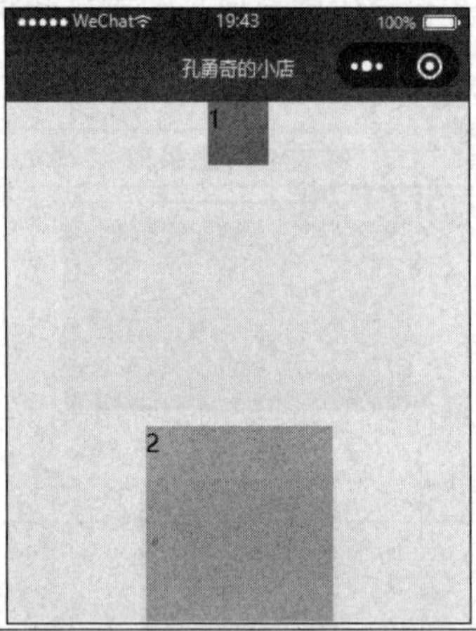	display: flex; flex-direction: _____; justify-content: _____; align-items: _____;
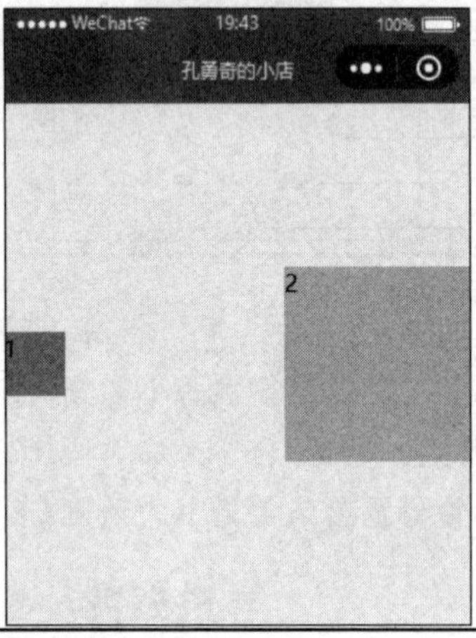	display: flex; flex-direction: _____; justify-content: _____; align-items: _____;

7. 设置相邻画板边距

（1）特性：元素相邻两边之间的距离。

（2）格式：

margin-top: 888rpx;

```
padding-top: 999rpx;
```

(3) 练习：

```
<view class="content">
  <view class="top">1</view>
  <view class="bottom">2</view>
</view>
.content{
  width: 750rpx;
  height: 800rpx;
  background-color: yellow;
  /* 以下四个命令,按顺序写在父画板 */
  display: flex;
  flex-direction: column;
  justify-content: flex-start;
  align-items: center;
①_____
}
```

```
.top{
  width: 100rpx;
  height: 100rpx;
  background-color: rgb(5, 201, 80);
②_____
}
.bottom{
  width: 300rpx;
  height: 300rpx;
  background - color: rgba (102, 235, 245);
③_____
}
```

调试以上程序,实现表 5-24 左侧所示的布局结构,并回答右侧的问题。

表 5-24　设置相邻画板边距

效　果　图	问　　题
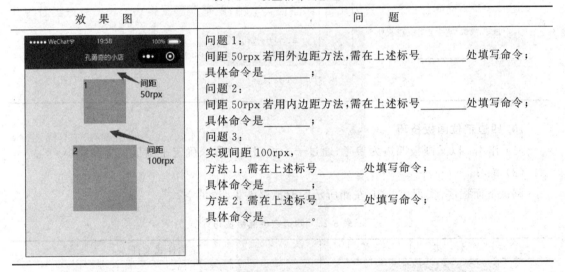	问题 1： 间距 50rpx 若用外边距方法,需在上述标号_____处填写命令； 具体命令是_____； 问题 2： 间距 50rpx 若用内边距方法,需在上述标号_____处填写命令； 具体命令是_____； 问题 3： 实现间距 100rpx, 方法 1：需在上述标号_____处填写命令； 具体命令是_____； 方法 2：需在上述标号_____处填写命令； 具体命令是_____。

8. 设置页面标题属性

(1) 作用：页面顶部导航栏内,添加页面标题。

(2) 格式：

```
"navigationBarBackgroundColor": "#f00",
"navigationBarTitleText": "分类页面",
"navigationBarTextStyle": "white"
```

注意：navigationBarTextStyle 的属性值只有两种值可选,即 white 和 black。

9. 设置文本画板尺寸

(1) 作用：文本内容的多少决定文本画板的尺寸。

(2) 练习：

调试下面程序,实现表 5-25 左侧所示的模拟器效果,请填空。

表 5-25　设置文本画板尺寸

效 果 图	结构样式文件
	```<view class="content">
<view class="top">
<text>浙江省</text>
</view>
<view class="bottom">
<text>杭州市滨江区</text>
</view>
</view>
.content{
width: 750rpx;
height:①_____;
background-color: yellow;
display: flex;
flex-direction:②_____;
justify-content:③_____;
align-items:④_____;
}
.top{
margin-top:⑤_____;
background-color: rgb(196, 196, 226);
font-size:⑥_____;
font-weight:⑦_____;
}
.bottom{
margin-top:⑧_____;
background-color: red;
font-size:⑨_____;
color:⑩_____;
}```

10. 四边定位画板技巧

（1）作用：以父画板四边为参考，通过子画板四边位置来确定子画板位置和大小。

（2）练习：

调试下面程序，实现表 5-26 左侧所示的模拟器效果，请填空。

表 5-26　四边定位画板技巧

效 果 图	结构样式文件
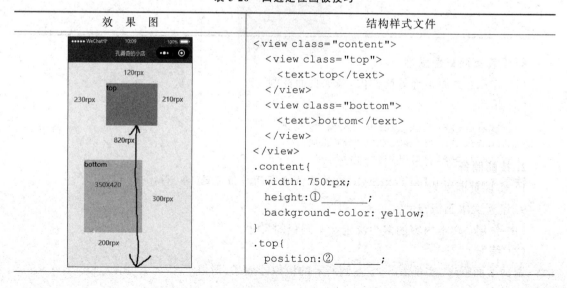	```<view class="content">
<view class="top">
<text>top</text>
</view>
<view class="bottom">
<text>bottom</text>
</view>
</view>
.content{
width: 750rpx;
height:①_____;
background-color: yellow;
}
.top{
position:②_____;```

续表

效 果 图	结构样式文件
| | ```
    top:③_____;
    left:④_____;
    right:⑤_____;
    bottom:⑥_____;
    background-color: rgb(7, 212, 59);
}
.bottom{
    width:⑦_____;
    height:⑧_____;
    background-color: rgb(220, 220, 228);
    position:⑨_____;
    right:300rpx ;
    bottom:⑩_____;
}
``` |

课后习题

1. 如果要创建整体滚动画板,下列关于画板高度的说法中正确的是(   )。
   A. 利用属性 width 进行高度设置　　　B. 画板高度可自由设置
   C. 画板高度需大于手机屏幕高度　　　D. 利用属性 height 进行高度设置

2. 下列选项中画板的高度小于或等于手机屏幕高度的是(   )。
   A. 整体滚动画板　　B. 窗体等高画板　　C. 局部滚动画板　　D. 相对高度画板

3. 创建局部滚动画板时需要用(   )标签。
   A. scroll-view　　B. view　　C. moveable-view　　D. cover-view

4. 如果想要使子元素可以在父画板范围内上下滚动,需要满足(   )。
   A. 画板高度小于或等于手机屏幕高度
   B. 画板高度大于手机屏幕高度
   C. 指定范围内的元素的高度之和大于父画板高度
   D. 标识子画板高度为父画板高度的百分比

5. 如果想要创建和屏幕大小相等的画板,应该设置为(   )。
   A. height:100%　　B. Height:100vh　　C. height:100rpx　　D. height:100vw

6. 如果想要创建相对高度画板,下列说法中正确的是(   )。
   A. 子画板的高度可以用父画板高度的百分数标识
   B. height:30% 表示为屏幕高度的 30%
   C. 所有子画板高度之和应等于父画板高度
   D. 父画板高度需与屏幕高度一致

7. 根据需要,父画板的高度的类型有(   )。
   A. 1　　B. 2　　C. 3　　D. 4

8. 下列选项中需要注释父画板高度的是(   )。
   A. 父画板高度大于子画板高度之和　　　B. 父画板高度等于子画板高度之和
```

C. 父画板高度小于子画板高度之和　　　D. 不需要注释父画板高度

9. 下列属性中用来设置元素排列方式的是(　　)。
   A. display　　　B. flex-direction　　　C. justify-content　　　D. align-items
10. 下列属性中用来设置子画板在父画板中位置的是(　　)。
    A. display　　　B. flex-direction　　　C. justify-content　　　D. align-items
11. 关于设置元素边距,下列说法中正确的是(　　)。
    A. 属性 margin-top 可设置元素的上内边距
    B. 属性 padding-top 可设置元素的上外边距
    C. 属性 padding-top 允许使用负值
12. 如果想要设置导航栏颜色,需要使用(　　)。
    A. navigationBarBackgroundColor　　　B. navigationBarTitleText
    C. navigationBarTextStyle　　　D. navigationStyle
13. 下列关于字体设置的说法中错误的是(　　)。
    A. 属性 font-size 可以设置文字大小
    B. 属性 font-weight 可以设置文字粗细
    C. 属性 font-style 可以设置文字为艺术字
    D. 属性 font-variant 可以设置文字是否倾斜
14. 如果想要以父画板(假设画板与屏幕尺寸相同)为标准定位子画板,那么属性 position 的值应为(　　)。
    A. static　　　B. absolute　　　C. relative　　　D. sticky
15. 在列表页面中绑定跳转至搜索录入页面的动作时,应该用(　　)属性进行设置。
    A. bindtap　　　B. class　　　C. button　　　D. view

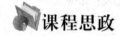

课程思政

1. 合理使用开发工具

在页面框架搭建中,开发工具的使用对提高效率和质量非常重要。同时,在使用这些开发工具时也需要遵循相关的规范和标准。例如,代码的命名和注释需要符合规范,代码的质量和可读性也需要保证,这都需要注重细节和品质。同时,在使用开发工具的过程中,要注重安全和保密,遵守相关规定和制度,培养遵纪守法、诚实守信的思想品质。

2. 精细化设计和分工合作

在页面框架搭建的过程中,需要不断加强设计的精细化和分工合作。引导学生从实际需求出发,进行精细化的设计和规划,注重可持续性和可扩展性。此外,在团队协作中还需要遵守规范和制度,注重沟通和合作,培养责任感和团队协作意识。

3. 注重用户体验和设计风格

在页面框架搭建过程中,需要注重用户体验和设计风格。要从用户的角度出发,注重页面的易用性和用户体验,培养关注和尊重用户的思想品质。同时,也需要提高自己的审美意识和人文素养,在设计风格上体现出一定的思想、价值观和文化内涵。

4. 注重质量控制和维护管理

在页面框架搭建过程中,需要注重质量控制和维护管理。要熟悉代码规范和版本控制等工具,在编写高质量代码的同时进行有效的版本管理。在开发过程中,还需要注重代码的维护和管理,培养自己的责任感和成熟稳健的人格,认识到代码维护是对自己所做工作的负责和尊重。

5. 思考

(1) 如何在数字化时代塑造优秀的网络公民形象,养成良好的网络行为习惯?

(2) 科技发展对社会和个人的影响是积极的还是消极的?如何在科技创新的同时注重社会责任和伦理道德?

(3) 如何培养自己的沟通和表达能力,以适应多样化的社会和职业需求?

(4) 如何加强对数字技术的监管和规范,保障数据的安全和隐私?

(5) 如何通过科技创新、产业升级和平等普惠,推动经济发展和社会进步,实现人民幸福和社会和谐?

单元 6

页面数据定义

　　页面数据定义,就是以页面效果图的展示信息为依据,结合页面规划时所定义的数据名称,在页面的脚本文件中,定义页面变量的数据结构。定义的同时还需要提供相应的模拟测试数据,为后续页面的显示测试和功能测试做好数据支撑。

思维导图

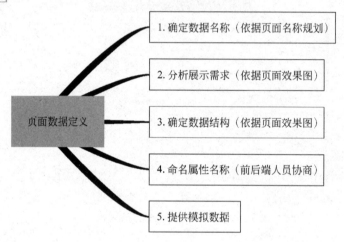

技能目标
- 掌握简单的数据类型;
- 掌握属性定义的规则;
- 掌握数组定义的规则;
- 掌握对象定义的规则;
- 掌握复合结构的规则。

能力目标
- 能够描述某个事物的指定属性;
- 能够描述一个特定的事物对象;
- 能够描述一组同类的事物对象;
- 能够描述二维结构的事物对象;
- 能够描述复合结构的事物对象。

任务 6.1 列表页面数据定义

6.1.1 任务要求

按照如表 6-1 所示的列表页面模板和组件的数据名称,参照效果图展示需要,在页面 JS (Java Script)文件中,定义页面数据结构和模拟数据。

表 6-1 列表页面数据名称

页面效果图	模板名称	属性名称、数据名称
	tp_lb	lbimgs:lbimgs lbindex:lbindex
	tp_rc	goods:goods img:'/images/icons/gwc.png'

验收标准如下。

(1) 数据 lbimgs 能够存储多张图片对象。
(2) 数据 lbindex 能够存储商品序号。
(3) 数据 goods 能够存储二维数组,元素内容为商品对象。

6.1.2 实践指导

1. 轮播数据

表示轮播图片对象的一维数组的代码如下:

```
lbimgs: [
  {
    "fID": "001",
    "轮播图片": "https://XXXXX"
  },
  {
    "fID": "002",
```

```
        "轮播图片": "https://XXXXX"
      }
],
lbindex: 0,
```

2. 模块对象命名

表示存储商品对象的一维数组的代码如下：

```
goods:[
    [
      {
        "fID": "001",
        "商品名称": "XXX",
        "商品主图": "https://XXXXX",
        "商品简介": "XXX",
        "商品价格": "XXX",
        "商品规格": "XXX",
        "是否快递": "XXX",
        "是否送货": "XXX",
        "是否自提": "XXX"
      }
    ],
    [
      {
        "fID": "002",
        "商品名称": "XXX",
        "商品主图": "https://XXXXX",
        "商品简介": "XXX",
        "商品价格": "XXX",
        "商品规格": "XXX",
        "是否快递": "XXX",
        "是否送货": "XXX",
        "是否自提": "XXX"
      }
    ]
]
```

定义列表页面数据

6.1.3 自我测试

（1）列表页面的数据结构定义在_____文件中，轮播数据存储在属性_____中。

（2）属性和对象的关系是_____，属性由_____、_____组成。

（3）对象的作用是_____。

（4）在 lbimgs 数据中，其元素类型为_____。

（5）属性 goods 存储的是_____数组。

任务 6.2　分类页面数据定义

6.2.1　任务要求

按照如表 6-2 所示的分类页面模板和组件的数据名称，参照效果图展示需要，在页面 JS

文件中,定义页面数据结构和模拟数据。

表 6-2 分类页面数据名称

页面效果图	模板组件	属性名称、数据名称
	type_view	types＝"{{types}}" cur_index＝"{{cur_index}}"
	tp_col	goods：goods img：'/images/icons/gwc.png'
	tp_zanwu	tip：'暂无该类商品' img：'/images/icons/zwsp.png'

验收标准如下。

(1) 数据 types 能够存储多个商品类别对象。

(2) 数据 cur_index 能够存储商品类别序号。

(3) 数据 goods 能够存储一维数组,元素内容为商品对象。

6.2.2 实践指导

1. 轮播数据

表示存储商品类别名称对象的一维数组的代码如下：

```
types: [
        {
          "fID": "01",
          "类别名称": xxxxxxx
        },
        {
          "fID": "02",
          "类别名称": xxxxxxx
        }
],
cur_index: 0
```

2. 商品数据

表示存储商品对象的一维数组的代码如下(商品数据可用列表页面中商品列表的商品模拟数据)。

```
goods: [
    {
      "fID": "001",
      "fName": "文具用品",
      "fImg": "https://XXXXX",
      "fDescription": "整套文具用品,包含铅笔",
      "fPrice": "0.01",
      "fUnit": "套",
      "fKuaidi": "false",
      "fSonghuo": "false",
      "fZiti": "true"
    },
    {
      "fID": "002",
      "fName": "文具用品",
      "fImg": "https://XXXXX",
      "fDescription": "整套文具用品,包含铅笔",
      "fPrice": "0.01",
      "fUnit": "套",
      "fKuaidi": "false",
      "fSonghuo": "false",
      "fZiti": "true"
    }
]
```

定义分类页面数据

6.2.3 自我测试

(1) 数据 types 表示存储_____对象的一维数组。
(2) 在商品类别名称对象中,存在两个属性,分别为_____、_____。
(3) 定义属性时,其格式为_____。
(4) 如果数据 types 能够存储多个商品类别对象,可以将其定义为_____。
(5) 数据 goods 中存储的是_____,该对象有_____个属性。

任务 6.3　搜索录入页面数据定义

6.3.1 任务要求

按照如表 6-3 所示的搜索录入页面模板和组件的数据名称,参照效果图展示需要,在页面 JS 文件中,定义页面数据结构和模拟数据。

验收标准如下。

数据 key 能够存储搜索关键词初值。

6.3.2 实践指导

搜索关键词初值的代码如下:

```
key: ""
```

定义搜索录入
页面数据

表 6-3　搜索录入页面数据

页面效果图	组件	属性名称、数据名称
	input_key_view	key="{{key}}"

6.3.3　自我测试

(1) key 中存储的是_____。

(2) key="{{key}}"表达式中,两个 key 含义_____。(选词填空:相同、不同)

(3) key 变量的初值_____(选词填空:可以、不可以)用单引号表示。

任务 6.4　搜索结果页面数据定义

6.4.1　任务要求

按照如表 6-4 所示的搜索结果页面模板和组件的数据名称,参照效果图展示需要,在页面 JS 文件中,定义页面数据结构和模拟数据。

表 6-4　搜索结果页面数据名称

页面效果图	模板	属性名称、数据名称
	tp_rc	goods:goods img:'/images/icons/gwc.png'
	tp_zanwu	tip:'暂无搜索商品' img:'/images/icons/zwsp.png'

验收标准如下。

数据 goods 能够存储一维数组,元素内容为商品对象(模拟数据可借用列表页面中商品列表数据 goods)。

6.4.2 实践指导

表示存储搜索结果数据中商品对象的一维数组的代码如下(模拟数据可用列表页面中商品列表模拟数据):

```
goods:[
    [
        {
            "fID": "001",
            "商品名称": "XXX",
            "商品主图": "https://XXXXX",
            "商品简介": "XXX",
            "商品价格": "XXX",
            "商品规格": "XXX",
            "是否快递": "XXX",
            "是否送货": "XXX",
            "是否自提": "XXX"
        },
        {
            "fID": "002",
            "商品名称": "XXX",
            "商品主图": "https://XXXXX",
            "商品简介": "XXX",
            "商品价格": "XXX",
            "商品规格": "XXX",
            "是否快递": "XXX",
            "是否送货": "XXX",
            "是否自提": "XXX"
        },
        {
            "fID": "003",
            "商品名称": "XXX",
            "商品主图": "https://XXXXX",
            "商品简介": "XXX",
            "商品价格": "XXX",
            "商品规格": "XXX",
            "是否快递": "XXX",
            "是否送货": "XXX",
            "是否自提": "XXX"
        }
    ]
]
```

定义搜索结果
页面数据

注意:搜索结果中的商品对象,全部存放在 goods 的第 1 组。

6.4.3 自我测试

(1) 数据 goods 是一个_____数组,元素内容为_____。

(2) 搜索结果的商品信息放在数据 goods 的_____。
(3) 商品对象的属性分别有_____、_____、_____、_____。
(4) 定义二维数组的作用为_____。

任务 6.5　我的收藏页面数据定义

6.5.1　任务要求

按照如表 6-5 所示的我的收藏页面规划模板和组件的数据名称，参照效果图展示需要，在页面 JS 文件中，定义页面数据结构和模拟数据。

表 6-5　我的收藏页面数据名称

页面效果图	模板组件	属性名称、数据名称
	tab_view	tabDatas="{{mytabDatas}}" curTab="{{meType}}"
	tp_rc	goods：me_sc img：'/images/icons/gwc.png'
	tp_zanwu	tip：'暂无收藏记录' img：'/images/icons/wsc.png'

验收标准如下。
(1) 数据 mytabDatas 能够存储一维数组，元素内容为标签对象。
(2) 数据 meType 能够存储当前标签序号。
(3) 数据 me_sc 能够存储二维数组，元素内容为商品对象。

6.5.2　实践指导

1. 我的收藏页面主题数据

表示存储标签对象的一维数组的代码如下：

```
mytabDatas:[
    { name:"快递" },
    { name:"送货" },
    { name:"自提" },
```

```
            { name:"评价" },
            { name:"收藏" }
        ],
    meType:4
```

2. 收藏商品数据

表示存储收藏商品对象的二维数组的代码如下(模拟数据可用列表页面中商品列表模拟数据)：

```
me_sc:[
        [
            {
                "fID": "001",
                "商品名称": "XXX",
                "商品主图": "https://XXXXX",
                "商品简介": "XXX",
                "商品价格": "XXX",
                "商品规格": "XXX",
                "是否快递": "XXX",
                "是否送货": "XXX",
                "是否自提": "XXX"
            },
            {
                "fID": "002",
                "商品名称": "XXX",
                "商品主图": "https://XXXXX",
                "商品简介": "XXX",
                "商品价格": "XXX",
                "商品规格": "XXX",
                "是否快递": "XXX",
                "是否送货": "XXX",
                "是否自提": "XXX"
            }
        ]
    ]
```

注意：收藏商品全部存放在 me_sc 的第 1 组。

定义我的收藏
页面数据

6.5.3 自我测试

(1) 缓存的作用是_____。

(2) 缓存存储信息的语法格式是_____。

(3) 缓存读取信息的语法格式是_____。

(4) 数据 me_sc 能够存储_____数组，mytabDatas 是一个_____数组。

(5) 数据 me_sc 中存放的是商品对象，其属性有_____、_____、_____、_____。

任务 6.6　名片页面数据定义

6.6.1　任务要求

按照如表 6-6 所示的名片页面模板和组件的数据名称,参照效果图展示需要,在页面 JS 文件中,定义页面数据结构和模拟数据。

表 6-6　名片页面数据

页面效果图	二维码数据说明
	字符串转为二维码绘制,提供需要转换的字符串即可,如'测试'

验收标准如下。

理解二维码是由字符串转换而来即可,暂无须定义数据。

6.6.2　实践指导

本任务是将静态字符串信息转换为二维码进行测试,无须定义二维码数据。

定义名片页面数据

6.6.3　自我测试

(1) 二维码是_____的另外一种展现形式。
(2) 直接填写在页面中的数据称为_____数据。

任务 6.7　详情页面数据定义

6.7.1　任务要求

按照如表 6-7 所示的详情页面模板和组件的数据名称,参照效果图展示需要,在页面 JS

文件中,定义页面数据结构和模拟数据。

表 6-7 详情页面数据

页面效果图	模板组件	属性名称、数据名称
	go_cart_view	item:item img_kf:'/images/icons/kf01.png' img_sc_true:'/images/icons/sc01.png' img_sc_false:'/images/icons/sc02.png'
		组件 go_cart_view 用到缓存： wx.setStorageSync('meSCStore', [ ]);
	tp_lb	lbimgs:lbimgs lbindex:lbindex
	tp_zhaiyao	item:item img:'/images/icons/gwc.png'
	tp_xq_pl	xqImgs:xqImgs pjs:pjs img_tw:'/images/icons/wsc.png' img_pl:'/images/icons/ly.png'

验收标准如下。

(1) 数据 lbimgs 能够存储多张图片对象(可借用列表页面中轮播模拟数据)。
(2) 数据 lbindex 能够存储商品序号。
(3) 数据 item 能够存储商品摘要对象,该对象包含若干属性。
(4) 数据 xqImgs 能够存储多张商品细节图片。
(5) 数据 pjs 能够存储多条商品评价记录。
(6) 数据 meSCStore 存储收藏的商品对象(可在 app.js 中定义此缓存)。

6.7.2 实践指导

1. 轮播数据

表示存储轮播图片对象的一维数组的代码如下(轮播数据可用列表页面中轮播模拟数据):

```
lbimgs: [
    {
      "fID": "001",
      "轮播图片": "https://XXXXX"
    },
    {
      "fID": "002",
      "轮播图片": "https://XXXXX"
```

```
        }
    ],
    lbindex: 0
```

2. 商品文本数据

表示存储多个属性的商品对象的代码如下：

```
item: {
        "fID": "001",
        "商品名称": "XXX",
        "商品主图": "https://XXXXX",
        "商品简介": "XXX",
        "商品价格": "XXX",
        "商品规格": "XXX",
        "是否快递": "XXX",
        "是否送货": "XXX",
        "是否自提": "XXX",
        "普通价格": "XXX"
}
```

3. 商品长图数据

表示存储商品图片对象的一维数组的代码如下：

```
xqImgs: [
        {
            "fID": "01",
            "图片地址": XXXXXXX
        },
        {
            "fID": "02",
            "图片地址": XXXXXXX
        }
]
```

4. 商品评价数据

表示存储商品评价记录对象的一维数组的代码如下：

```
pj: [
        {
            "fID": "01",
            "评价内容": XXXXXXX
        },
        {
            "fID": "02",
            "评价内容": XXXXXXX
        }
]
```

5. 收藏商品对象缓存

在 app.js 文件的 wx.login 模块中 success 处理分支，定义收藏缓存代码如下：

```
wx.setStorageSync('meSCStore', []);
```

定义详情页面数据

6.7.3 自我测试

（1）数据 lbimgs 表示存放_____对象的一维数组。

（2）在轮播图片对象中，存在两个属性，分别为_____、_____。

（3）数据 item 存储_____对象，该对象包含_____个属性。

（4）数据 xqImgs 是存放图片对象的_____维数组，对象中存在_____、_____属性。

（5）在 wx.setStorageSync('meSCStore', [])中，meSCStore 是指_____。

任务 6.8 购物车自提页面数据定义

6.8.1 任务要求

按照如表 6-8 所示的购物车自提页面模板和组件的数据名称，参照效果图展示需要，在页面 JS 文件中，定义页面数据结构和模拟数据。

表 6-8 购物车自提页面数据

页面效果图	模板组件	属性名称、数据名称
	tab_view	tabDatas="{{mytabDatas}}" curTab="{{cartType}}"
	tp_cart_zt	cart_zt：cart_zt img_del：'/images/icons/del.png' img_dw：'/images/icons/dw.png'
	tp_zanwu	tip：'暂无自提商品' img：'/images/icons/ddzt.png'
	tp_pay	cartType：cartType total：total 注意：以下两项自提时无效 cart_kd_select_all：cart_kd_select_all cart_kd：cart_kd

验收标准如下。

（1）数据 mytabDatas 能够存储一维数组，元素内容为标签对象。

(2) 数据 cartType 能够存储当前标签序号。
(3) 数据 cart_zt 能够存储多个待付自提商品。
(4) 数据 total 能够存储待付金额(浮点型)。
(5) 数据 cart_kd_select_all 能够存储快递全选与否(布尔型)"自提无效"。
(6) 数据 cart_kd 能够存储快递多个待付商品"自提无效"。
(7) 数据 cartTypeStore 能够存储购物车中当前标签的序号。

6.8.2 实践指导

1. 购物车主题切换数据

表示存储购物车主题标签对象的一维数组的代码如下：

```
mytabDatas:[
    {
      name:"快递寄送"
    },
    {
      name:"送货上门"
    },
    {
      name:"到店自提"
    }
],
cartType:2
```

2. 购物车自提商品订单数据

表示存储自提订单对象的一维数组的代码如下：

```
cart_zt:[
    {
        "fID":"001",
        "商品名称":"XXX",
        "商品主图":"https://XXXXX",
        "商品价格":"XXX",
        "商品规格":"XXX",
        "商品数量":XXX,
        "店主电话":XXX,
        "店铺区域":XXX,
        "店铺地址":XXX
    }
]
```

3. 购物车自提支付数据

表示购物车自提支付数据的代码如下：

```
cartType:2,
total:0.13,
cart_kd_select_all:1,
cart_kd:[]
```

定义购物车自提
页面数据

6.8.3 自我测试

（1）数据 mytabDatas 存储一维数组，元素内容为_____，cartType 存储_____。

（2）数据 cart_zt 存储多个_____，数据 total 存储_____。

（3）数据 cart_zt 中对象的属性分别为_____、_____、_____、_____。

（4）数据 cart_kd_select_all 中存储数据的数据类型为_____。

（5）数据 cart_kd 是一个_____，存储_____。

任务 6.9　购物车快递页面数据定义

6.9.1　任务要求

按照如表 6-9 所示的购物车快递页面模板和组件的数据名称，参照效果图展示需要，在页面 JS 文件中，定义页面数据结构和模拟数据。

表 6-9　购物车快递页面数据

页面效果图	模板组件	属性名称、数据名称
	tab_view	tabDatas="{{mytabDatas}}" curTab="{{cartType}}"
	tp_cart_kd	cart_kd:cart_kd fUserGetName:fUserGetName fUserGetTel:fUserGetTel fUserGetAddress:fUserGetAddress img_del:'/images/icons/del.png' img_dw:'/images/icons/dw.png'
	tp_zanwu	tip:'暂无快递商品' img:'/images/icons/wkd.png'
	tp_pay	cartType:cartType total:total cart_kd_select_all:cart_kd_select_all cart_kd:cart_kd

验收标准如下。

（1）数据 mytabDatas 能够存储一维数组，元素内容为标签对象。

(2) 数据 cartType 能够存储当前标签序号。

(3) 数据 cart_kd 能够存储多个待付快递商品。

(4) 数据 fUserGetName 能够存储收货人姓名。

(5) 数据 fUserGetTel 能够存储收货人电话。

(6) 数据 fUserGetAddress 能够存储收货人完整地址。

(7) 数据 total 能够存储待付金额(浮点型)。

(8) 数据 cart_kd_select_all 能够存储快递全选与否(布尔型)。

6.9.2 实践指导

1. 购物车主题切换数据

表示存储购物车主题切换数据标签对象的一维数组的代码如下：

```
mytabDatas:[
    {
      name:"快递寄送"
    },
    {
      name:"送货上门"
    },
    {
      name:"到店自提"
    }
],
cartType:1
```

2. 购物车快递订单数据

表示存储快递订单对象的一维数组的代码如下：

```
cart_kd:[
    {
      "fID":"001",
      "商品名称":"XXX",
      "商品主图":"https://XXXXX",
      "商品价格":"XXX",
      "商品规格":"XXX",
      "商品数量":XXX,
      "是否选中":XXX
    }
]
```

3. 快递收货地址数据

表示存储收货地址的 3 个属性的代码如下：

```
fUserGetName:"张三",
fUserGetTel:"136××××××××",
fUserGetAddress:"浙江省杭州市滨江区滨文路 470 号"
```

4. cart 快递支付数据

表示快递支付数据的代码如下：

定义购物车快递
页面数据

```
cartType: 0,
total: 0.13,
cart_kd_select_all: 0
```

6.9.3 自我测试

（1）数据 cart_kd 中存储的是_____。
（2）数据 cart_kd 是_____数组，数组元素共有_____属性。
（3）快递收货地址数据有 3 个属性，分别为_____、_____、_____。
（4）属性 fUserGetName 对应的值为_____数据，属性 fUserGetTel 对应的值为_____数据。
（5）属性 total 描述的是_____，存储_____。

任务 6.10 收货地址录入页面数据定义

6.10.1 任务要求

按照如表 6-10 所示的收货地址录入页面模板和组件的数据名称，参照效果图展示需要，在页面 JS 文件中，定义页面数据结构和模拟数据。

表 6-10 收货地址录入页面数据

页面效果图	模板名称	属性名称、数据名称
收货姓名：张三 手机号码：138XXXXXXXX 收货地址：浙江省杭州市 详情地址：滨江区滨文路470号 提交	input_address_view	fName="{{fName}}" fPhone="{{fPhone}}" fAreas="{{fAreas}}" fAddress="{{fAddress}}" showCity="{{showCity}}"
		"提交"按钮后，地址信息存储在如下缓存： 'fNameStore' 'fPhoneStore' 'fAreasStore' 'fAddressStore'

验收标准如下。
（1）数据 fName、fPhone、fAreas、fAddress 能够存储字符串。
（2）提交按钮后，四个缓存能够存储更新后的地址。

6.10.2 实践指导

在页面 JS 文件中，根据效果图显示需求，定义如下收货地址数据：

```
"showCity":false,
```

定义收货地址
录入页面数据

```
"fName":"张三",
"fPhone":"138×××××××××",
"fAreas":"浙江省杭州市",
"fAddress":"滨江区滨文路 470 号"
```

6.10.3 自我测试

（1）属性定义包含_____和_____。

（2）缓存是页面可以共享的数据。判断：_____。（对、错）

任务 6.11　我的自提页面数据定义

6.11.1 任务要求

按照如表 6-11 所示的我的自提页面模板和组件的数据名称，参照效果图展示需要，在页面 JS 文件中，定义页面数据结构和模拟数据。

表 6-11　我的自提页面数据

页面效果图	模板组件	属性名称、数据名称
	tab_view	tabDatas＝"{{mytabDatas}}" curTab＝"{{meType}}"
	tp_me_shouhuo	goods：me_zt img_yfh：'/images/icons/yfh.png'
	tp_zanwu	tip：'暂无自提商品' img：'/images/icons/ddzt.png'

验收标准如下。

（1）数据 mytabDatas 能够存储一维数组，元素内容为标签对象。

（2）数据 meType 能够存储当前标签序号。

（3）数据 me_zt 能够存储一维数组，元素内容为自提商品对象。

6.11.2 实践指导

1. 我的主题数据

表示存储我的主题数据标签对象的一维数组的代码如下：

```
mytabDatas: [
        { name: "快递" },
        { name: "送货" },
        { name: "自提" },
        { name: "评价" },
        { name: "收藏" }
    ],
meType:2
```

2. 快递订单数据

表示存储快递订单数据自提商品对象的一组数组的代码如下：

```
me_zt:[
        {
            "orderID": "a001",
            "店铺电话": "XXX",
            "下单时间": "XXX",
            "送货方式": "XXX",
            "合计金额": XXX,
            "商品列表": [
                {
                    "fID": "001",
                    "商品数量": "1",
                    "商品图片": "https://XXX",
                    "商品名称": "XXX",
                    "商品价格": "0.01"
                }
            ]
        }
    ]
```

定义我的自提
页面数据

6.11.3 自我测试

（1）数据 me_zt 是一个_____数组，表示存放多个_____的数组。
（2）在订单对象中，有三个属性，分别为_____、_____、_____。
（3）属性 shangpins 对应的数据是一个_____，其元素为_____。
（4）在商品对象中，共有三个属性，分别为_____、_____、_____。
（5）数据 zt_order 是一个一维对象数组，数组元素有_____个属性。

任务 6.12　自提码页面数据定义

6.12.1　任务要求

按照如表 6-12 所示的自提码页面模板和组件的数据名称，参照效果图展示需要，在页面 JS 文件中，定义页面数据结构和模拟数据。

验收标准如下。

（1）数据 zt_order 能够存储一个商品对象。
（2）理解二维码是由字符串转换而来即可，暂无须定义数据。

表 6-12　自提码页面数据定义

页面效果图	模板组件	属性名称、数据名称
	tp_ztm	zt_order:zt_order img:'/images/icons/dw.png'
		字符串转为二维码绘制，提供需要转换的字符串即可，如"测试"

6.12.2　实践指导

1. 自提订单对象数据

表示存储自提订单商品对象的代码如下：

```
zt_order: [
    {
        "商品名称": XXX,
        "取货地址": XXX,
        "商品图片": XXX,
        "商品梳理": XXX,
        "店主电话": XXX
    }
]
```

2. 二维码测试数据

利用静态字符串信息，转换为二维码进行测试。无须定义二维码数据。

6.12.3　自我测试

（1）对象可以由若干_____组成。
（2）对象不可以作为列表的元素。判断：_____。（对、错）

定义自提码
页面数据

任务 6.13　我的快递页面数据定义

6.13.1　任务要求

按照如表 6-13 所示的我的快递页面模板和组件的数据名称，参照效果图展示需要，在页面 JS 文件中,定义页面数据结构和模拟数据。

表 6-13 我的快递页面数据

页面效果图	模板组件	属性名称、数据名称
	tab_view	tabDatas="{{mytabDatas}}" curTab="{{meType}}"
	tp_me_shouhuo	goods:me_kd img_yfh:'/images/icons/yfh.png'
	tp_zanwu	tip:'暂无快递商品' img:'/images/icons/wkd.png'

验收标准如下。

(1) 数据 mytabDatas 能够存储一维数组,元素内容为标签对象。

(2) 数据 meType 能够存储当前标签序号。

(3) 数据 me_kd 能够存储一维数组,元素内容为自提商品对象。

6.13.2 实践指导

1. 我的主题数据

表示存储我的主题数据标签对象的一维数组的代码如下:

```
mytabDatas:[
        { name:"快递" },
        { name:"送货" },
        { name:"自提" },
        { name:"评价" },
        { name:"收藏" }
    ],
meType:0
```

2. 快递订单数据

表示存储快递订单数据标签对象的一维数组的代码如下:

```
me_kd:[
        {
            "orderID":"a001",
            "店铺电话":"XXX",
```

```
"下单时间": "XXX",
"送货方式": "XXX",
"合计金额": XXX,
"商品列表": [
    {
        "fID": "001",
        "商品数量": "1",
        "商品图片": "https://XXX",
        "商品名称": "XXX",
        "商品价格": "0.01"
    }
]
}
]
```

定义我的快递
页面数据

6.13.3 自我测试

(1) 列表不能作为对象的元素。判断：_____。（对、错）

(2) 列表和属性不能同属于一个对象的元素。判断：_____。（对、错）

任务 6.14 物流查询页面数据定义

6.14.1 任务要求

按照如表 6-14 所示的物流查询页面模板和组件的数据名称，参照效果图展示需要，在页面 JS 文件中，定义页面数据结构和模拟数据。

表 6-14 物流查询页面数据

页面效果图	模板组件	属性名称、数据名称
	tp_wl	wl_list：wl_list

验收标准如下。

数据 wl_list 能够存储一维对象数组,元素内容为物流进度记录。

6.14.2 实践指导

表示物流进度数据标签对象的一维数组的代码如下:

```
wl_list: [
    {
      "时间": "2021-07-23 07:57:25",
      "状态": XXXXXXX
    },
    {
      "时间": "2021-07-23 10:22:30",
      "状态": XXXXXXX
    }
]
```

定义物流查询
页面数据

6.14.3 自我测试

（1）数据 me_kd 是一个_____数组。

（2）数据 me_kd 可以存放多个_____,每个对象有_____个属性。

（3）数据 wl_list 是表示存放_____对象的一维数组。

（4）数据 wl_list 中对象有两个属性,分别为_____、_____。

（5）数据 me_zt 能够存储_____维数组,元素内容为自提商品对象。

任务 6.15　我的已收订单页面数据定义

6.15.1　任务要求

按照如表 6-15 所示的我的已收订单页面模板和组件的数据名称,参照效果图展示需要,在页面 JS 文件中,定义页面数据结构和模拟数据。

表 6-15　我的已收订单页面数据

页面效果图	模板组件	属性名称、数据名称
	tab_view	tabDatas="{{mytabDatas}}" curTab="{{meType}}"
	tp_pj	me_pj:me_pj img_yiti:'/images/icons/yiti.png' img_ypj:'/images/icons/ypj.png'
	tp_zanwu	tip:'暂无已收商品' img:'/images/icons/ly.png'

验收标准如下。

（1）数据 mytabDatas 能够存储一维数组，元素内容为标签对象。

（2）数据 meType 能够存储当前标签序号。

（3）数据 me_pj 能够存储一维数组，元素内容为商品评价记录对象。

6.15.2 实践指导

1. 我的主题数据

存储我的主题数据标签对象的一维数组的代码如下：

```
mytabDatas:[
        {name:"快递"},
        {name:"送货"},
        {name:"自提"},
        {name:"评价"},
        {name:"收藏"}
    ],
meType:3
```

2. 快递订单数据

存储快递订单数据标签对象的一维数组的代码如下：

```
me_pj:[
        {
            "orderID":"a001",
            "店铺电话":"XXX",
            "下单时间":"XXXX",
            "送货方式":"XXX",
            "合计金额":0.01,
            "商品列表":[
                {
                    "fID":"001",
                    "商品数量":"1",
                    "商品图片":"https://XXX",
                    "商品名称":"XXX",
                    "商品价格":"XXX"
                }
            ]
        }
]
```

定义我的已收货
订单页面数据

6.15.3 自我测试

（1）数据的名称在_____阶段就已定义完成。

（2）数值型数据不需要引号标注。判断：_____。（错，对）

任务 6.16　评价录入页面数据定义

6.16.1　任务要求

按照如表 6-16 所示的评价录入页面模板和组件的数据名称,参照效果图展示需要,在页面 JS 文件中,定义页面数据结构和模拟数据。

表 6-16　评价录入页面数据

页面效果图	组件	属性名称、数据名称
	pj_view	item="{{item}}"

验收标准如下。

数据 item 能够存储商品购买信息对象。

6.16.2　实践指导

存储评价录入页面数据商品购买信息对象的代码如下:

```
item: {
    "商品名称": "XXX",
    "商品图片": "https://XXX",
    "支付时间": "XXX"
}
```

定义评价录入
页面数据

6.16.3　自我测试

(1) 在 JavaScript 中,对象是通过_____来创建的。

(2) 在 JavaScript 中,要访问对象的属性,需要使用_____操作符。

(3) 如果你想将一个变量添加到对象的属性中,你需要使用_____操作符。

(4) 在 JavaScript 中,如果要访问一个对象的内部属性或方法,可以使用_____操作符。

(5) 如果你想在对象中存储一个函数作为属性,你需要使用_____关键字。

技能提炼

1. 定义属性

1) 作用

描述某一个特定的属性或状态。

2) 格式

属性名:属性值

3) 练习

(1) 描述一个同学的姓名(属性值自拟)。

(2) 描述一个同学的年龄(属性值自拟)。

(3) 描述一个同学的照片(属性值自拟,思考:照片的属性值应该是什么类型?)。

(4) 描述考试结果是否需要补考(提示:是否需要补考的属性值是一个二选一的状态值)。

2. 定义对象

1) 作用

描述某一个具体的事物或对象的多方面属性。

2) 格式

对象名:
{
属性1:属性1值,
属性2:属性2值,
...
}

3) 练习

(1) 描述一个具体的同学(要求描述以下属性:姓名、年龄、身高、照片,属性值自拟)。

(2) 描述一个型号的笔记本电脑(要求描述以下属性:照片、显卡、内存、硬盘,属性值自拟)。

(3) 描述一个交易记录(要求描述以下属性:买家姓名、卖家姓名、商品名称、商品数量、商品单价、商品照片、自提选项"是、否",除了自提选项外,其他属性值自拟)。

3. 定义一维数组

1) 作用

根据页面数据滚动显示方式,在页面中标识画板类型,提高后期开发效率。

2) 格式

数组名:
[
　{
　　属性1:属性1值,
　　属性2:属性2值
　},

```
    {
        属性 1:属性 1 值,
        属性 2:属性 2 值
    }
]
```

3) 练习

(1) 描述一个由五位同学组成的小组(要求描述每个同学的以下属性:姓名、年龄、身高、照片,属性值自拟)。

(2) 描述由三条交易记录组成的一个订单(要求描述每条交易记录的以下属性:买家姓名、卖家姓名、商品名称、商品数量、商品单价、商品照片、自提选项"是、否",除了自提选项外,其他属性值自拟)。

4. 定义二维数组

1) 作用

描述多组事物或对象组成的单位(如班级是由小组组成),即对事物或对象进行分组管理。

2) 格式

```
数组名:
[
    [
        {
            属性 1:属性 1 值,
            属性 2:属性 2 值
        },
        {
            属性 1:属性 1 值,
            属性 2:属性 2 值
        },
        {
            属性 1:属性 1 值,
            属性 2:属性 2 值
        }
    ],
    [
        {
            属性 1:属性 1 值,
            属性 2:属性 2 值
        },
        {
            属性 1:属性 1 值,
            属性 2:属性 2 值
        }
    ]
]
```

3) 练习

(1) 描述由三个小组组成的一个班级,其中每个小组由三位同学组成(要求描述每个同学的以下属性:姓名、年龄、身高、照片,属性值自拟)。

(2) 描述由三个订单组成的一个月销售表,其中第一个订单由两条交易记录组成,第二个订单由一条交易记录组成,第三个订单由三条交易记录组成(要求描述每个交易记录的以下属性:买家姓名、卖家姓名、商品名称、商品数量、商品单价、商品照片、自提选项"是、否",除了自提选项外,其他属性值自拟)。

5. 定义复合型元素数组

1) 作用

描述一组事物或对象,但每个对象或事物本身都是一个复合型结构(即每个对象由对象属性+对象成员组成)。

2) 格式

数组名:
[
  {
   对象属性1:对象属性1值,
   对象属性2:对象属性2值,
   对象成员:
   [
    {
     成员属性1:成员属性值1,
     成员属性2:成员属性值2
    },
    {
     成员属性1:成员属性值1,
     成员属性2:成员属性值2
    }
   ]
  },
  {
   属性1:对象属性1值,
   对象属性2:对象属性2值,
   对象成员:
   [
    {
     成员属性1:成员属性值1,
     成员属性2:成员属性值2
    },
    {
     成员属性1:成员属性值1,
     成员属性2:成员属性值2
    }
   ]
  }
  ...
]

3) 练习

(1) 描述由三个小组组成的一个班级,其中每个小组由三位同学组成(要求描述每个小组的小组人数属性、平均年龄属性,以及描述各组同学的以下属性:姓名、年龄、身高、照片,属性值自拟)。

(2) 描述由三个订单组成的一个月销售表,其中每订单由两条交易记录组成(要求描述每个订单的交易时间和交易总金额，以及各订单交易记录的以下属性：买家姓名、卖家姓名、商品名称、商品数量、商品单价、商品照片、自提选项"是、否"，除了自提选项外，其他属性值自拟）。

6. 缓存的存取

1）作用

缓存是项目范围内容共享信息的存储方式。

2）格式

缓存存储信息：`wx.setStorageSync('缓存名称', '需要存储的信息');`
缓存读取信息：`wx.getStorageSync('缓存名称')`

3）练习

（1）为项目定义一个用户姓名的缓存变量（变量值自拟）。

（2）将缓存信息取出并打印到控制台。

课后习题

1. 在 JavaScript 中，使用（   ）关键字来声明一个布尔值。
   A. bool　　　　　　B. boolean　　　　C. boolen　　　　　D. booleanan

2. 定义一个空数组时，应使用的语法是（   ）。
   A. var arr = [];　　　　　　　　　　B. var arr = new Array();
   C. var arr = null;　　　　　　　　　D. var arr = undefined;

3. 创建一个空对象时，应使用的语法是（   ）。
   A. var obj = new Object();　　　　　B. var obj = {};
   C. var obj = new {};　　　　　　　　D. var obj = new Object();

4. 下列选项中正确定义了一个字符串的是（   ）。
   A. var str = "Hello";　　　　　　　　B. var str = ("Hello");
   C. var str = ("Hello",);　　　　　　D. var str = new String("Hello");

5. 用于声明常量的关键字是（   ）。
   A. Const　　　　　B. let　　　　　　C. Var　　　　　　D. function

6. 下面代表数字类型的数据是（   ）。
   A. 10　　　　　　　B. "10"　　　　　　C. true　　　　　　D. null

7. 定义函数时使用的关键字是（   ）。
   A. function　　　　B. Const　　　　　C. let　　　　　　D. var

8. 用于声明类的关键字是（   ）。
   A. class　　　　　　B. const　　　　　C. let　　　　　　D. var

9. 下列选项中不是 JavaScript 中的基本数据类型的是（   ）。
   A. String　　　　　B. Number　　　　　C. Array　　　　　D. Object

10. 在 JavaScript 中，可通过（   ）定义一个空的字符串数据类型。
    A. var str = "";　　　　　　　　　　B. var str = null;
    C. var str = undefined;　　　　　　D. var str = NaN;

11. 在 JavaScript 中，定义一个数组数据类型的是（   ）。
    A. var arr = [];　　　　　　　　　　B. var arr = {};

C. var arr = null;   D. var arr = undefined;

12. 在 JavaScript 中,下列关键字中用于声明变量的是(　　)。
    A. var   B. let   C. const   D. function
13. 在 JavaScript 中,下列函数中用于将字符串转换为数字的是(　　)。
    A. parseInt()   B. parseFloat()   C. toString()   D. valueOf()
14. 在 JavaScript 中,用于创建数组的正确语法的是(　　)。
    A. let arr = [1,2,3];   B. let arr = new Array(1,2,3);
    C. let arr = new Array(3);   D. let arr = Array(1,2,3);
15. 在 JavaScript 中,用于声明一个名为"name"的变量,并将其初始化为字符串"John"的是(　　)。
    A. let name = "John";   B. var name = "John";
    C. const name = "John";   D. function name() { return "John"; }

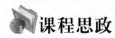

课程思政

1. 坚持诚信原则

在定义模拟数据的过程中,要引导学生坚持诚信原则,保障数据的真实性、保密性和安全性。要认识到,无论是数据定义过程还是数据使用过程,都需要遵守相应的规范和标准,同时还需要关注数据的伦理和道德问题。通过实践,养成诚信的思想和行为习惯,培养高尚的思想道德素质。

2. 培养创新能力

在定义模拟数据的过程中,除了关注数据的真实性和可信度,也需要注重数据的多样性和创新性。要在学习和研究相关技术和方法的过程中,掌握创新思维和创新方法,从而提高创新能力。同时,还要关注数据的应用价值,通过实践来探索和发掘数据的内在价值和潜力。

3. 加强团队合作

在定义模拟数据的过程中,需要与不同领域和行业的专家进行多方协作,将各方的资源整合起来,实现数据定义过程的高效和精准。在这一过程中,需要注重团队精神和协作意识的培养。要合理分组,开展协作实践,提高协作能力和团队合作精神,从而促进思想道德素质的全面发展。

4. 关注社会责任

在定义模拟数据的过程中,要引导学生关注社会责任和社会效益,关注数据的应用效果和社会价值。此外,还需要关注国家和社会的发展需求,探索数据应用的新领域和新方法,培养社会责任感和创新意识。要认识到,数据应该用于促进人类的福祉和社会进步,而不是只为个人或小部分人谋取利益。

5. 思考

(1) 如何在互联网时代更好地保护个人隐私和信息安全?

(2) 科技的发展对环境和人类生存造成了哪些影响?如何在进行科技创新时注重环保和可持续发展?

(3) 在团队合作中,如何解决不同角色的矛盾,平衡个人和团队的利益,提升团队协作效能?

(4) 如何正确处理个人数据的使用和共享,保障数据的真实性、合法性和隐私安全?

(5) 如何通过科技创新和社会责任,促进经济的发展和社会的进步,最大限度地造福人类?

单元 7

定制模板和组件

　　定制模板和组件,是指根据信息展示的需要或者交互功能的需要,预先开发一些能够被作为独立单元直接组装的模块,简化项目后期开发。定制组件或模板的主要作用,是能够将给定数据按照预先设计好的布局格式进行展示,同时能够向调用者提供交互动作接口,以便调用者进行业务逻辑功能的扩展。

思维导图

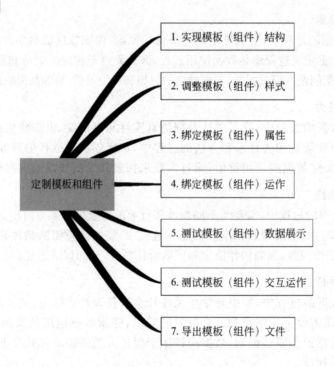

知识目标
- 掌握模板和组件的区别;
- 掌握模板结构特征;
- 掌握组件结构特征;
- 掌握模板的测试要点;
- 掌握组件的测试要点。

能力目标
- 能够定义模板名称;
- 能够定义模板大小;

- 能够定义模板属性；
- 能够定义模板动作；
- 能够定义组件名称；
- 能够定义组件大小；
- 能够定义组件属性；
- 能够定义组件动作。

任务 7.1　定制模板和组件的准备工作

7.1.1　任务要求

搭建定制模板和组件的程序框架，做好定制模板和组件的前期准备。
验收标准如下。
模板和组件项目无报错。

7.1.2　实践指导

定制模板和组件的准备工作步骤如下。
(1) 复制已有的项目源码(已完成的页面框架和页面数据定义)。
(2) 复制粘贴项目文件夹(图 7-1)。
(3) 测试模板组件项目。

图 7-1　项目文件夹

定制模板组件准备

7.1.3　自我测试

判断题
(1) 模板制作项目所用的工程文件可以借用原有项目的工程文件。　　　　(　　)
(2) 复制模板和组件的相关文件夹，目的是便于管理模板和组件。　　　　(　　)
(3) 模板文件只能放置在固定文件夹中。　　　　　　　　　　　　　　　(　　)
(4) 不同模板可以写在同一个模板文件中。　　　　　　　　　　　　　　(　　)
(5) 不同组件可以写在同一个组件文件中。　　　　　　　　　　　　　　(　　)

任务 7.2　定制轮播模板

7.2.1　任务要求

定制轮播模板(模板 tp_lb)，要求模板能够显示表 7-1 给定的数据，并实现规划的交互动作。

表 7-1 轮播模板数据表

模板名称	属性名称、数据名称	交互动作名称、返回字段名称
tp_lb	lbimgs:lbimgs lbindex:lbindex	changeLBindex:function(e) e.detail.current

如图 7-2 所示为轮播模板的效果图,即在正常显示表 7-2 中的数据时,所呈现出来的效果。

图 7-2 轮播模板效果图

验收标准如下。
(1) 能够显示多张图片。
(2) 可通过左右滑动切换图片。
(3) 通过左右滑动输出序号。
(4) 轮播大小由父画板大小决定。
(5) 模板测试无报错。

7.2.2 实践指导

在模板文件 tp.wxml 中,定义一个名称为 tp_lb 的模板,在这个模板中嵌入名称为 tp_lb 的画板。

在 tp_lb 画板中,嵌入 swiper 组件和名称为 tp_dots 的画板。其中,swiper 组件用于展示轮播的图片,同时,为该组件绑定一个动作 changeLBindex,作为图片切换后续动作定义入口。在 tp_dots 画板内部,通过定义样式选择判断结构,实现轮播图片标记点的实时更新。最后,根据轮播模板展示效果图的需要,在 tp.wxss 文件中定义所相关样式。

1. 模板引用方法

输入模板数据:

```
<template is="tp_lb"
data="{{lbimgs:lbimgs,lbindex:lbindex}}"></template>
```

模板 tp_lb 的引用要点如下。
(1) 属性 lbimgs 表示多张图片对象的数组。
(2) 属性 lbindex 表示默认当前轮播图片序号。

2. 模板结构样式
(1) 模板结构字段规划如下:

```
<template name="tp_lb">
  <view class="tp_lb">
    <swiper indicator-dots="{{false}}" autoplay="{{false}}" interval="{{2000}}" duration="{{500}}" circular="true
```

```
          bindchange="changeLBindex">
          <block wx:for="{{lbimgs}}" wx:key="fID">
            <swiper-item>
              <image src="{{item.fImg}}"></image>
            </swiper-item>
          </block>
        </swiper>
        <view class="tp_dots">
          <block wx:for="{{lbimgs}}" wx:key="fImg">
            <view class="tp_dot {{index ==lbindex ? 'tp_active' : ''}}">
              <text style="opacity:0;">{{item.fImg}}</text>
            </view>
          </block>
        </view>
      </view>
</template>
```

(2) 模板样式字段规划如下：

```
swiper,
swiper image {
  width: 100%;
  height: 100%;
}
.tp_lb{
  width: 100%;
  height: 100%;
  position: relative;
}
.tp_dots {
  /*以新坐标系为基准*/
  position: absolute;
  left: 0;
  right: 0;
  bottom: 40rpx;
  height: 14rpx;
  /*调整子元素位置*/
  display: flex;
  justify-content: center;
}
.tp_dot {
  width: 24rpx;
  height: 14rpx;
  background-color: #fff;
  /*点之间有距离*/
  margin: 0 8rpx;
  transition: all 0.6s;
  border-radius: 8rpx;
}
/*准备工作,选中时样式*/
```

定制图片轮播模板

```
.tp_active {
  background-color: #f80;
}
```

7.2.3 自我测试

1. 判断题

（1）定制模板时，模板的名称就是 name 的属性值。（　　）
（2）定制模板时，可以实现模板的大小和模板的容器画板一样大。（　　）
（3）定制模板时，属性 autoPlay 是指图片是否自动播放。（　　）
（4）定制模板时，属性 wx:for 用于指定要播放的图片对象数组。（　　）
（5）定制模板时，属性 wx:key 用于提供图片对应一个唯一性字段名。（　　）
（6）展示图片时，需要用到 image 标签。（　　）
（7）属性 circular 用于指定轮播中图片是否循环播放。（　　）
（8）轮播中图片大小无法调整。（　　）
（9）position:relative;用于建立一个绝对坐标系。（　　）
（10）position:absolute;在定位时，参考点一定是手机屏幕左上角点。（　　）
（11）属性 indicator-dots 可以控制轮播自带标记点的显示与隐藏。（　　）

2. 填空题

（1）写出轮播模板的嵌入语法格式_____。
（2）轮播模板通过_____组件来实现轮播效果。
（3）字段 e.detail.current 的作用是_____，通过设置该字段所能达到的效果是_____。
（4）在_____中设定的 changeLBindex 事件，触发方式是_____。
（5）数据 lbindex 表示_____。

任务 7.3　定制列表商品列表模板

7.3.1 任务要求

定制列表商品列表模板，要求模板能够显示表 7-2 中给定的数据，并实现规划的交互动作。

表 7-2　列表商品列表模板数据表

模板名称	属性名称、数据名称	交互动作名称、返回字段名称
tp_rc	goods:goods img:'/images/icons/gwc.png'	goDetail:function(e) e.currentTarget.dataset.pageindex e.currentTarget.dataset.index

当列表商品列表模板正确显示表 7-2 中的数据时，其效果如图 7-3 所示。
验收标准如下。
（1）能够显示多个商品摘要。
（2）可通过点击商品输出组号和序号。
（3）模板宽度和父画板相同，高度由商品的多少决定。

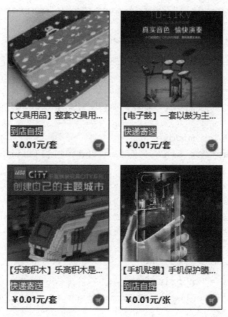

图 7-3　tp_rc 模板效果

(4) 模板每个商品的尺寸都限定在 330rpx×500rpx 尺寸范围内。
(5) 通过上下滚动,展示多个商品。
(6) 模板测试无报错。

7.3.2　实践指导

在模板文件 tp.wxml 中,定义一个名称为 tp_rc 的模板,在这个模板中嵌入名称为 tp_rowwrap 的画板。

在 tp_rowwrap 画板中,嵌入双循环结构,循环数据分别为 goods 和 page,其中 goods 表示一个二维数组,pages 表示每组中的商品。在内循环中,定义名称为 tp_item 的画板,这个画板用于定义每个商品展示所需的标签,如图片标签、文本标签等。为了能够实现交互,需要在 tp_item 画板中绑定交互动作,根据规划,这个动作可以定义为 goDetail。

1. 模板引用方法

输入模板数据:

```
<template is="tp_rc"
data="{{goods:goods,img:'/images/icons/gwc.png'}}"></template>
```

模板 tp_rc 的引用要点如下。
(1) 属性 goods 表示商品对象数组。
(2) 属性 img 表示购物车小图标路径。

2. 模板结构样式

(1) 模板结构字段规划如下:

```
<template name="tp_rc">
  <view class="tp_rowwrap">
```

```
            <block wx:for="{{goods}}" wx:for-item="page" wx:for-index="pageindex" wx:key
="pageindex">
                <block wx:for="{{page}}" wx:key="fID">
                    <view class="tp_item" bindtap="goDetail" data-pageindex="{{pageindex}}"
data-index="{{index}}">
                        <view class="tp_top">
                            <image src="{{item.fImg}}" mode="aspectFill"></image>
                        </view>
                        <view class="tp_middle">
                            <text class="tp_slh">[{{item.fName}}]{{item.fDescription}}</text>
                        </view>
                        <view class="tp_middle">
                            <text class="tp_kd" wx:if="{{item.fKuaidi=='true'}}">快递寄送</text>
                            <text class="tp_sh" wx:if="{{item.fSonghuo=='true'}}">送货上门</text>
                            <text class="tp_zt" wx:if="{{item.fZiti=='true'}}">到店自提</text>
                        </view>
                        <view class="tp_bottom">
                            <view class="tp_price">
                                <text>¥{{wxsFile.priceFormat(item.fPrice)}}元/{{item.fUnit}}</text>
                            </view>
                            <view class="tp_gwc">
                                <image src="{{img}}"></image>
                            </view>
                        </view>
                    </view>
                </block>
            </block>
        </view>
</template>
```

(2) 模板样式字段规划如下：

```
.tp_rowwrap {
    width: 100%;
    /* height: 400rpx; */

    padding-top: 20rpx;
    /*规则(子元素):*/
    display: flex;
    flex-flow: row wrap;
    justify-content: space-between;
    /*字体*/
    font-size: 26rpx;
}

.tp_item {
    width: 330rpx;
    /* height: 150rpx; */
    /*阴影*/
    box-shadow: 2px 2px 2px #888888;
    /*   */
    margin-bottom: 40rpx;
}
```

```css
.tp_top {
    width: 330rpx;
    height: 300rpx;
}

.tp_top image {
    width: 100%;
    height: 100%;
}

.tp_middle {
    width: 330rpx;
    height: 50rpx;

    /*  */
    display: flex;
    flex-direction: row;
    justify-content: flex-start;
    align-items: center;
}

.tp_kd {
    color: white;
    background-color: red;
    margin-left: 15rpx;
}

.tp_sh {
    color: white;
    background-color: rgb(12, 207, 54);
    margin-left: 15rpx;
}

.tp_zt {
    color: white;
    background-color: rgb(0, 17, 255);
    margin-left: 15rpx;
}

.tp_bottom {
    width: 90%;
    height: 50rpx;
    /*调整内容向里边移动 */
    padding-left: 5%;
    padding-right: 5%;
    margin-bottom: 20rpx;
    /*规则 */
    display: flex;
    flex-direction: row;
    justify-content: space-between;
```

```
        align-items: flex-start;
    }

    .tp_price {
        width: 250rpx;
        height: 50rpx;
        font-weight: bold;
    }

    .tp_gwc {
        width: 40rpx;
        height: 40rpx;
    }

    .tp_gwc image {
        width: 100%;
        height: 100%;
    }
```

定制列表商品
列表模板

7.3.3 自我测试

（1）模板 tp_rc 的宽度和父画板_____，高度由_____决定。

（2）模板 tp_rc 中，每个商品尺寸限定在_____尺寸范围内。

（3）通过_____标签定义商品列表模板。

（4）在模板 tp_rc 中，可使用_____、_____等指令来控制数据的渲染和展示。

（5）在属性 fKuaidi、fSonghuo、fZiti 中，如果 fKuaidi 值为 true，那么 fSonghuo、fZiti 的值分别为_____、_____。

任务 7.4　定制分类商品列表模板

7.4.1 任务要求

定制分类商品列表模板，要求模板能够显示表 7-3 中给定的数据，并实现规划的交互动作。

表 7-3　分类商品列表模板数据表

模板名称	属性名称、数据名称	交互动作名称、返回字段名称
tp_col	goods：goods img：'/images/icons/gwc.png'	goDetail：function(e) e.currentTarget.dataset.index

当分类商品列表模板正确显示表 7-3 中的数据时，其效果如图 7-4 所示。

验收标准如下。

（1）能够显示多个商品摘要。

（2）可通过点击商品摘要输出商品序号。

（3）模板宽度和父画板相同，模板高度由商品的多少决定。

（4）每个商品的宽度都和父画板相同，高度限定在 240rpx。

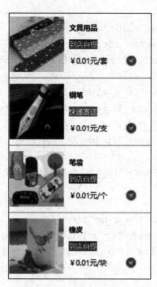

图 7-4 tp_col 模板效果

(5) 列表可上下滚动以查看其他商品摘要。
(6) 模板测试无报错。

7.4.2 实践指导

在模板文件 tp.wxml 文件中,定义一个名称为 tp_col 的模板,在这个模板中嵌入名称为 tp_col 的画板。

在 tp_col 画板中,嵌入循环结构,循环数据为 goods,goods 表示一个二维数组。在循环中,定义一个名称为 tp_good 的画板,这个画板用于定义每个商品展示所需的标签,如图片标签、文本标签等。为了能够实现交互,需要在画板 tp_good 中绑定交互动作,根据规划,这个动作可以定义为 goDetail。

1. 模板引用方法

输入模板数据:

```
<template is="tp_col"
data="{{goods:goods,img:'/images/icons/gwc.png'}}"></template>
```

模板 tp_col 的引用要点如下。
(1) 属性 goods 表示商品对象数组。
(2) 属性 img 表示购物车小图标路径。

2. 模板结构样式

(1) 模板结构字段规划如下:

```
<template name="tp_col">
  <view class='tp_col'>
    <block wx:for="{{goods}}" wx:key="fID">
      <view class="tp_good" bindtap="goDetail" data-index="{{index}}">
        <view class="tp_left">
          <image src="{{item.fImg}}"></image>
```

```
            </view>
            <view class="tp_right">
                <view class="tp_r_top">
                    <text class="tp_slh">{{item.fName}}</text>
                </view>
                <view class="tp_r_middle">
                    <text class="tp_ps_kd" wx:if="{{item.fKuaidi=='true'}}">快递寄送</text>
                    <text class="tp_ps_sh" wx:if="{{item.fSonghuo=='true'}}">送货上门</text>
                    <text class="tp_ps_zt" wx:if="{{item.fZiti=='true'}}">到店自提</text>
                </view>
                <view class="tp_r_bottom">
                    <view class="tp_r_bottom_fPrice">
                        <text>¥ {{wxsFile.priceFormat(item.fPrice)}}元/{{item.fUnit}}</text>
                    </view>
                    <view class="tp_r_bottom_gwc">
                        <image src="{{img}}"></image>
                    </view>
                </view>
            </view>
        </view>
    </block>
  </view>
</template>
```

(2) 模板样式字段规划如下：

```
.tp_good{
   width: 100%;
   height: 240rpx;
   border-bottom: 4rpx # ccc solid;
   display: flex;
   flex-direction: row;
   justify-content: center;
   align-items: center;
}

.tp_good .tp_left{
   width: 200rpx;
   height: 200rpx;
}

.tp_good .tp_left image{
   width: 100%;
   height: 100%;
}

.tp_good .tp_right{
   width: 310rpx;
   height: 200rpx;
```

```css
    padding-left: 20rpx;
}

.tp_r_top{
    width: 250rpx;
    height: 40%;
    /*  */
    display: flex;
    flex-direction: row;
    justify-content: flex-start;
    align-items: center;
    font-weight: bold;
}

.tp_r_middle{
    width: 250rpx;
    height: 20%;
    /*  */
    display: flex;
    flex-direction: row;
    justify-content: flex-start;
    align-items: center;
    color:white;
}

/*配送标识*/
.tp_ps_kd{
    background-color: red;
}

.tp_ps_sh{
    background-color: rgb(12,207,54);
}

.tp_ps_zt{
    background-color: rgb(0,17,255);
}

.tp_r_bottom{
    width: 250rpx;
    height: 40%;
    display: flex;
    flex-direction: row;
    justify-content: center;
    align-items: center;
}

.tp_r_bottom_fPrice{
    width: 70%;
    height: 100%;
    /*  */
    display: flex;
```

```
    flex-direction: row;
    justify-content: flex-start;
    align-items: center;
}

.tp_r_bottom_gwc {
    width: 30%;
    height: 100%;
    /*  */
    display: flex;
    flex-direction: row;
    justify-content: flex-end;
    align-items: center;
}

.tp_r_bottom_gwc image {
    width: 40rpx;
    height: 40rpx;
}
```

定制分类商品
列表模板

7.4.3 自我测试

(1) 每个商品的宽度都和父画板相同,高度限定在_____。

(2) 使用属性_____将准备好的商品信息数据绑定到模板中,再通过_____来循环渲染商品列表。

(3) 使用_____指定当前循环项的变量名,这个变量名可在_____使用。

(4) 每个商品卡片是通过_____二维对象数组定义。

(5) 在 class 为 good 的_____标签中定义事件 goDetail。

任务 7.5　定制暂无提示模板

7.5.1 任务要求

定制暂无提示模板,要求模板能够显示表 7-4 中给定的数据。

表 7-4　暂无提示模板数据表

模板名称	属性名称、数据名称	交互动作名称、返回字段名称
tp_zanwu	tip:'暂无该类商品' img:'/images/icons/zwsp.png'	无交互操作

当暂无提示模板正确显示表 7-4 中的数据时,其效果如图 7-5 所示。

验收标准如下。

(1) 能够显示暂无提示图标和暂无提示文本。

(2) 模板的宽和高和父画板一样。

(3) 图标位于置距父画板高度 20% 位置处,左右居中。

(4) 模板测试无报错。

图 7-5　暂无提示图标

7.5.2 实践指导

在模板文件 tp.wxml 中，定义一个名称为 tp_zanwu 的模板，在这个模板中嵌入名称为 tp_zanwu 的画板。

在 tp_zanwu 画板中嵌入图片标签和文本标签，图片标签绑定 img 变量，文本标签绑定 tip 变量。此模板为展示型模板，无交互操作。

1. 模板引用方法

输入模板数据：

```
<template is='tp_zanwu'
data="{{tip:'暂无该类商品',img:'/images/icons/zwsp.png'}}"></template>
```

模板 tp_zanwu 的引用要点如下。
（1）属性 img 表示提示信息图标的路径和文件名。
（2）属性 tip 表示提示信息的文本内容。

2. 模板结构样式

（1）模板结构字段规划如下：

```
<template name="tp_zanwu">
    <view class="tp_zanwu">
        <view class="tp_wu_top"></view>
        <view class="tp_wu">
            <image src="{{img}}"></image>
            <text>{{tip}}</text>
        </view>
    </view>
</template>
```

（2）模板样式字段规划如下：

```
/*暂无*/
.tp_zanwu {
    width: 100%;
    height: 100%;
}

.tp_wu_top {
    height: 20%;
}

.tp_wu {
    color: #acacac;
    font-size: 26rpx;
    display: flex;
    flex-direction: column;
    justify-content: center;
    align-items: center;
}

.tp_wu image {
```

```
    width: 100rpx;
    height: 100rpx;
}
```

7.5.3 自我测试

（1）模板 tp_zanwu 的宽度与父画板宽度的关系为_____。
（2）模板 tp_zanwu 的模板高度与父画板高度的关系为_____。
（3）图标位置距父画板高度_____位置处，位置为_____。
（4）在标签 template 中，is 表示_____。
（5）在模板 tp_zanwu 的数据 data 中，属性 img 表示_____，属性 tip 表示_____。

定制暂无提示模板

任务 7.6　定制详情摘要模板

7.6.1　任务要求

定制详情摘要模板，要求模板能够显示表 7-5 中给定的数据，并实现规划的交互动作。

表 7-5　详情摘要模板数据表

模板名称	属性名称、数据名称	交互动作名称、返回字段名称
tp_zhaiyao	item:item img:'/images/icons/zf.png'	onShareAppMessage console.log(this.data.item);

当详情摘要模板正确显示表 7-5 中的数据时，其效果如图 7-6 所示。

图 7-6　摘要模板效果图

验收标准如下。
（1）显示商品名称、简介、普通价格、VIP 价格、规划单位和分享图标。
（2）通过点击分享图标弹出分享窗体。
（3）宽度和父画板一样宽，高度由内容多少决定。
（4）模板测试无报错。

7.6.2　实践指导

在模板文件 tp.wxml 中，定义一个名称为 tp_zhaiyao 的模板，在这个模板中嵌入名称为 tp_zhaiyao 的画板。

在 tp_zhaiyao 画板中，根据摘要展示信息需求，合理划分画板，并进行布局。在相应的子画板中，分别嵌入商品名称的文本标签、商品图片标签、商品描述的文本标签、普通会员价格的文本标签、VIP 会员的文本标签。此模板的交互动作是商品分享操作，因此需要在这个模板中添加一个分享按钮。

1. 模板引用方法

输入模板数据：

```
<template is='tp_zhaiyao'
data="{{item:item,img:'/images/icons/zf.png'}}"></template>
```

模板 tp_zhaiyao 的引用要点如下。

（1）属性 img 表示商品转发按钮的图标路径和文件名。

（2）数据 item 表示商品摘要对象。

```
{
  "fID": "001",
    "fName": "笔袋",
    "fDescription": "笔袋可以用来装笔或其他小型文具",
    "fImg": "https://XXXXXXXX",
    "fOldPrice": "23.25",
    "fPrice": "0.01",
  "fUnit": "个",
    "fKuaidi": "false",
    "fSonghuo": "false",
    "fZiti": "true"
}
```

2. 模板结构样式

（1）模板结构字段规划如下：

```
<template name="tp_zhaiyao">
  <view class="tp_zhaiyao">
    <view class="tp_m-top">
      <view class="tp_fName">
        <text>{{item.fName}}</text>
      </view>
      <view class="tp_share">
        <button open-type="share" class="tp_pos_share"></button>
        <image src="{{img}}"></image>
      </view>
    </view>
    <view class="tp_m-middle">
      <view class="tp_fDescription">
        <text>{{item.fDescription}}</text>
      </view>
    </view>
    <view class="tp_m-bottom">
      <view class="tp_fOldPrice">
        <text>普通会员￥{{item.fOldPrice}}元/{{item.fUnit}}</text>
      </view>
      <view class="tp_fPrice">
        <text>VIP会员￥{{item.fPrice}}元/{{item.fUnit}}</text>
      </view>
    </view>
  </view>
</view>
```

```
</template>
```

(2) 模板样式字段规划如下：

```css
.tp_zhaiyao {
  width: 100%;
}

.tp_m-top {
  width: 710rpx;
  height: 80rpx;
  display: flex;
  flex-direction: row;
  justify-content: space-between;
  align-items: center;
}

.tp_fName {
  width: 60%;
  height: 100%;
  font-size: 34rpx;
  font-weight: bold;
  /*  */
  font-size: 34rpx;
  font-weight: bold;
  /*  */
  display: flex;
  flex-direction: row;
  align-items: center;
  justify-content: flex-start;
}

.tp_share {
  width: 16%;
  height: 100%;
  display: flex;
  flex-direction: row;
  justify-content: center;
  align-items: flex-end;
  position: relative;
}

.tp_pos_share {
  position: absolute;
  left: 0;
  top: 0;
  width: 100rpx ! important;
  height: 100rpx ! important;
  opacity: 0;
}
```

```css
.tp_share image {
    width: 50%;
    height: 80%;
}

.tp_m-middle {
    width: 710rpx;
    height: 100rpx;
}

.tp_fDescription {
    width: 75%;
    height: 100%;
}

.tp_m-bottom {
    width: 710rpx;
    height: 60rpx;
    display: flex;
    flex-direction: row;
    justify-content: space-between;
    align-items: center;
}

.tp_fOldPrice {
    width: 40%;
    height: 100%;
    font-weight: bold;
    /*   */
    display: flex;
    flex-direction: row;
    align-items: center;
    justify-content: flex-start;
}

.tp_fPrice {
    width: 40%;
    height: 100%;
    color: red;
    font-weight: bold;
    /*   */
    display: flex;
    flex-direction: row;
    align-items: center;
    justify-content: flex-start;
}
```

定制详情摘要模板

7.6.3 自我测试

（1）模板 tp_zhaiyao 中应该显示的内容有_____、_____、_____、_____。
（2）模板 tp_zhaiyao 宽度和父画板宽度_____，高度由_____决定。
（3）gotoDetail 是在_____中定义的方法，可以通过_____方法跳转到详情页面。
（4）在 template 标签中，tp_zhaiyao 表示_____，data 表示_____。
（5）_____属性，用于显示商品转发按钮的图标路径和文件名。

任务 7.7　定制详情评论列表模板

7.7.1　任务要求

定制详情评论列表模板，要求模板能够显示下面表 7-6 中给定的数据。

表 7-6　详情评论列表模板数据表

模板名称	属性名称、数据名称	交互动作名称、返回字段名称
tp_xq_pl	xqImgs：xqImgs pjs：pjs img_tw：'/images/icons/wsc.png' img_pl：'/images/icons/ly.png'	无交互操作

当详情评论列表模板正确显示表 7-6 中的数据时，其效果如图 7-7 所示。

图 7-7　详情评论列表模板效果图

验收标准如下。
（1）能够显示多张商品长图。
（2）能够显示多条商品评价。
（3）模板宽度和父画板相同，模板高度由内容多少决定。
（4）模板测试无报错。

7.7.2 实践指导

首先,在模板文件 tp.wxml 中,定义一个名称为 tp_xq_pl 的模板,在这个模板中嵌入名称为 tp_xq_pl 的画板。然后,在 tp_xq_pl 画板中,嵌入图文详情模块和商品评论模块。每个模块都要分别定义标题部分和内容部分,例如,定义图文详情模块标题所在画板为 tp_xqtitle,定义图文详情模块内容所在画板为 tp_xqcontent,定义商品评论模块标题所在画板为 tp_pltitle,定义商品评论模块内容所在画板为 tp_plcontent。其中,在图文详情内容部分,根据商品长图对象 xqImgs 的数量是否为零,分别显示商品长图或暂无图文信息的提示语;在商品评论内容部分,根据商品评论对象 pjs 的数量是否为零,分别显示商品评论或暂无评论留言的提示语。

1. 模板引用方法

输入模板数据:

```
<template is='tp_xq_pl'
data="{{xqImgs:xqImgs,pjs:pjs,img_tw:'/images/icons/wsc.png',img_pl:'/images/icons/ly.png'}}"></template>
```

模板 tp_xq_pl 的引用要点如下。

(1) 数据 xqImgs 表示商品长图对象的一维数组。

```
xqImgs: [
    {
        "fID": "001",
        "fImg": "https://XXX",
        "fImgType": "xq",
        "fPID": "被评论商品的编号",
        "fTel": "13867410531"
    }
]
```

(2) 数据 pjs 表示商品评论对象的一维数组。

```
pjs: [
    {
        "OrderAutoID": "自增类型订单序号",
        "fContent": "评价内容",
        "fID": "不重复的唯一编号",
        "fImg": "https://XXX",
        "fName": "评论者昵称",
        "fPDate": "2021-09-21",
        "fPID": "被评论商品的编号"
    }
]
```

(3) img_tw 表示暂无长图的提示符对应图片。

```
img_tw:'/images/icons/wsc.png'
```

(4) img_pl 表示暂无长图的提示符对应图片。

```
img_pl:'/images/icons/ly.png'
```

2. 模板结构样式

（1）模板结构字段规划如下：

```
<template name="tp_xq_pl">
    <view class="tp_xq_pl">
        <view class="tp_xqtitle">
            <view class="tp_line"></view>
            <text>图文详情</text>
            <view class="tp_line"></view>
        </view>
        <view class="tp_xqcontent">
            <block wx:if="{{arr.getLength(xqImgs)!=0}}">
                <block wx:for="{{xqImgs}}" wx:key="fID">
                    <view class="tp_xqitem">
                        <image src="{{item.fImg}}" mode="widthFix"></image>
                    </view>
                </block>
            </block>
            <view wx:else class='tp_xqtip'>
                <image src="{{img_tw}}"></image>
                <text>暂无图文信息</text>
            </view>

        </view>
        <view class="tp_pltitle">
            <view class="tp_line"></view>
            <text>商品评论</text>
            <view class="tp_line"></view>
        </view>
        <view class="tp_plcontent">
            <block wx:if="{{arr.getLength(pjs)!=0}}">
                <block wx:for="{{pjs}}" wx:key="fID">
                    <view class="tp_plitem">
                        <view class="tp_pl-left">
                            <image src="{{item.fImg}}"></image>
                        </view>
                        <view class="tp_pl-right">
                            <view class="tp_fNickName">
                                <text>{{item.fName}}</text>
                            </view>
                            <view class="tp_fContent">
                                <text>{{item.fContent}}</text>
                            </view>
                            <view class="tp_fPDate">
                                <text>评论日期：{{item.fPDate}}</text>
                            </view>
                        </view>
                    </view>
                </block>
            </block>
            <view wx:else class='tp_pltip'>
                <image src="{{img_pl}}"></image>
```

```
            <text>暂无评论留言</text>
        </view>
      </view>
   </view>
</template>
```

(2) 模板样式字段规划如下：

```css
.tp_xq_pl {
   width: 100%;
}

.tp_xqtitle {
   width: 750rpx;
   height: 60rpx;
   background-color: white;
   display: flex;
   flex-direction: row;
   justify-content: center;
   align-items: center;
   margin-bottom: 10rpx;
}

.tp_line {
   width: 30%;
   height: 2rpx;
   background-image: linear-gradient(to right, transparent, rgb(153, 153, 153), transparent);
}

.tp_xqcontent {
   width: 750rpx;
   /* height: 400rpx; */
}

.tp_xqitem {
   width: 100%;
}

.tp_xqitem image {
   width: 100%;
}

.tp_pltitle {
   width: 750rpx;
   height: 60rpx;
   background-color: white;
   margin-bottom: 10rpx;
   display: flex;
   flex-direction: row;
   justify-content: center;
   align-items: center;
}
```

```css
.tp_plcontent {
  width: 750rpx;
  padding-bottom: 10rpx;
}

.tp_plitem {
  width: 700rpx;
  background-color: white;
  display: flex;
  flex-direction: row;
  justify-content: center;
  align-items: flex-start;
  /*    */
  padding-left: 30rpx;
  padding-right: 20rpx;
  /*    */
  margin-bottom: 10rpx;
  /*    */
  padding-top: 20rpx;
  padding-bottom: 20rpx;
}

.tp_pl-left {
  width: 40rpx;
  height: 100rpx;
  padding-top: 10rpx;
}

.tp_pl-left image {
  width: 40rpx;
  height: 40rpx;
  border-radius: 20rpx;
}

.tp_pl-right {
  width: 660rpx;
  padding-left: 20rpx;
}

.tp_fNickName {
  width: 640rpx;
  height: 60rpx;
  font-weight: bold;
  /*    */
  display: flex;
  flex-direction: row;
  align-items: center;
  justify-content: flex-start;
}
```

```css
.tp_fContent {
    width: 640rpx;
    /* height: 100rpx; */
    text-align: justify;
    line-height: 40rpx;
}

.tp_fPDate {
    width: 640rpx;
    height: 60rpx;
    color: rgb(153, 153, 153);
    /*   */
    display: flex;
    flex-direction: row;
    justify-content: flex-end;
    align-items: center;
}

/* 无评论提示 */
.tp_pltip {
    width: 750rpx;
    background-color: white;
    /* width: 100%; */
    /* height: 200rpx; */
    padding-top: 20rpx;
    padding-bottom: 100rpx;
    margin-bottom: 10rpx;
    display: flex;
    flex-direction: column;
    align-items: center;
    justify-content: space-between;
    color: #acacac;
    font-size: 26rpx;
}

.tp_pltip image {
    margin-top: 50rpx;
    width: 100rpx;
    height: 100rpx;
}

/* 无长图提示 */
.tp_xqtip {
    width: 750rpx;
    background-color: white;
    /* width: 100%; */
    /* height: 200rpx; */
    padding-top: 20rpx;
    padding-bottom: 100rpx;
    margin-bottom: 10rpx;
    display: flex;
```

```
    flex-direction: column;
    align-items: center;
    justify-content: space-between;
    color: # acacac;
    font-size: 26rpx;
}

.tp_xqtip image {
    margin-top: 50rpx;
    width: 100rpx;
    height: 100rpx;
}
```

定制详情评论
列表模板

7.7.3 自我测试

（1）属性 img_tw 和属性 img_pl 用于显示在_____和在_____时的提示图标。

（2）模板 tp_xq_pl 的宽度与父画板宽度的关系为_____，高度关系为_____。

（3）用_____语句来判断 xqImgs 和 pjs 的存在与否，如果存在的话则渲染长图和评价内容，否则渲染对应的提示图标。

（4）使用_____语句循环遍历 pjs 数组，渲染评价内容。

（5）数据 xqImgs 表示_____。

任务 7.8　定制购物车自提列表模板

7.8.1　任务要求

定制购物车自提列表模板，要求模板能够显示表 7-7 中给定的数据，并实现规划的交互动作。

表 7-7　购物车自提列表模板数据表

模板名称	属性名称、数据名称	交互动作名称、返回字段名称
tp_cart_zt	cart_zt:cart_zt img_del:'/images/icons/del.png' img_dw:'/images/icons/dw.png'	ziti_jia ziti_jian ziti_remove e.currentTarget.dataset.index

当购物车自提列表模板正确显示表 7-7 中的数据时，其效果如图 7-8 所示。

验收标准如下。

（1）能够显示多个自提订单。

（2）可通过点击加减按钮可以更新商品数量。

（3）可通过点击删除按钮可以删除自定订单。

（4）模板大小和父画板一样。

（5）第 1 个自定订单的顶部距离父画板 20rpx。

（6）每个自提订单大小为 700rpx×360rpx，要求父画板宽度必须为 750rpx。

（7）在父画板范围内，自提订单可上下滚动显示。

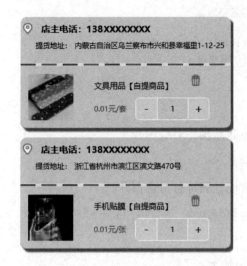

图 7-8 购物车自提订单模板效果图

(8) 模板测试无报错。

7.8.2 实践指导

在模板文件 tp.wxml 中,定义一个名称为 tp_cart_zt 的模板,在这个模板中嵌入名称为 tp_zt_list 的滚动型画板,并设定该画板内容上下滚动。

在 tp_zt_list 画板中,嵌入一个循环结构,循环数据的名称为 cart_zt。循环体是一个完整的自提订单结构,自提订单结构包括提货信息和商品信息两部分。提货信息部分包括店主电话 fTel、提货区域 fAreas、提货详细地址 fZiti_address;商品信息部分包括商品图片 fImg、商品名称 fName、商品价格 fPrice、商品规格 fUnit 等信息。

模板交货操作包括商品数量增加操作 ziti_jia 和商品数量减少操作 ziti_jian。

1. 模板引用方法

输入模板数据:

```
<template is='tp_cart_zt'
data="{{cart_zt:cart_zt,img_del:'/images/icons/del.png',img_dw:'/images/icons/dw.png'}}">
</template>
```

模板 tp_cart_zt 的引用要点如下。

(1) 数据 cart_zt 表示自提商品对象的一维数组。

```
cart_zt:[
  {
    "fID":"001",
    "fName":"文具用品",
    "fPrice":"0.01",
    "fType":"01",
    "fTel":"13867410531",
    "fSelect":1,
    "fNum":1,
```

```
      "fImg": "https://XXX",
      "fUnit": "套",
      "fAreas": "内蒙古自治区××××市××县",
      "fZiti_address": "幸福里×-××-××",
      "fPsType": "ziti"
    }
]
```

（2）img_del 表示删除商品操作对应图片。

img_del:'/images/icons/del.png'

（3）img_dw 表示取货地址装饰符对应图片。

img_dw:'/images/icons/dw.png'

2. 模板结构样式

（1）模板结构字段规划如下：

```
<template name="tp_cart_zt">
  <scroll-view class="tp_zt_list" scroll-y="true">
    <view class="tp_ziti_top"></view>
    <block wx:for="{{cart_zt}}" wx:key='fID'>
      <view class='tp_ziti_item'>
        <view class='tp_ziti-address'>
          <view class="tp_ziti_address_top">
            <view class="tp_left">
              <view class="tp_cart_zt_imgview">
                <image src="{{img_loc}}"></image>
              </view>
            </view>
            <view class="tp_right">
              <view>店主电话：{{item.fTel}}</view>
            </view>
          </view>
          <view class="tp_ziti_address_bottom">
            <view class="tp_left">
            </view>
            <view class="tp_right">
              <view class="tp_shdz">
                   提货地址：
              </view>
              <view class="tp_xxdz">{{item.fAreas+item.fZiti_address}}</view>
            </view>
          </view>
        </view>
        <view class='tp_ziti-fenge'>
          <view class="tp_lan">
          </view>
          <view class="tp_hong">
          </view>
          <view class="tp_lan">
          </view>
```

```
                <view class="tp_hong">
                </view>
                <view class="tp_lan">
                </view>
                <view class="tp_hong">
                </view>
                <view class="tp_lan">
                </view>
                <view class="tp_hong">
                </view>
                <view class="tp_lan">
                </view>
                <view class="tp_hong">
                </view>
            </view>
            <view class='tp_my_item'>
                <view class='tp_img'>
                    <image src='{{item.fImg}}'></image>
                </view>
                <view class="tp_ziti_caozuo">
                    <view class="tp_top">
                        <view class='tp_ziti_caozuo_fName'>
                            <text class="tp_slh">{{item.fName}}"自提商品"</text>
                        </view>
                        <view class='tp_del' data-index='{{index}}' bindtap='ziti_remove'>
                            <image  src="{{img_del}}"></image>
                        </view>
                    </view>
                    <view class="tp_bottom">
                        <view class='tp_fPrice'>
                            <text>{{wxsFile.priceFormat(item.fPrice)}}元/{{item.fUnit}}</text>
                        </view>
                        <view class='tp_shuliang'>
                            <view class='tp_jian' bindtap='ziti_jian' data-index='{{index}}'>
                                <text>-</text>
                            </view>
                            <view class='tp_shuzi'>
                                <input type='number' value='{{item.fNum}}' disabled="true"></input>
                            </view>
                            <view class='tp_jia' bindtap='ziti_jia' data-index='{{index}}'>
                                <text>+</text>
                            </view>
                        </view>
                    </view>
                </view>
            </view>
        </block>
    </scroll-view>
</template>
```

（2）模板样式字段规划如下：

```css
.tp_zt_list {
  width: 100%;
  height: 100%;
}

.tp_ziti_top {
  height: 20rpx;
}

.tp_ziti_item {
  width: 700rpx;
  height: 360rpx;
  margin-left: 25rpx;
  margin-left: 25rpx;
  border-bottom: 1rpx solid #ccc;
  background-color: rgb(226, 235, 238);
  margin-bottom: 30rpx;
  box-shadow: 5px 5px 2px #888888;
  border-radius: 20rpx;
  font-size: 24rpx;
}

.tp_ziti-address {
  width: 100%;
  height: 150rpx;
  border-top-left-radius: 20rpx;
  border-top-right-radius: 20rpx;
}

.tp_ziti_address_top {
  width: 100%;
  height: 50%;
  display: flex;
  flex-direction: row;
  align-items: center;
  justify-content: space-between;
  font-weight: bold;
}

.tp_ziti_address_top .tp_left {
  width: 50rpx;
  height: 100%;
  display: flex;
  flex-direction: row;
  align-items: center;
  justify-content: center;
}
```

```css
.tp_cart_zt_imgview {
    width: 90%;
    height: 40rpx;
}

.tp_cart_zt_imgview image {
    width: 100%;
    height: 100%;
}

.tp_ziti_address_top .tp_right {
    width: 650rpx;
    height: 100%;
    display: flex;
    flex-direction: row;
    align-items: center;
    justify-content: space-between;
    font-size: 30rpx;
    /* background-color: violet; */
    border-top-right-radius: 20rpx;
}

.tp_ziti_address_bottom {
    width: 100%;
    height: 50%;
    font-size: 25rpx;
    display: flex;
    flex-direction: row;
    align-items: center;
    justify-content: flex-start;
}

.tp_ziti_address_bottom .tp_left {
    width: 50rpx;
    height: 100%;
    display: flex;
    flex-direction: row;
    align-items: center;
    justify-content: center;
}

.tp_ziti_address_bottom .tp_right {
    width: 650rpx;
    height: 100%;
    display: flex;
    flex-direction: row;
    align-items: stretch;
    justify-content: flex-start;
    font-size: 30rpx;
    font-weight: bold;
}
```

```css
.tp_ziti-fenge {
    width: 100%;
    height: 10rpx;
    display: flex;
    flex-direction: row;
    align-items: center;
    background-color: rgb(247, 248, 250);
}

.tp_lan {
    width: 8%;
    height: 6rpx;
    background-color: rgb(50, 131, 249);
    margin-right: 20rpx;
}

.tp_hong {
    width: 8%;
    height: 6rpx;
    background-color: rgb(254, 108, 108);
    margin-right: 20rpx;
}

.tp_my_item {
    width: 100%;
    height: 200rpx;
    border-bottom: 1rpx solid #ccc;
    display: flex;
    flex-direction: row;
    justify-content: space-around;
    align-items: center;
    border-bottom-left-radius: 20rpx;
    border-bottom-right-radius: 20rpx;
}

.tp_img {
    width: 150rpx;
    height: 150rpx;
}

.tp_img image {
    width: 100%;
    height: 150rpx;
}

.tp_ziti_caozuo {
    width: 450rpx;
    height: 150rpx;
}

.tp_ziti_caozuo .tp_top {
```

```css
    width: 90%;
    height: 50%;
    display: flex;
    flex-direction: row;
    justify-content: space-between;
    align-items: center;
}

.tp_ziti_caozuo_fName {
    width: 300rpx;
    height: 100%;
    display: flex;
    flex-direction: row;
    align-items: center;
    justify-content: flex-start;
    padding-left: 20rpx;
    font-size: 26rpx;
}

.tp_ziti_caozuo .tp_bottom {
    width: 90%;
    height: 50%;
    display: flex;
    flex-direction: row;
    justify-content: space-between;
}

.tp_ziti_caozuo .tp_bottom .shuoming {
    width: 150rpx;
    height: 150rpx;
}

.tp_ziti_caozuo .tp_bottom .tp_fPrice {
    width: 150rpx;
    height: 100%;
    display: flex;
    flex-direction: row;
    align-items: center;
    justify-content: flex-start;
    padding-left: 20rpx;
    color: red;
}

.tp_me_fPrice {
    width: 100%;
    height: 100%;
    display: flex;
    flex-direction: row;
    align-items: center;
    justify-content: flex-start;
    padding-left: 20rpx;
    color: red;
```

```css
      font-size: 36rpx;
    }

    .tp_ziti_caozuo .tp_bottom .tp_shuliang {
      width: 300rpx;
      height: 100%;
      display: flex;
      flex-direction: row;
      align-items: center;
      justify-content: flex-end;
    }

    .tp_ziti_caozuo .tp_bottom .tp_jian {
      width: 70rpx;
      height: 70rpx;
      display: flex;
      flex-direction: row;
      align-items: center;
      justify-content: center;
      background-color: rgb(241, 238, 234);
      border: 1rpx solid white;
      border-top-left-radius: 15rpx;
      border-bottom-left-radius: 15rpx;
      font-size: 36rpx;
    }

    .tp_ziti_caozuo .tp_bottom .tp_shuzi {
      width: 100rpx;
      height: 70rpx;
      display: flex;
      flex-direction: row;
      align-items: center;
      text-align: center;
      border-top: 1rpx solid #fff;
      border-bottom: 1rpx solid #fff;
    }

    .tp_ziti_caozuo .tp_bottom .tp_jia {
      width: 70rpx;
      height: 70rpx;
      display: flex;
      flex-direction: row;
      align-items: center;
      justify-content: center;
      background-color: rgb(241, 238, 234);
      border: 1rpx solid white;
      border-bottom-right-radius: 15rpx;
      border-top-right-radius: 15rpx;
      font-size: 36rpx;
    }
```

定制购物车自提
列表模板

7.8.3 自我测试

(1) 第一个自提订单的位置尤为重要,设置顶部距离父画板_____较为合适。
(2) 模板 tp_cart_zt 的宽度与父画板宽度的关系为_____,高度关系为_____。
(3) 数据 cart_zt 表示_____对象的一维数组。
(4) 每个自提订单的大小为_____,要求父画板宽度必须为_____。
(5) img_del 和 img_loc 是_____和_____图标的路径和名称。

任务 7.9 定制购物车快递列表模板

7.9.1 任务要求

定制购物车快递列表模板,要求模板能够显示表 7-8 中给定的数据,并实现规划的交互动作。

表 7-8 购物车快递列表模板数据表

模板名称	属性名称、数据名称	交互动作名称、返回字段名称
tp_cart_kd	cart_kd;cart_kd fUserGetName;fUserGetName fUserGetTel;fUserGetTel fUserGetAddress;fUserGetAddress img_del:'/images/icons/del.png' img_dw:'/images/icons/dw.png'	goAddress 无返回 kuaidi_jia kuaidi_jian kuaidi_remove kuaidi_selectItem e.currentTarget.dataset.index

当购物车快递列表模板正确显示表 7-8 中的数据时,其效果如图 7-9 所示。

图 7-9 快递模板效果图

验收标准如下。
(1) 能够显示多张图片。
(2) 可通过左右滑动切换图片。
(3) 可通过左右滑动输出序号。
(4) 模板测试无报错。

7.9.2 实践指导

在模板文件 tp.wxml 中,定义一个名称为 tp_cart_kd 的模板,在这个模板中嵌入自上而下的三个并列画板,画板名称分别为 tp_cart_address、tp_kd_fenge、tp_kd_list,其中 tp_kd_list 为滚动型画板,其余两个为普通画板。

在 tp_cart_address 画板中,根据收货地址信息赋值与否,嵌入一个二选一结构,当收货地址信息未赋值时,显示请录入收货地址信息的提示语;当收货地址信息已经赋值时,则显示已赋值的收货地址信息。画板 tp_cart_address 的交互动作,是点击打开一个新地址录入页面,因此需要为画板 tp_cart_address 绑定一个交互动作,动作名称为 goAddress。

在画板 tp_kd_fenges 中,嵌入一定数量的分割符画板,画板名称分别为 tp_lan 和 tp_hong。

在 tp_kd_list 画板中,嵌入一个循环结构,循环数据的名称为 cart_kd。循环体是一个完整的快递订单结构,快递订单包括商品图片 fImg、商品名称 fName、商品价格 fPrice、商品规格 fUnit 等信息。

模板交互操作包括商品数量增加操作 kuaidi_jia、商品数量减少操作 kuaidi_jian、商品勾选与取消操作 kuaidi_selectItem。

1. 模板引用方法

输入模板数据:

```
<template is="tp_cart_kd"
data=" {{cart_kd: cart_kd, fUserGetName: fUserGetName, fUserGetTel: fUserGetTel,
fUserGetAddress: fUserGetAddress, img_del: '/images/icons/del.png ', img_dw: '/
images/icons/dw.png'}}"></template>
```

模板 tp_cart_kd 的引用要点如下。

(1) 数据 cart_kd 表示快递商品对象的一维数组。

```
cart_kd: [
        {
          "fID": "001",
          "fName": "电子鼓",
          "fPrice": "0.01",
          "fType": "02",
          "fTel": "13867410531",
          "fSelect": 1,
          "fNum": 1,
          "fImg": "https://XXXX",
          "fOldPrice": "999.99",
          "fUnit": "套",
          "fPsType": "kuaidi"
        }
    ]
```

(2) 数据 fUserGetName 表示收货人的姓名,数据 fUserGetTel 表示收货人的电话,fUserGetAddress 表示收货人的信息地址。

```
fUserGetName: "张三",
fUserGetTel: "13666666666",
```

fUserGetAddress: "浙江省杭州市滨江区滨文路 470 号"

（3）img_del 表示删除商品操作对应图片。

img_del:'/images/icons/del.png'

（4）img_dw 表示收货地址装饰符对应图片。

img_dw:'/images/icons/dw.png'

2. 模板结构样式

（1）模板结构字段规划如下：

```
<template name="tp_cart_kd">
  <view class="tp_cart-address" bindtap="goAddress">
    <block wx:if="{{fUserGetName==''||fUserGetTel==''||fUserGetAddress==''}}">
      <view class="tp_wu_top">
        <view class="tp_left">
          <view class="tp_cart_address_imgview">
            <image src="{{img_dw}}"></image>
          </view>
        </view>
        <view class="tp_right">
          <text>请输入收货地址信息</text>
        </view>
      </view>
    </block>
    <block wx:else>
      <view class="tp_top">
        <view class="tp_left">
          <view class="tp_cart_address_imgview">
            <image src="{{img_dw}}"></image>
          </view>
        </view>
        <view class="tp_right">
          <view>收货人：{{fUserGetName}}</view>
          <view>{{fUserGetTel}}</view>
        </view>
      </view>
      <view class="tp_bottom">
        <view class="tp_left">
        </view>
        <view class="tp_right">
          <view class="tp_shdz">
              收货地址：
          </view>
          <view class="tp_xxdz">{{fUserGetAddress}}</view>
        </view>
      </view>
    </block>
  </view>
  <view class="tp_kd_fenge">
```

```
        <view class="tp_lan">
        </view>
        <view class="tp_hong">
        </view>
        <view class="tp_lan">
        </view>
        <view class="tp_hong">
        </view>
        <view class="tp_lan">
        </view>
        <view class="tp_hong">
        </view>
        <view class="tp_lan">
        </view>
        <view class="tp_hong">
        </view>
        <view class="tp_lan">
        </view>
        <view class="tp_hong">
        </view>

    </view>
    <scroll-view class="tp_kd_list" scroll-y>
    <block wx:for="{{cart_kd}}" wx:key='fID'>
      <view class='tp_kuaidi_item'>
        <view class='tp_kuaidi_select'>
          <icon wx:if="{{item.fSelect==1}}" type='success_circle' size='30' data-index='{{index}}'
             bindtap='kuaidi_selectItem'>
          </icon>
          <icon wx:else type='circle' size='30' data-index='{{index}}' bindtap='kuaidi_selectItem'></icon>
        </view>
        <view class='tp_kuaidi_img'>
          <image src='{{item.fImg}}'>
          </image>
        </view>
        <view class="tp_kuaidi_wenben">
          <view class="tp_kuaidi_wenben_top">
            <view class='tp_kuaidi_wenben_top_fName'>
              <text class="tp_slh">{{item.fName}}</text>
            </view>
            <view class='tp_del' data-index='{{index}}' bindtap='kuaidi_remove'>
              <image class="tp_del_img" src="{{img_del}}"></image>
            </view>
          </view>
          <view class="tp_kuaidi_wenben_bottom">
            <view class='tp_kuaidi_wenben_bottom_fPrice'>
              <text>{{wxsFile.priceFormat(item.fPrice)}}元/{{item.fUnit}}</text>
            </view>
            <view class='tp_kuaidi_wenben_bottom_shuliang'>
              <view class='tp_kuaidi_wenben_bottom_shuliang_jian' bindtap='kuaidi_
```

```
jian' data-index='{{index}}'>
                <text>-</text>
              </view>
              <view class='tp_kuaidi_wenben_bottom_shuliang_shuzi'>
                <input type='number' value='{{item.fNum}}' disabled="true"></input>
              </view>
              <view class='tp_kuaidi_wenben_bottom_shuliang_jia' bindtap='kuaidi_
jia' data-index='{{index}}'>
                <text>+</text>
              </view>
            </view>
          </view>
        </view>
    </block>
  </scroll-view>
</template>
```

（2）模板样式字段规划如下：

```
/*快递收货信息*/

.tp_cart_address {
    width: 700rpx;
    height: 18%;
    padding-left: 25rpx;
    padding-right: 25rpx;
}

.tp_cart_address .tp_top {
    width: 100%;
    height: 50%;
    display: flex;
    flex-direction: row;
    align-items: center;
    justify-content: space-between;
    font-weight: bold;
}

.tp_cart_address .tp_top .tp_left {
    width: 50rpx;
    height: 100%;
    display: flex;
    flex-direction: row;
    align-items: center;
    justify-content: center;
}

.tp_cart_address .tp_top .tp_right {
    width: 650rpx;
    height: 100%;
```

```css
    display: flex;
    flex-direction: row;
    align-items: center;
    justify-content: space-between;
    font-size: 30rpx;
}

.tp_cart_address .tp_bottom {
    width: 100%;
    height: 50%;
    font-size: 25rpx;
    display: flex;
    flex-direction: row;
    align-items: center;
    justify-content: flex-start;
}

.tp_cart_address .tp_bottom .tp_left {
    width: 50rpx;
    height: 100%;
    display: flex;
    flex-direction: row;
    align-items: center;
    justify-content: center;
}

.tp_cart_address .tp_bottom .tp_right {
    width: 650rpx;
    height: 100%;
    display: flex;
    flex-direction: row;
    align-items: stretch;
    justify-content: flex-start;
    font-size: 30rpx;
    font-weight: bold;
}

.tp_shdz {
    font-size: 25rpx;
    width: 130rpx;
    font-weight: normal;
}

.tp_xxdz {
    font-size: 25rpx;
    width: 520rpx;
    font-weight: normal;
}

/*无收货地址时*/

.tp_cart_address .tp_wu_top {
```

```css
    width: 100%;
    height: 100%;
    display: flex;
    flex-direction: row;
    align-items: center;
    justify-content: space-between;
    font-weight: bold;
}

.tp_cart_address .tp_wu_top .tp_left {
    width: 50rpx;
    height: 100%;
    display: flex;
    flex-direction: row;
    align-items: center;
    justify-content: center;
}

.tp_cart_address_imgview {
    width: 90%;
    height: 40rpx;
}

.tp_cart_address_imgview image {
    width: 100%;
    height: 100%;
}

.tp_cart_address .tp_wu_top .tp_right {
    width: 650rpx;
    height: 100%;
    display: flex;
    flex-direction: row;
    align-items: center;
    justify-content: space-between;
    font-size: 30rpx;
}

.tp_kd_fenge {
    width: 750rpx;
    height: 2%;
    display: flex;
    flex-direction: row;
    align-items: center;
}

.tp_lan {
    width: 8%;
    height: 6rpx;
    background-color: rgb(50, 131, 249);
    margin-right: 20rpx;
}
```

```css
.tp_hong {
    width: 8%;
    height: 6rpx;
    background-color: rgb(254, 108, 108);
    margin-right: 20rpx;
}

.tp_kd_list {
    width: 750rpx;
    height: 80%;
}

.tp_kuaidi_item {
    width: 700rpx;
    height: 200rpx;
    padding-left: 25rpx;
    padding-right: 25rpx;
    border-bottom: 1rpx solid #ccc;
    display: flex;
    flex-direction: row;
    align-items: center;
    background-color: rgb(226, 235, 238);
}

.tp_kuaidi_select {
    width: 100rpx;
    height: 100rpx;
    display: flex;
    flex-direction: row;
    align-items: center;
    justify-content: center;
}

.tp_kuaidi_img {
    width: 150rpx;
    height: 150rpx;
}

.tp_kuaidi_img image {
    width: 150rpx;
    height: 150rpx;
}

.tp_kuaidi_wenben {
    width: 450rpx;
    height: 150rpx;
    font-size: 24rpx;
}

.tp_kuaidi_wenben_top {
    width: 450rpx;
    height: 50%;
```

```css
    display: flex;
    flex-direction: row;
    justify-content: space-between;
}

.tp_kuaidi_wenben_top_fName {
    width: 350rpx;
    height: 100%;
    display: flex;
    flex-direction: row;
    align-items: center;
    justify-content: flex-start;
    padding-left: 20rpx;
    font-size: 26rpx;
}

.tp_del {
    width: 70rpx;
    height: 70rpx;
    display: flex;
    flex-direction: row;
    align-items: flex-start;
    justify-content: flex-end;
    padding-right: 30rpx;
}

.tp_del image {
    width: 50%;
    height: 50%;
}

.tp_kuaidi_wenben_bottom {
    width: 450rpx;
    height: 50%;
    display: flex;
    flex-direction: row;
    justify-content: space-between;
}

.tp_kuaidi_wenben_bottom_fPrice {
    width: 150rpx;
    height: 100%;
    display: flex;
    flex-direction: row;
    align-items: center;
    justify-content: flex-start;
    padding-left: 20rpx;
    color: red;
}

.tp_kuaidi_wenben_bottom_shuliang {
    width: 300rpx;
```

```
        height: 100%;
        display: flex;
        flex-direction: row;
        align-items: center;
        justify-content: flex-end;
}

.tp_kuaidi_wenben_bottom_shuliang_jian {
        width: 70rpx;
        height: 70rpx;
        display: flex;
        flex-direction: row;
        align-items: center;
        justify-content: center;
        background-color: rgb(241, 238, 234);
        border: 1rpx solid white;
        border-top-left-radius: 15rpx;
        border-bottom-left-radius: 15rpx;
        font-size: 36rpx;
}

.tp_kuaidi_wenben_bottom_shuliang_shuzi {
        width: 100rpx;
        height: 70rpx;
        display: flex;
        flex-direction: row;
        align-items: center;
        text-align: center;
        border-top: 1rpx solid #fff;
        border-bottom: 1rpx solid #fff;
}

.tp_kuaidi_wenben_bottom_shuliang_jia {
        width: 70rpx;
        height: 70rpx;
        display: flex;
        flex-direction: row;
        align-items: center;
        justify-content: center;
        background-color: rgb(241, 238, 234);
        border: 1rpx solid white;
        border-bottom-right-radius: 15rpx;
        border-top-right-radius: 15rpx;
        font-size: 36rpx;
}
```

定制购物车快递
列表模板

7.9.3 自我测试

（1）快递订单的数据 cart_kd 表示一个_____维数组，其中，每个订单对象都需要包含的属性 fID 表示_____，fName 表示_____。

（2）_____属性表示删除图标文件，_____属性表示地址定图标文件。

（3）在模板中，使用 wx:for 语法进行_____，并根据模板的要求，进行页面元素的排版和布局。

（4）使用行_____指定列表中项目的唯一的标识符，以便小程序可以跟踪数据的变化并更新列表。

（5）使用_____属性捕捉用户的点击事件，并调用相关的处理函数。

任务 7.10　定制购物车立即支付模板

7.10.1　任务要求

定制购物车立即支付模板，要求模板能够显示表 7-9 中给定的数据，并实现规划的交互动作。

表 7-9　购物车立即支付模板数据表

模板名称	属性名称、数据名称	交互动作名称、返回字段名称
tp_pay	cartType：cartType total：total cart_kd_select_all：cart_kd_select_all cart_kd：cart_kd	pay：function() 无返回 selectAll：function() 无返回

当购物车立即支付模板正确显示表 7-9 中的数据时，其效果如图 7-10 所示。

图 7-10　支付模板效果图

验收标准如下。

（1）正确显示支付总价。
（2）可通过点击全选可以勾选全部商品。
（3）支付金额不为 0 时，立即支付按钮可点击支付。
（4）模板测试无报错。

7.10.2　实践指导

在模板文件 tp.wxml 中，定义一个名称为 tp_pay 的模板，在这个模板中定义一个名称为 tp_cart_foot 画板。

在 tp_cart_foot 画板中自左到右分别嵌入 tp_select 画板、tp_quanxuan 画板、tp_rmb 画板、tp_zongjia 画板和支付按钮二选一结构。tp_select 画板仅在配送类型 cartType 为 0 时显示,并且根据变量 cart_kd_select_all 的取值情况,显示勾选按钮或取消按钮;tp_quanxuan 画板根据配送类型 cartType 的取值情况,显示不同内容;支付按钮二选一结构根据应付金额 total 是否大于零显示不同的内容,当 total 取值大于零时,显示 tp_zf 画板对应的可操作样式;否则,显示 tp_zf-disabled 画板对应的不可操作样式。

1. 模板引用方法

```
<template is="tp_pay"
data="{{cartType:cartType, total:total, cart_kd_select_all:cart_kd_select_all,
cart_kd:cart_kd}}"></template>
```

模板 tp_pay 的引用要点如下。
(1) 数据 cartType 表示商品派送类型。
(2) 数据 total 表示应付总金额。
(3) 数据 cart_kd_select_all 表示购物车中的商品是否全选。
(4) 数据 cart_kd 表示快递订单。

```
cartType: 0,
total: 0.04,
cart_kd_select_all: 1,
cart_kd: [
        {
          "fID": "001",
          "fName": "电子鼓",
          "fPrice": "0.01",
          "fType": "02",
          "fTel": "13867410531",
          "fSelect": 1,
          "fNum": 1,
          "fImg": "https://XXXX",
          "fOldPrice": "999.99",
          "fUnit": "套",
          "fPsType": "kuaidi"
        }
]
```

2. 模板结构样式

(1) 模板结构字段规划如下:

```
<template name="tp_pay">
   <view class="tp_cart_foot">
      <view class="tp_gd">
         <view class='tp_select'>
            <block wx:if="{{cartType==0&&cart_kd.length>0}}">
               <icon wx:if="{{cart_kd_select_all}}" type='success_circle' size='30' bindtap='selectAll'></icon>
               <icon wx:else type='circle' size='30' bindtap='selectAll'></icon>
            </block>
         </view>
         <view class='tp_quanxuan'>
            <text wx:if="{{cartType==0}}">全选</text>
```

```
            <text wx:if="{{cartType==1}}">应付</text>
            <text wx:if="{{cartType==2}}">应付</text>
        </view>
        <view class='tp_rmb'>
            <text>¥ </text>
        </view>
    </view>
    <view class="tp_zongjia">
        <text>{{wxsFile.priceFormat(total)}}元</text>
    </view>

    <block wx:if="{{total>0}}">
        <view class='tp_zf' bindtap="pay">
            <text>立即支付</text>
        </view>
    </block>
    <block wx:else>
        <view class='tp_zf-disabled'>
            <text>立即支付</text>
        </view>
    </block>
  </view>
</template>
```

(2) 模板样式字段规划如下：

```
.tp_cart_foot {
    width: 700rpx;
    height: 100%;
    background-color: rgb(143, 183, 235);
    padding-left: 25rpx;
    padding-right: 25rpx;
    display: flex;
    flex-direction: row;
    justify-content: flex-start;
    align-items: center;
}

.tp_gd {
    width: 190rpx;
    height: 100%;
    padding-left: 10rpx;
    display: flex;
    flex-direction: row;
    justify-content: center;
    align-items: center;
    font-size: 30rpx;
    font-weight: bold;
}

.tp_zongjia {
    width: 200rpx;
```

```css
    height: 100%;
    margin-right: 25rpx;
    display: flex;
    flex-direction: row;
    justify-content: flex-start;
    align-items: center;
    font-size: 30rpx;
    font-weight: bold;
    color: red;
}

.tp_zf {
    width: 250rpx;
    height: 90%;
    background-color: rgb(168, 100, 11);
    display: flex;
    flex-direction: row;
    justify-content: center;
    align-items: center;
    color: white;
    font-size: 38rpx;
    font-weight: bold;
    border-radius: 20rpx;
}

.tp_zf-disabled {
    width: 250rpx;
    height: 90%;
    display: flex;
    flex-direction: row;
    align-items: center;
    justify-content: center;
    border-radius: 15rpx;
    font-size: 36rpx;
    font-weight: bold;
    background-color: #ccc;
    color: #fff !important;
}

.tp_select {
    width: 100rpx;
    height: 100rpx;
    display: flex;
    flex-direction: row;
    align-items: center;
    justify-content: center;
}

.tp_quanxuan {
    width: 100rpx;
    height: 100%;
    display: flex;
```

```
        flex-direction: row;
        align-items: center;
        justify-content: center;
    }

    .tp_rmb {
        width: 50rpx;
        height: 100%;
        display: flex;
        flex-direction: row;
        align-items: center;
        justify-content: flex-end;
        color: red;
    }
```

定制购物车
立即支付模板

7.10.3 自我测试

（1）在应付金额区域中，使用_____布局，左对齐。
（2）在立即支付区域中，设置宽度为_____，设置圆角样式。
（3）模板的主体部分是一个＜view＞标签，宽度为_____，高度为100%_____。
（4）＜view class='tp_select'＞标签用于显示_____，＜view class='tp_quanxuan'＞标签用于显示_____。
（5）pay()方法绑定在了_____标签中。

任务 7.11　定制我的订单列表模板

7.11.1　任务要求

定制我的订单列表模板，要求模板能够显示表 7-10 中给定的数据，并实现规划的交互动作。

表 7-10　我的订单列表模板数据表

模板名称	属性名称、数据名称	交互动作名称、返回字段名称
tp_me_shouhuo	goods：me_zt img_yfh：'/images/icons/yfh.png'	goZtm：function(e) e.currentTarget.dataset
	goods：me_kd img_yfh：'/images/icons/yfh.png'	goQueryKd：function(e) e.currentTarget.dataset

当我的订单列表模板正确显示表 7-10 中的数据时，其效果如图 7-11 所示。
验收标准如下。
（1）能够正确展示收货信息，包括订单日期、商品信息、收货方式、已付金额等。
（2）能够正确显示不同收货方式下的商品信息，包括快递和自提，并正确显示相应的订单号、店主姓名、店主电话等信息。
（3）模板中各项数据均能正确地绑定，包括商品名称、订单编号、商品数量、收货地址、商品图片、商品单位、已付金额等。
（4）可通过点击订单中的商品正确地跳转到相应的页面，例如查询物流、自提等。

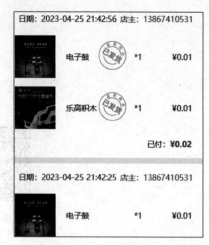
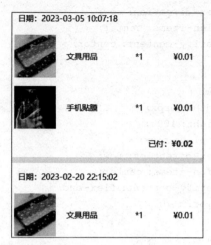

图 7-11 我的订单列表模板效果图

（5）模板测试无报错。

7.11.2 实践指导

在模板文件 tp.wxml 中，定义一个名称为 tp_me_shouhuo 的模板，在这个模板嵌入一个循环结构，循环数据的名称为 goods。

在循环结构中，根据数据提供的商品属性 fSonghuoFangshi 的值，分为两种情况。当 fSonghuoFangshi 的取值为 fKuaidi 时，循环结构显示快递类型的订单；当 fSonghuoFangshi 的取值为 fZiti 时，循环结构显示自提类型的订单。

自提订单类型需要显示订单日期 time、商品图片 fFoodImg、商品名称 fFoodName、购买数量 fFoodCountOrder、商品单价 fFoodPrice、已付金额 total；快递订单类型除了要显示自提订单类型所描述订单外，还需显示店主电话 shoptel、发货标识 img_yfh。

1. 模板引用方法

输入快递类型的数据：

```
<template is="tp_me_shouhuo"
data="{{goods:me_kd,img_yfh:'/images/icons/yfh.png'}}"></template>
```

输入自提类型的数据：

```
<template is="tp_me_shouhuo"
data="{{goods:me_zt,img_yfh:'/images/icons/yfh.png'}}"></template>
```

模板 tp_me_shouhuo 引用要点是：数据 goods 表示的商品订单数据，可以是快递类型或自提类型。

（1）自提类型订单数据结构：

```
me_zt: [
  {
    "orderID": "001",
    "time": "2023-03-05 10:07:18.0",
    "fSonghuoFangshi": "fZiti",
    "total": 0.02,
```

```
      "shangpins": [
        {
          "fID": "001",
          "fFoodCountOrder": "1",
          "fFoodImg": "https://XXX",
          "fFoodName": "文具用品",
          "fFoodPrice": "0.01"
        }
      ]
```

(2) 快递类型订单数据结构：

```
me_zt: [
  {
    "orderID": "001",
    "shoptel": "XXXXXXXX",
    "time": "2023-03-05 10:07:18.0",
    "fSonghuoFangshi": "fKuaidi",
    "total": 0.02,
    "shangpins": [
      {
        "fID": "001",
        "fFoodCountOrder": "1",
        "fFoodImg": "https://XXX",
        "fFoodName": "文具用品",
        "fFoodPrice": "0.01"
      }
    ]
```

(3) 数据 img_yfh 表示已发货标识对应的图片路径：

```
img_yfh:'/images/icons/yfh.png'
```

2. 模板结构样式

(1) 模板结构字段规划如下：

```
<template name="tp_me_shouhuo">
  <block wx:for="{{goods}}" wx:for-item="i" wx:key="time" wx:index="ii">
    <view class='tp_ps_item'>
      <view>
        <block wx:if="{{i.fSonghuoFangshi=='fKuaidi'}}">
          <view class='tp_date'>
            <block wx:if="{{i.fSonghuoFangshi=='fKuaidi'}}">
              <text style="color:blue;">日期：{{wxsFile.formatTime(i.time)}}</text>
              <text style="color:red;">店主：{{i.shoptel}}</text>
            </block>
            <block wx:else>
              <text>日期：{{wxsFile.formatTime(i.time)}}</text>
            </block>
          </view>
        </block>
        <block wx:else>
          <view class='tp_date'>
```

```xml
            <text>日期：{{wxsFile.formatTime(i.time)}}</text>
          </view>

        </block>

        <view class='tp_goodItems'>

          <block wx:for="{{i.shangpins}}" wx:for-item="j" wx:key="fID" wx:index="jj">
            <!--<text>{{j.fShopTel}}</text>-->
            <!--快递-->
            <block wx:if="{{i.fSonghuoFangshi=='fKuaidi'}}">
              <!--返回：订单号 forderkuaidi、店主姓名  fname、店主电话  fshoptel -->
              <view class='tp_goods' data-fname="{{j.fFoodName}}"
                    data-forderkuaidi="{{j.fOrderKuaiDi}}"
                    data-fshoptel="{{j.fShopTel}}" data-fid="{{j.fID}}"
                    bindtap="goQueryKd"
                    data-tm_forderyanshou="{{j.fOrderYanShou}}" data-orderid="{{i.orderID}}">
                <view class="tp_fFoodImg">
                  <image src="{{j.fFoodImg}}"></image>
                </view>
                <view class='tp_goodSum_left tp_yiti'>
                  <text>{{j.fFoodName}}</text>
                  <!--j.fOrderKuaiDi!=null 标识快递,已发货-->
                  <block wx:if="{{j.fOrderKuaiDi!=null&&j.fOrderYanShou=='1'}}">
                    <view class="tp_yfh_img">
                      <image src="{{img_yfh}}"></image>
                    </view>
                  </block>
                  <view class="tp_yiti_img" wx:if="{{j.fOrderYanShou=='yitihuo'}}">
                    <image src="/images/icons/yiti.png"></image>
                  </view>
                </view>
                <view class='tp_goodSum_mid'>
                  <text>* {{j.fFoodCountOrder}}</text>
                </view>
                <view class='tp_goodSum_right'>
                  <text>¥{{j.fFoodPrice}}</text>
                </view>
              </view>
            </block>
            <!--自提 -->
            <block wx:if="{{i.fSonghuoFangshi=='fZiti'}}">
              <!--反馈 7个信息： 订单编号   orderid   商品名称  tm_fname   商品图片   tm_fimg 商品单位  tm_funit 商品数量  tm_fnum  收货地址  tm_fusergetaddress  店主电话  tm_fshoptel   -->
              <!--能显示的都是未提货的(若提货,则该订单--> 转移到"评价"标签) -->
              <view class='tp_goods' data-ma_orderid="{{j.fOldOrderID+j.fFoodID+j.fShopTel}}"
                    data-orderid="{{i.orderID}}" data-tm_fname="{{j.fFoodName}}" data-tm_fnum="{{j.fFoodCountOrder}}" bindtap="goZtm"
                    data-tm_fshoptel="{{j.fShopTel}}" data-tm_funit="{{j.fUnit}}"
```

```
              data-tm_fimg="{{j.fFoodImg}}"
                    data-tm_fusergetaddress="{{j.fUserGetAddress}}"
data-tm_forderyanshou="{{j.fOrderYanShou}}" >
                    <view class="tp_fFoodImg">
                        <image src="{{j.fFoodImg}}"></image>
                    </view>
                    <view class='tp_goodSum_left'>
                        <view class="fFoodName">
                            <text class="tp_slh">{{j.fFoodName}}</text>
                        </view>
                        <view class="tp_yiti_img" wx:if="{{j.fOrderYanShou=='yitihuo'}}">
                            <image src="/images/icons/yiti.png"></image>
                        </view>
                    </view>
                    <view class='tp_goodSum_mid'>
                        <text> * {{j.fFoodCountOrder}}</text>
                    </view>
                    <view class='tp_goodSum_right'>
                        <text>¥{{j.fFoodPrice}}</text>
                    </view>
                </view>
            </block>
        </block>
    </view>
</view>
<view class='tp_orderSum'>
    <view class='tp_moneySum_left'>
        <text>已付：</text>
    </view>
    <view class='tp_moneySum_right'>
        <text>¥{{wxsFile.priceFormat(i.total)}}</text>
    </view>
</view>
<view class="tp_fenge">
</view>
    </view>
  </block>
</template>
```

(2) 模板样式字段规划如下：

```
.tp_ps_item {
  width: 100%;
  /*订单中商品*/
}

.tp_date {
  /*下单日期*/
  width: 85%;
  display: flex;
  flex-direction: row;
  justify-content: space-between;
```

```css
        margin-bottom: 10rpx;
        margin-top: 10rpx;
        padding-top: 20rpx;
        padding-left: 5%;
    }

    .tp_goodItems {
        /*订单商品父盒子*/
        width: 100%;
        display: flex;
        flex-direction: column;
    }

    .tp_goods {
        /*具体某个商品*/
        width: 100%;
        display: flex;
        flex-direction: row;
        justify-content: space-between;
        align-items: center;
        font-size: 28rpx;
        margin-top: 30rpx;
    }

    .tp_fFoodImg {
        margin-left: 25rpx;
        width: 150rpx;
        height: 150rpx;
    }

    .tp_fFoodImg image {
        width: 100%;
        height: 100%;
    }

    .tp_goodSum_left {
        /*商品名称和配送类型---父盒子*/
        width: 200rpx;
        height: 150rpx;
        margin-left: 30rpx;
        display: flex;
        flex-direction: row;
        justify-content: flex-start;
        align-items: center;
        position: relative;
    }

    .fFoodName {
        width: 100%;
```

```css
    display: flex;
    flex-direction: row;
    justify-content: flex-start;
}

.tp_yiti {
    /* 订单---建立相对坐标系,确保标识图片位置 */
    position: relative;
}

.tp_yfh_img {
    /* 已发货(快递) */
    position: absolute;
    left: 120rpx;
    bottom: 30rpx;
    width: 100rpx;
    height: 100rpx;
    display: flex;
    flex-direction: row;
    justify-content: center;
    align-items: center;
}

.tp_yfh_img image {
    width: 100%;
    height: 100%;
}

.tp_bg_kd {
    /* 订单---配送标记 */
    background-color: red;
    color: white;
    margin-right: 60rpx;
}

.tp_bg_sh {
    /* 订单---配送标记 */
    background-color: rgb(12, 207, 54);
    color: white;
    margin-right: 60rpx;
}

.tp_bg_zt {
    /* 订单---配送标记 */
    background-color: rgb(0, 17, 255);
    color: white;
    margin-right: 60rpx;
}
```

```css
.tp_goodSum_mid {
    /*商品数量*/
    width: 100rpx;
    display: flex;
    flex-direction: row;
    margin-left: 40rpx;
}

.tp_goodSum_right {
    /*商品单价*/
    width: 150rpx;
    display: flex;
    flex-direction: row;
    margin-left: 30rpx;
}

.tp_orderSum {
    /*订单汇总信息*/
    width: 670rpx;
    height: 100rpx;
    display: flex;
    flex-direction: row;
    align-items: center;
    justify-content: flex-end;
    padding-right: 80rpx;
    font-size: 28rpx;
}

.tp_moneySum_left {
    /*"已付"字样*/
    height: 60%;
    display: flex;
    flex-direction: row;
    align-items: center;
}

.tp_moneySum_right {
    /*订单应付金额*/
    height: 60%;
    display: flex;
    flex-direction: row;
    justify-content: flex-start;
    align-items: center;
    font-weight: bold;
    color: rgb(216, 30, 6);
}

.tp_fenge {
    /*订单分割线*/
```

我的订单列表模板

```
width: 750rpx;
height: 20rpx;
background-color: rgb(244, 244, 244);
}
```

7.11.3 自我测试

(1) 对于不同的配送方式(快递和自提),模板可以使用_____指令对其进行判断,并分别显示不同的信息。

(2) 定制模板时通过_____循环语句来遍历订单数据。

(3) ps_items 数组通常用于_____。

(4) 日期的具体展示通过_____函数进行格式化。

(5) 已经付款的订单总价用_____和_____这两个包裹的 view 标签进行排版。

任务 7.12　定制评价录入组件

7.12.1　任务要求

定制我的评价录入组件,要求组件能够显示表 7-11 中给定的数据,并实现规划的交互动作。

表 7-11　评价录入组件数据表

组件名称	属性名称、数据名称	交互动作名称、返回字段名称
pj_view	item="{{item}}"	bind:goMe="goMe" e.detail

当我的评价录入组件正确显示表 7-11 中的数据时,其效果如图 7-12 所示。

图 7-12　评价录入组件效果图

验收标准如下。

(1) 模板的位置、尺寸合理合规,同效果图一致。

(2) 可通过点击任意商品均可跳转至对应的商品评价页面,评价操作正常。

(3) 页面展示的数据符合实际情况,购买时间显示准确。

(4) 组件测试无报错。

7.12.2 实践指导

在目录 component 中，创建一个页面名称为 pj_view 的四个同名文件，四个文件的后缀名分别为".js"".wxml"".wxss"".json"。

组件 pj_view 需要展示的内容包括商品图片 fFoodImg、商品名称 fFoodName 和购买时间 fPayShopTime，需要用户录入的信息为评价内容 fContent。

交互动作包括评价信息的录入和评价信息的提交，在脚本文件中，bindkeyname 函数实现评价信息的录入，goMe 实现评价信息的提交。

1. 组件引用方法

（1）组件命名

```
"usingComponents": {
  "pj_view":"/component/pj_view/pj_view"
}
```

上表中定义了一个名称为 pj_view 的用户自定义标签，该标签用到的组件路径为/component/pj_view/pj_view。

（2）嵌入组件

```
<pj_view item="{{item}}" fContent="{{fContent}}" bind:goMe="goMe">
</pj_view>
```

组件 pj_view 的引用要点如下。

① 数据 item 表示待评价商品对象。

```
item: {
  "fNickName": "评价者昵称",
  "fNickImg": "https://XXX",
  "fPID": "被评价商品编号",
  "fFoodName": "笔袋",
  "fFoodImg": "https://XXX",
  "fPayShopTime": "2023-02-19 22:59:46.0",
  "myorder_id": "订单号"
}
```

② 数据 fContent 表示评价内容初值。

```
fContent: ""
```

2. 组件结构样式和脚本

（1）组件结构。

```
<wxs src="../../wxs/mywxs.wxs" module="wxsFile"></wxs>
<view class="plview">
  <view class="top">
    <view class='item-left'>
      <image class="foodimg" src='{{item.fFoodImg}}'></image>
    </view>
    <view class='item-right'>
      <view class='item-right-top'>
        <text>{{item.fFoodName}}</text>
```

```
        </view>
        <view class='item-right-bottom'>
          <block wx:if="{{item.fPayShopTime==''}}">
            <text>购买时间:</text>
          </block>
          <block wx:else>
            <text>购买时间: {{wxsFile.formatTime(item.fPayShopTime)}}</text>
          </block>
        </view>
      </view>
    </view>

    <view class="middle">
        <view class="left">
           <text>评论:</text>
        </view>
        <view class="right">
           <input placeholder="请文明用语!" value="{{fContent}}" bindinput="bindkeyname"></input>
        </view>
     </view>

    <view class="bottom">
      <button type="warn" class="wc" bindtap="goMe">
         <text>完成</text>
      </button>
    </view>
  </view>
</view>
```

（2）组件样式。

```
.plview {
  width: 100%;
  height: 100%;
}

.top {
  padding-top: 2vh;
  width: 640rpx;
  height: 15vh;
  display: flex;
  flex-direction: row;
  align-items: center;
}

.item-left {
  width: 36%;
  height: 90%;
  margin-right: 4%;
}

.foodimg {
```

```css
  width: 100%;
  height: 100%;
}

.item-right {
  width: 60%;
  height: 100%;
  display: flex;
  flex-direction: column;
  justify-content: space-around;
  align-items: flex-start;
}

.item-right-top {
  color: rgb(4, 4, 4);
  font-weight: bold;
  font-size: 27rpx;
}

.item-right-bottom {
  font-size: 24rpx;
}

.middle {
  width: 640rpx;
  height: 10vh;
  display: flex;
  flex-direction: row;
  align-items: flex-start;
  margin-bottom: 10rpx;
  font-size: 25rpx;
}

/* .middle {
  height: 60rpx;
  display: flex;
  flex-direction: row;
  align-items: center;
} */

.left {
  height: 60rpx;
  display: flex;
  flex-direction: row;
  align-items: center;
  width: 15%;
}

.right {
  height: 60rpx;
  display: flex;
  flex-direction: row;
```

```
    align-items: center;
    width: 85%;
    border-bottom: 1rpx solid # ccc;
}
.bottom {
    width: 640rpx;
    height: 10vh;
    display: flex;
    flex-direction: row;
    align-items: center;
    justify-content: center;
}
.wc {
    width: 100%;
    height: 60%;
    font-size: 35rpx;
    border-radius: 9rpx;
    display: flex;
    flex-direction: row;
    align-items: center;
    justify-content: center;
}
```

(3) 组件脚本字段规划如下：

```
Component({
    /**
     * 组件的属性列表
     */
    properties: {
        item: {
            type: Object,
            value: {
                fFoodImg: '',
                fFoodName: '',
                fPayShopTime: ''
            }
        },
    },
    /**
     * 组件的初始数据
     */
    data: {

    },
    /**
     * 组件的方法列表
     */
```

```
      methods: {
        bindkeyname: function (e) {
          this.setData({ fContent: e.detail.value });
        },
        goMe: function () {
          this.triggerEvent('goMe',this.data.fContent)
        }

      }
    })
```

定制评价录入组件

7.12.3 自我测试

(1) 通过属性 bindtap 绑定_____事件,实现通过点击评论条目跳转至相应的评价页面的功能。

(2) 样式类 tp_ps_item ,用于设置_____的样式。

(3) 样式类 tp_date ,用于展示评论时间,并通过_____函数将时间戳转换为日期格式。

(4) 在_____标签中根据 j.fPLState 判断商品的评论状态,若为_____,则表示未评论,此时展示 tp_yfh_img 样式类对应的图标。

(5) 属性 bindtap 指定了绑定的点击事件为_____。

任务 7.13 定制分类类别列表组件

7.13.1 任务要求

定制分类类别列表组件,要求模板能够显示表 7-12 中给定的数据,并实现规划的交互动作。

表 7-12 分类类别列表组件数据表

组件名称	属性名称、数据名称	交互动作名称、返回字段名称
type_view	types="{{types}}" cur_index="{{cur_index}}"	bind:switch_type="switch_type" e.detail

当分类类别列表组件正确显示表 7-12 中的数据时,其效果如图 7-13 所示。

图 7-13 分类类别列表组件效果图

验收标准如下。

组件 type_view 应具有以下功能。

(1) 正确显示所有商品类别,并上下排列。

(2) 选中某一类别时,通过颜色变化表示该类别已被选中。

(3) 通过点击组件中的类型可以正确更新到相应的商品列表。

(4) 组件测试无报错。

7.13.2 实践指导

在目录 component 中,创建一个页面名称为 type_view 的 4 个同名文件,4 个文件的后缀名分别为".js"".wxml"".wxss"".json"。

组件 type_view 需要展示的内容包括商品类别名称 fName;交互动作是当前商品类别的切换,在脚本中通过 getCur 实现。

1. 组件引用方法

(1) 组件命名:

```
"usingComponents": {
  "type_view":"/component/type_view/type_view"
}
```

上表中定义了一个名称为 type_view 的用户自定义标签,该标签用到的组件路径为/component/type_view/type_view。

(2) 嵌入组件:

```
<type_view types="{{types}}" cur_index='{{cur_index}}'
bind:switch_type="switch_type"></type_view>
```

组件 type_view 的引用要点如下。

① 数据 types 表示商品类型对象数组。

```
types: [
    {
      "fID": "001",
      "fName": "学习",
      "fSellNum": "0",
      "fState": "001",
      "fType": "01"
    }
  ]
```

② 数据 cur_index 表示当前商品类别序号的初值。

```
cur_index: 0
```

2. 组件结构样式和脚本

(1) 组件结构字段规划如下:

```
<view class="com_type_content">
  <block wx:for="{{types}}" wx:key="fID">
    <view class="com_type {{cur_index==index? 'com_selectColor':''}}" bindtap=
```

```
        "getCur" data-cur_index="{{index}}">
            <text>{{item.fName}}</text>
        </view>
      </block>
  </view>
```

(2) 组件样式字段规划如下：

```css
.com_type_content{
  width: 100%;
  height: 100%;
}

.com_type{
  width: 100%;
  height: 10%;
  border-bottom: 4rpx # ccc solid;
  /*    */
  display: flex;
  flex-direction: row;
  justify-content: center;
  align-items: center;
}

/* 类别选中样式 */
.com_selectColor {
  background-color: white;
}
```

(3) 组件脚本字段规划如下：

```javascript
// component/type/type.js
Component({
  /**
   * 组件的属性列表
   */
  properties: {
    cur_index: {
      type: Number
    },
    types:{
      type:Array
    }
  },

  /**
   * 组件的初始数据
   */
  data: {

  },

  /**
```

```
 * 组件的方法列表
 */
methods: {
  getCur: function (e) {
    var cur_index=e.currentTarget.dataset.cur_index;
    this.setData({ cur_index: cur_index });
    this.triggerEvent("switch_type",cur_index);
  }
}
})
```

定制分类类别
列表组件

7.13.3 自我测试

（1）本任务中组件 type_view 绑定的函数名是_____。

（2）定制组件 type_view 时应根据分类页面规划,利用_____滚动视图区域组件,在其中放置可滚动的商品类目。

（3）通过添加属性 scroll-y,可以使商品类目_____滚动。

（4）当用户点击某个类型时,触发_____方法,将当前类型的索引更新为_____。

（5）若当前类型索引等于 cur,就添加一个_____类样式,表示该类型被选中。

任务 7.14 定制关键词录入提交组件

7.14.1 任务要求

定制关键词录入提交组件,要求模板能够显示表 7-13 中给定的数据,并实现规划的交互动作。

表 7-13 关键词录入提交组件数据表

组件名称	属性名称、数据名称	交互动作名称、返回字段名称
input_key_view	key="{{key}}"	bind:goResult="goResult" e.detail

当关键词录入提交组件正确显示表 7-13 中的数据时,其效果如图 7-14 所示。

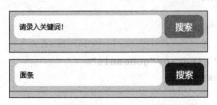

图 7-14 关键词录入提交组件效果图

验收标准如下。

（1）编辑框可录入文本内容。

（2）编辑框内容为空时,使搜索按钮处于禁用状态。

（3）编辑框内容非空时,使搜索按钮处于启用状态。

（4）通过点击搜索按钮,使控制台输出关键词内容。

（5）组件测试无报错。

7.14.2 实践指导

在目录 component 中,创建一个页面名称为 input_key_view 的 4 个同名文件,4 个文件的后缀名分别为".js"".wxml"".wxss"".json"。

组件 input_key_view 需要展示是搜索关键词 key;交互动作是提交搜索动作,在脚本中通过 goResult 实现;搜索信息的录入动作,在脚本中通过 bindKeyInput 实现。

1. 组件引用方法

(1)组件命名:

```
"usingComponents": {
    "input_key_view":"/component/input_key_view/input_key_view"
}
```

以上代码定义了一个名称为 input_key_view 的用户自定义标签,该标签用到的组件路径为/component/input_key_view/input_key_view。

(2)嵌入组件:

```
<input_key_view key="{{key}}" bind:goResult="goResult"></input_key_view>
```

组件 input_key_view 的引用要点是:数据 key 表示搜索关键词。

key: ""

2. 组件结构样式和脚本

(1)组件结构字段规划如下:

```
<view class="key_view">
    <view class="search">
        <!--e.detail.value 即 input 的键盘值-->
        <input bindinput="bindKeyInput" placeholder="请录入关键词!" focus="true" value="{{key}}"/>
    </view>
    <block wx:if="{{key==''}}">
        <view class="bt wuxiao">
            <text>搜索</text>
        </view>
    </block>
    <block wx:else>
        <view class="bt" bindtap="goResult">
            <text>搜索</text>
        </view>
    </block>
</view>
```

(2)组件样式字段规划如下:

```
.key_view {
    width: 710rpx;
    height: 100%;
    background-color: rgb(240, 240, 240);
```

```
    display: flex;
    flex-direction: row;
    justify-content: space-between;
    align-items: center;
    border-bottom: 4rpx solid #ccc;
    padding-left: 20rpx;
    padding-right: 20rpx;
}

.search {
    width: 550rpx;
    height: 70%;
    background-color: white;
    border-radius: 20rpx;
    display: flex;
    flex-direction: row;
    justify-content: flex-start;
    align-items: center;
    padding-left: 20rpx;
}

.bt {
    width: 150rpx;
    height: 70%;
    background-color: #07c160;
    border-radius: 20rpx;
    display: flex;
    flex-direction: row;
    justify-content: center;
    align-items: center;
    margin-left: 10rpx;
    color: white;
    font-weight: bold;
    font-size: 32rpx;
}

.wuxiao{
    background-color: #ccc;
    color: #fff ! important;
}
```

(3) 组件脚本：

```
//component/input_key/input_key.js
Component({
    /**
     * 组件的属性列表
     */
    properties: {
        key:{
            type: String,
            value:''
        }
```

```
    },
    /**
     * 组件的初始数据
     */
    data: {

    },
    /**
     * 组件的方法列表
     */
    methods: {
        bindKeyInput: function (e) {
            this.setData({ key: e.detail.value });
        },
        goResult: function () {
            this.triggerEvent('goResult',this.data.key)
        }

    }
})
```

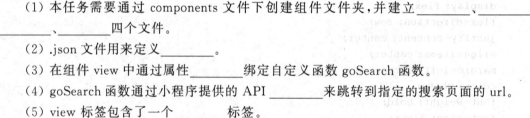

定制关键词录入
提交组件

7.14.3 自我测试

（1）本任务需要通过 components 文件下创建组件文件夹，并建立_____、_____、_____、_____四个文件。

（2）.json 文件用来定义_____。

（3）在组件 view 中通过属性_____绑定自定义函数 goSearch 函数。

（4）goSearch 函数通过小程序提供的 API _____来跳转到指定的搜索页面的 url。

（5）view 标签包含了一个_____标签。

任务 7.15 定制选项卡组件

7.15.1 任务要求

定制选项卡组件，要求模板能够显示表 7-14 中给定的数据，并实现规划的交互动作。

表 7-14 关键词录入提交组件数据表

组件名称	属性名称、数据名称	交互动作名称、返回字段名称
tab_view	tabDatas="{{mytabDatas}}" curTab="{{meType}}"	bind:tabE="tabE" e.detail
	tabDatas="{{mytabDatas}}" curTab="{{cartType}}"	bind:tabE="tabE" e.detail

当选项卡组件正确显示表 7-14 中的数据时，其效果如图 7-15 所示。

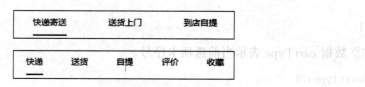

图 7-15　页面选项卡组件

验收标准如下。

(1) 可通过点击选项卡,切换到对应的页面或者选项。在购物车页面,需要实现不同的配送方式切换;在个人中心页面,需要实现不同的子页面切换。

(2) 选项卡在未选中和选中两种状态下的样式有明显的区分。

(3) 当点击一个选项卡时,该选项卡应该呈现选中状态,而其他选项卡则应该呈现未选中状态。

(4) 可根据具体功能的需求,需要实现不同的交互效果。

(5) 组件测试无报错。

7.15.2 实践指导

在目录 component 中,创建一个页面名称为 tab_view 的四个同名文件,四个文件的后缀名分别为".js"".wxml"".wxss"".json"。

组件 tab_view 需要展示选项卡名称 name;交互动作是选项卡的切换动作,在脚本中通过 tabItem 实现。

1. 组件引用方法

(1) 组件命名:

```
"usingComponents": {
  "tab_view":"/component/tab_view/tab_view"
}
```

上述代码中定义了一个名称为 tab_view 的用户自定义标签,该标签用到的组件路径为 /component/tab_view/tab_view。

(2) 嵌入组件:

```
<tab_view tabDatas="{{mytabDatas}}" curTab="{{cartType}}"
bind:tabE="tabE"></tab_view>
```

组件 tab_view 的引用要点如下。

① 数据 mytabDatas 表示选项卡对象数组。

```
mytabDatas: [
  {
    name: "快递寄送"
  },
  {
    name: "送货上门"
  },
  {
    name: "到店自提"
```

        }
    ]

② 数据 cartType 表示当前选项卡序号。

cartType: 0

2. 组件结构样式和脚本

（1）组件结构字段规划如下：

```
<view class="com_tab_content">
    <block wx:for="{{tabDatas}}" wx:key="index">
        <view class="com_tab_w {{curTab==index? 'com_tab_selected':'com_tab_noselected'}}" bindtap="tabItem" data-tabindex="{{index}}">
            <text>{{item.name}}</text>
        </view>
    </block>
</view>
```

（2）组件样式字段规划如下：

```
.com_tab_content{
  width: 100%;
  height: 100%;
  display: flex;
  flex-direction: row;
  justify-content: space-around;
  align-items: center;
  font-size: 28rpx;
}

/* 标签盒子的宽度 */
.com_tab_w {
  /* width: 100%; */
  height: 100%;
  display: flex;
  flex-direction: row;
  justify-content: center;
  align-items: center;
}

/* 选项卡---标签按钮(选中下划线偏红色样式) */
.com_tab_selected {
  box-sizing: border-box;
  color: #ba1420;
  border-bottom: 4rpx solid #ba1420;
}

/* 选项卡---标签按钮(未被选中下划线灰色样式) */
.com_tab_noselected {
  border-bottom: 4rpx solid rgb(255, 255, 255);
  box-sizing: border-box;
}
```

(3) 组件脚本字段规划如下：

```
Component({
  properties: {
    curTab: {
      type: Number
    },
    tabDatas:{
      type:Array
    }
  },
  methods: {
    //组件内部动作
    tabItem: function (e) {
      var tabIndex=e.currentTarget.dataset.tabindex
      this.setData({ curTab: tabIndex });
      this.triggerEvent("tabE",tabIndex);
    }
  }
})
```

定制选项卡组件

7.15.3 自我测试

（1）通过设置属性_____，可以给不同的选项卡赋予不同的数值，用于标示不同的选项。

（2）属性 data-index 可用于标示每个选项卡的_____。

（3）变量_____可用于表示当前处于激活状态的选项卡。

（4）_____布局可使选项卡元素排列在同一行，并通过属性_____来实现下划线效果。

（5）如果想要实现切换效果，可以使用_____方法来实时更新 currentTab 变量的值。

任务 7.16　定制详情页面底部固定栏组件

7.16.1　任务要求

定制详情页面底部固定栏组件，要求模板能够显示表 7-15 中给定的数据，并实现规划的交互动作。

表 7-15　详情加购操作组件数据表

组件名称	属性名称、数据名称	交互动作名称、返回字段名称
go_cart_view	item:item img_kf:'/images/icons/kf01.png' img_sc_true:'/images/icons/sc01.png' img_sc_false:'/images/icons/sc02.png'	bind:goCart="goCart" 客服按钮 收藏按钮 显示弹窗 wx.showToast 缓存 meSCStore 增删商品

当详情页面底部固定栏组件正确显示表 7-15 中的数据时，其效果如图 7-16 所示。

图 7-16　详情页底部固定栏组件

验收标准如下。
(1) 底部固定栏始终固定在页面底部。
(2) 包含客服、收藏、快递、送货和自提等功能图标,并正确显示和响应用户的选项。
(3) 通过点击图标进入对应的功能页面或进行相应的操作。
(4) 商品详情页面能够正确地传递参数给底部固定栏组件。
(5) 组件测试无报错。

7.16.2　实践指导

在目录 component 中,创建一个页面名称为 go_cart_view 的四个同名文件,四个文件的后缀名分别为".js"".wxml"".wxss"".json"。

组件 go_cart_view 需要展示客服图标 img_kf,收藏图标 img_sc_true 或 img_sc_false;交互动作是商品加入购物车的操作,在脚本中通过 goCart 实现;切换收藏状态操作,在脚本中通过 updateSCStore 实现。

1. 组件引用方法

(1) 组件命名:

```
"usingComponents": {
  "go_cart_view":"/component/go_cart_view/go_cart_view"
}
```

上表中定义了一个名称为 go_cart_view 的用户自定义标签,该标签用到的组件路径为/component/go_cart_view/go_cart_view。

(2) 嵌入组件:

```
<go_cart_view item="{{item}}" img_kf="/images/icons/kf01.png" img_sc_true="/images/icons/sc01.png" img_sc_false="/images/icons/sc02.png" bind:goCart="goCart"></go_cart_view>
```

组件 go_cart_view 的引用要点如下。
① 数据 item 表示商品对象。

```
item: {
  "fID": "001",
  "fName": "手机贴膜",
  "fImg": "https://XXXX",
  "fDescription": "商品简介 XXXX",
  "fPrice": "0.01",
  "fUnit": "张",
  "fKuaidi": "false",
  "fSonghuo": "false",
```

```
    "fZiti": "true",
    "fOldPrice": "58.85"
}
```

② 数据 img_kf 表示客服图标路径。

```
img_kf="/images/icons/kf01.png"
```

③ 数据 img_sc_true 表示商品被收藏时收藏图标路径。

```
img_sc_true="/images/icons/sc01.png"
```

④ 数据 img_sc_false 表示商品未被收藏时收藏图标路径。

```
img_sc_false="/images/icons/sc02.png"
```

2. 组件结构样式和脚本

（1）组件结构字段规划如下：

```
<view class="add_cart_view">
  <view class="kf">
    <button open-type="contact" class="kf-pos"></button>
    <view class="img">
       <image class="img_tp" src="{{img_kf}}"></image>
    </view>
  </view>
  <view class="sc" bindtap="updateSCStore">
    <!--收藏图标二选一 -->
    <block wx:if="{{scFlag==true}}">
       <view class="img">
          <image class="img_tp" src="{{img_sc_true}}"></image>
       </view>
    </block>
    <block wx:else>
       <view class="img">
          <image class="img_tp" src="{{img_sc_false}}"></image>
       </view>
    </block>
  </view>
  <view class="ps-kd ps" data-ps="0" bindtap="goCart" wx:if="{{item.fKuaidi=='true'}}">
     <text>快递</text>
     <text>寄送</text>
  </view>
  <view class='wuxiao' wx:else>
     <text>快递</text>
     <text>寄送</text>
  </view>
  <view class="ps-sh ps" data-ps="1" bindtap="goCart" wx:if="{{item.fSonghuo=='true'}}">
     <text>送货</text>
     <text>上门</text>
  </view>
  <view class='wuxiao' wx:else>
```

```
        <text>送货</text>
        <text>上门</text>
    </view>
    <view class="ps-zt ps" data-ps="2" bindtap="goCart" wx:if="{{item.fZiti==
'true'}}">
        <text>到店</text>
        <text>自提</text>
    </view>
    <view class='wuxiao' wx:else>
        <text>到店</text>
        <text>自提</text>
    </view>
</view>
```

(2) 组件样式字段规划如下：

```
.add_cart_view {
  width: 750rpx;
  height: 120rpx;
  font-size: 26rpx;
  display: flex;
  flex-direction: row;
  justify-content: center;
  align-items: center;
}

.kf {
  width: 20%;
  height: 100%;
  display: flex;
  flex-direction: column;
  justify-content: center;
  align-items: center;
  position: relative;
}

.kf-pos {
  position: absolute;
  /* 调试时,透明度可设置为 0.5 */
  opacity: 0;
  background-color: yellow;
  height: 100%;
  width: 90%;
  bottom: 0rpx;
  top: 0;
}

.sc {
  width: 20%;
  height: 100%;
  display: flex;
  flex-direction: row;
  justify-content: center;
```

```css
    align-items: center;
}

.img {
  width: 40%;
  height: 50%;
}

.img_tp {
  width: 100%;
  height: 100%;
}

.ps-kd {
  background-color: hotpink;
}

.ps-sh {
  background-color: rgb(5, 82, 15);
}

.ps-zt {
  background-color: blueviolet;
}

.ps {
  width: 20%;
  height: 100%;
  display: flex;
  flex-direction: column;
  justify-content: center;
  align-items: center;
  color: #fff;
}

/*三种按钮无效样式相同*/
.wuxiao {
  width: 20%;
  height: 100%;
  background-color: #f7f7f7;
  display: flex;
  flex-direction: column;
  align-items: center;
  justify-content: center;
  color: #acacac;
}
```

（3）组件脚本字段规划如下：

```javascript
//component/add_cart/add_cart.js
Component({
  /**
   * 组件的属性列表
```

```
     */
    properties: {
      img_kf: {
        type: String
      },
      img_sc_true: {
        type: String
      },
      img_sc_false: {
        type: String
      },
      scFlag: {
        type: Boolean
      },
      item: {
        type: Object
      },
      scArray: {
        type: Object
      }
    },

    /**
     * 组件的初始数据
     */
    data: {

    },

    /**
     * 组件的方法列表
     */
    methods: {
      updateSCStore: function () {

        //准备收藏商品的对象 item
        var item = this.data.item;

        //摘除、添加
        var tempFlag = false;
        //假设
        var scArray = wx.getStorageSync('meSCStore')
        //判断
        for (let i = 0; i < scArray.length; i++) {
          if (item.fID == scArray[i].fID) {
            tempFlag = true;
            //摘除
            scArray.splice(i, 1);
            break;
          }
        }
```

```
    //tempFlag 判断是否添加商品 item
    if (tempFlag == false) {
      scArray.push(item);
    }
    //及时将最新的本地收集集合 tempShoucangs 保存的缓存中
    wx.setStorageSync('meSCStore', scArray);
    //修改本商品的收藏状态值
    this.data.scFlag =! this.data.scFlag;
    this.setData({ scFlag: this.data.scFlag });
    //弹出窗口,文本说明
    if (this.data.scFlag == true) {
      wx.showToast({
        title: '已收藏',
        icon: 'none',
        duration: 1000
      })
    } else {
      wx.showToast({
        title: '取消收藏',
        icon: 'none',
        duration: 1000
      })
    }
  },
  goCart: function (e) {
    wx.setStorageSync('cartTypeStore', parseInt(e.currentTarget.dataset.ps));
    //构造所选商品
    var item = {};
    switch (wx.getStorageSync('cartTypeStore')) {
      case 0:
        item = {
          fID: this.data.item.fID,
          fName: this.data.item.fName,
          fPrice: this.data.item.fPrice,
          fType: this.data.item.fType,
          fTel: this.data.item.fTel,
          fSelect: 1,
          fNum: 1,
          fImg: this.data.item.fImg,
          fOldPrice: this.data.item.fOldPrice,
          fUnit: this.data.item.fUnit,
          fPsType: 'kuaidi'
        };
        break;
      case 1:
        item = {
          fID: this.data.item.fID,
          fName: this.data.item.fName,
          fPrice: this.data.item.fPrice,
          fType: this.data.item.fType,
          fTel: this.data.item.fTel,
          fSelect: 1,
```

```javascript
            fNum: 1,
            fImg: this.data.item.fImg,
            fUnit: this.data.item.fUnit,
            fAreas: this.data.item.fAreas,
            fSonghuo_address: this.data.item.fSonghuo_address,
            fPsType: 'songhuo'
          };
          break;
        case 2:
          item = {
            fID: this.data.item.fID,
            fName: this.data.item.fName,
            fPrice: this.data.item.fPrice,
            fType: this.data.item.fType,
            fTel: this.data.item.fTel,
            fSelect: 1,
            fNum: 1,
            fImg: this.data.item.fImg,
            fUnit: this.data.item.fUnit,
            fAreas: this.data.item.fAreas,
            fZiti_address: this.data.item.fZiti_address,
            fPsType: 'ziti'
          };
          break;
      }
      //缓存传递不同页面之间的数据
      wx.setStorageSync("D2CStore", item);
      this.triggerEvent("goCart")

    },

  },
  ready: function () {

    //this.setSC(this.data.item.fID);
    var fID = this.data.item.fID;
    //进入详情页面,首先用缓存中收藏的商品初始化本地收集器
    this.setData({ tempShoucangs: wx.getStorageSync('meSCStore') });
    //假设商品没有在收藏夹中
    let IsShouCang = false;
    for (let i = 0; i < this.data.tempShoucangs.length; i++) {
      if (fID == this.data.tempShoucangs[i].fID) {
        IsShouCang = true;
        break;
      }
    }
    //判断 IsShouCang-----shoucang 爱心收藏变量的真,假值
    if (!IsShouCang) {
      this.setData({ scFlag: false });
    } else {
      this.setData({ scFlag: true });
    }
    //
    wx.hideLoading({
      success: (res) => { },
```

		})
	}
})

7.16.3 自我测试

详情页面底部
固定栏组件

（1）"购物车"按钮根据商品的不同属性，可显示_____个不同的选项。
（2）选项_____通过属性 bindtap 绑定了点击事件。
（3）在 foot 视图中需要添加_____、_____、_____的图标和文字。
（4）用于保存该配送方式的值的属性是_____。
（5）对于需要动态判断的收藏图标，应使用_____和_____条件渲染语法。

技能提炼

1. 建立组件或模板的文件夹

（1）作用：在项目文件夹中，创建或拷贝相应文件夹，存放模板或组件的相关文件。
（2）格式：

1. 模板文件文件夹：项目文件夹 kyq\pages\tp
2. 组件文件文件夹：项目文件夹 kyq\component
3. 图标图片文件夹：项目文件夹 kyq\images\icons

（3）练习：在学习平台下载 tp、component、images 文件夹及内容，并按格式要求导入对应的路径，导入后的路径如图 7-17 所示。

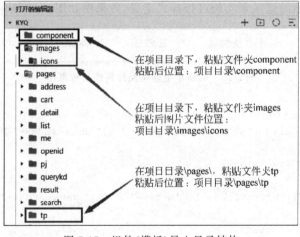

图 7-17　组件（模板）导入目录结构

2. 创建模板、组件的基本结构

（1）作用：在 WXML 文件中，实现页面模块化、代码复用和页面的可维护性。
（2）练习：根据以下格式中的选项卡实例，完成选项卡组件结构的创建。

```
<view class="name ">
  <view class="{{currentTab ==0 ? 'active' : ''}}" data-index="0" bindtap="changeTab">
    <text>选项卡 1</text>
```

```
     </view>
     <view class="{{currentTab ==1 ? 'active' : ''}}" data-index="1" bindtap=
"changeTab">
        <text>选项卡 2</text>
     </view>
     <view class="{{currentTab ==2 ? 'active' : ''}}" data-index="2" bindtap=
"changeTab">
        <text>选项卡 3</text>
     </view>
</view>
```

要求：

① 考虑使用一个＜view＞标签作为选项卡组件的父容器，并在其中嵌套多个＜view＞或＜text＞标签作为组件的单元。

② 用属性 data-index 来标示每个选项卡的下标。

③ 用变量 currentTab 来表示当前处于激活状态的选项卡。

3. 定义模板或组件样式

（1）作用：定义样式可以让我们对组件和模板的样式进行细节处理，使得页面看起来更加美观、舒适。

（2）格式：

```
.className {
    color:_____;
    background-color:_____;
    margin-left:_____ rpx;
}
```

（3）练习：对下面的选项卡实例进行样式定义，效果图如图 7-18 所示。

图 7-18　购物车主题切换标签按钮效果图

```
<view class="name ">
<view class="{{currentTab ==0 ? 'active' : ''}}" data-index="0" bindtap=
"changeTab">
    <text>选项卡 1</text>
  </view>
  <view class="{{currentTab ==1 ? 'active' : ''}}" data-index="1" bindtap=
"changeTab">
      <text>选项卡 2</text>
   </view>
   <view class="{{currentTab ==2 ? 'active' : ''}}" data-index="2" bindtap=
"changeTab">
      <text>选项卡 3</text>
   </view>
</view>
```

4. 添加交互行为

（1）作用：提高用户体验、实现复杂功能、增加页面美观度。

(2) 格式(以选项卡组件为例)：

```
Page({
  data: {
      参数名称：参数变量,
  },
  绑定事件名称: function(e) {
    this.setData({ currentTab(变量名): e.currentTarget.dataset.index })
  },
})
```

(3) 说明：

① 使用 bindtap 方法来绑定点击事件，并在相应的事件处理函数中对 currentTab 变量进行更新。

② e.currentTarget.dataset.index：返回当前选项对应的索引值。

5. 模板或组件的引入

(1) 作用：将模板或组件引入需要使用该模板或组件的页面中。

(2) 格式：

```
<template is="mymodule" data="{{title: '标题', desc: '描述'}}"></template>
<template is="mymodule" data="{{title: '标题', desc: '描述'}}"></template>
```

(3) 练习：在详情页面和购物车页面的 WXML 和 WXSS 文件中，尝试引入模板或组件。

课后习题

1. 关于在项目文件夹中创建文件，下列说法中正确的是(　　)。
   A. 项目文件夹 kyq\pages\tp 存放的是模板文件
   B. 项目文件夹 kyq\component 存放的是图标文件
   C. 项目文件夹 kyq\component 存放的是模板文件
   D. 项目文件夹 kyq\images\icons 存放的是图标文件
2. 关于定制选项卡组件，下列说法中正确的是(　　)。
   A. data-index 属性来标示每个选项卡的下标
   B. currentTab 变量来表示当前处于激活状态的选项卡
   C. {{currentTab == 0 ? 'active' : ''}}表示如果 currentTab 为 0，则 active 的值为空
   D. text 标签中存放的是文本内容
3. 下面属于对文本样式进行设置的属性是(　　)。
   A. color   B. background-color
   C. font-size   D. border
4. 关于交互动作，下列说法中错误的是(　　)。
   A. 交互动作的作用是提高用户体验、实现复杂功能和增加页面美观度
   B. 交互动作的添加代码中，date 数组中存放着参数和变量
   C. 在选项卡组件中，使用 bindtap 方法来绑定点击事件，并在相应的事件处理函数中对 currentTab 变量进行更新
   D. 在选项卡组件中，e.currentTarget.dataset.index 返回的是当前选项对于的索引值
5. 如果想要引入并使用模板，应该使用(　　)标签。

A. template　　　　B. slot　　　　　C. view　　　　　D. block

6. 关于模板 tp_lb 的定制,下列说法中正确的是(　　)。

　　A. swiper 标签的作用为创建图片轮播部分

　　B. changeLBindex 事件绑定在了 view 标签中

　　C. wx:for 属性来遍历图片数据

　　D. swiper-item 标签可以定义单个轮播内容

7. 在定制 tp_rc 模板时,需要获取(　　)个返回字段。

　　A. 0　　　　　　B. 1　　　　　　C. 2　　　　　　D. 3

8. 在定制模板 tp_col 时,下列说法中错误的是(　　)。

　　A. 模板需要实现商品列表的上下滚动及点击跳转动作

　　B. 模板的宽度不需要设置,是由商品的多少来自适应

　　C. 在模板中,wx:for、wx:if 指令控制数据的渲染和展示

　　D. 通过 wx:for 来指定当前循环项的变量名

9. 在模板 tp_zanwu 中,"暂无送货商品图标"想要实现将图标置于距父画板高度 20% 位置处且左右居中,下列样式设置正确的是(　　)。

　　A. flex-direction:row;

　　B. justify-content:center;

　　C. class 为 wu_top 的标签样式设置为 height:20%;

　　D. align-items:center;

10. 在定制模板 tp_xq_pl 时,下列说法中错误的是(　　)。

　　A. 在＜view＞标签中绑定评价模板中所要展示的长图、评论数据

　　B. 属性 img_tw、img_pl,用于显示无长图和无评价时的提示图标

　　C. 模板宽度和父画板一样宽,模板高度由内容多少决定

　　D. 使用 wx:for 语句来判断 xqImgs 和 pjs 的存在与否

11. 定制模板 tp_cart_zt 时应该注意(　　)。

　　A. 点击加减按钮可以更新商品数量

　　B. 第 1 个自定订单,顶部距离父画板 20rpx

　　C. 每个自提订单大小为 700rpx×360rpx

　　D. 在父画板范围内,自提订单可上下滚动显示

12. 关于模板 tp_cart_kd,下列说法中正确的是(　　)。

　　A. 快递订单数据 cart_kd 表示为一个二维数组

　　B. 使用 wx:for 语法,遍历商品信息数据

　　C. 使用 wx:key 指定列表中项目的唯一的标识符

　　D. 使用 bindtap 属性捕捉用户的点击事件

13. 模板 tp_pay 中,样式属性 justify-content 为 flex-start 的标签为(　　)。

　　A. class 为 tp_cart-foot 的标签　　　　B. class 为 tp_gd 的标签

　　C. class 为 tp_zongjia 的标签　　　　　D. class 为 tp_zf 的标签

14. 关于模板 tp_pj,下列说法中错误的是(　　)。

　　A. wx:for 会将评论列表 pl_items 中的每一项遍历出来

　　B. 通过 wxsFile.formatTime 函数将时间戳转换为字符串日期

　　C. 通过＜template＞标签创建 tp_pj 模板

D. bindtap 属性指定了绑定的点击事件为 goPL
15. 在组件 tab_viewlist 中,下列有关"我的页面选项卡"样式的设置正确的是(　　)。
A. width：750rpx； B. height：100hv；
C. flex-direction：column D. align-items：center

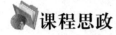
课程思政

1. 创新思维

在定制多个页面模板和组件的过程中,要引导学生妥善处理不同页面和模板(组件)的关系,学会运用创新思维,提出新颖的设计、布局和功能实现方法,通过创新的方式提高页面的实用性、美观性和用户体验。同时,在任务执行过程中不断开拓思路,探索更加先进和创新的制作技术和方法,培养自己的创新能力和创新意识。

2. 合作精神

在制作多个页面模板和组件的过程中,需要多人分工合作,每个人都要担当不同的角色和任务。在此过程中,要引导学生建立良好的沟通和合作机制,培养团队合作精神和责任感,通过任务的协作实践,体会到集体协作的力量和意义。

3. 社会责任感

在制作多个页面模板和组件的过程中,要引导学生关注数据的社会价值和应用效果,了解所做工作的社会意义和发展目标,认识到自己的工作是为了推动经济社会的发展,提高人民群众的生活质量和幸福指数。同时,在任务执行过程中也要注重社会责任感和信息安全,在数据使用和处理过程中,一定要遵守相关的道德和伦理标准,保护知识产权和信息安全。

4. 独立思考和判断

在制作多个页面模板和组件的过程中,要引导学生注重独立思考和判断能力的培养,探索和应用相关的技术和方法,自主发现问题并提出解决方案,进行自主管理和自我评价,培养自己的判断力和决策能力。

5. 诚信素质

在制作多个页面模板和组件的过程中,要引导学生具备良好的诚信素质,识别和避免数据处理过程中可能存在的作弊和剽窃行为,遵守学术规范和实践准则,保证任务的真实性和准确性。同时,在任务执行过程中要注重自己的诚信行为和道德素质,培养诚信意识和行为习惯。

6. 思考

(1) 如何在当下复杂多变的社会环境中保持积极乐观的心态和良好的心理素质？

(2) 科技发展对于社会和经济的影响是积极的还是消极的？如何在科技创新方面注重社会责任和环境保护？

(3) 在团队合作中,如何平衡个人利益和团队整体利益,培养良好的团队协作精神和沟通能力？

(4) 如何正确处理自己的个人数据和隐私问题,保证自己的信息安全？

(5) 企业在发展过程中如何同时考虑经济效益和社会责任,合理分配资源和利润,回馈社会并支持可持续发展？

单元 8

填充模板和组件

填充模板和组件的目的是,通过模板和组件,将页面中的数据按照模板和组件的布局格式展示出来。通过定义模板的交互动作,或者完善接管组件的交互动作,可以实现页面特定的业务逻辑以及所需的功能。

思维导图

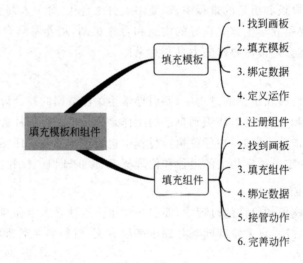

知识目标

- 掌握在页面中导入文件的方法;
- 掌握模板和组件的语法规则;
- 掌握绑定模板和组件数据的方法;
- 掌握实现接口或接管事件的语法规则;
- 掌握实现多选一布局结构的方法;
- 掌握正则表达式的格式要点;
- 掌握在画布绘制二维码的要点。

能力目标

- 能够在项目中导入资源文件;
- 能够在框架中填充模板和组件;
- 能够在模板和组件中绑定数据;
- 能够在脚本文件中实现接口或接管事件;
- 能够实现多选一的布局结构;

- 能够调用第三方工具实现字符串二维码的显示；
- 能够利用正则表达式清除框架背景颜色。

任务 8.1　导入模板和组件的资源文件

8.1.1　任务要求

导入模板和组件的资源文件，具体工作内容如下。
（1）将模板和组件的资源文件导入项目工程。
（2）通过测试确保新工程项目运行正常。
验收标准如下。
（1）模板和组件的资源文件存在项目文件夹中。
（2）程序运行无报错。

8.1.2　实践指导

1. 实践步骤

导入模板组件和资源文件，就是将预先规划的相关文件夹及内容，复制并粘贴到项目的根目录（图 8-1），并对添加文件夹的项目进行测试检验，其具体步骤如下。

导入模板组件文件

（1）复制并粘贴模板和组件的目录结构。

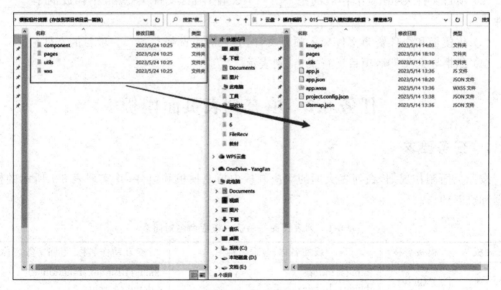

图 8-1　导入资源

（2）测试粘贴后的项目无报错。

2. 技能储备

1）解压文件

对单元 7 任务完成后压缩的资源文件（项目代码）进行解压。

2) 导入模板和组件资源

(1) 导入资源文件：将解压后的模板和组件资源文件导入项目文件,导入时选择直接替换原项目的文件。需要注意,导入的资源文件在本任务中并未使用,是为下一个任务做的准备工作。

(2) 导入的资源文件对应的位置及名称如下。

① 模板文件文件夹：项目文件夹\pages\tp。

② 组件文件文件夹：项目文件夹\component。

③ 工具文件文件夹：项目文件夹\utils。

④ 脚本文件文件夹：项目文件夹\wxs。

3) 运行测试

用小程序开发工具导入含有模板和组件资源文件的项目,打开后,如果导入成功,项目会正常运行,不会出现运行错误,否则就是导入失败。

4) 压缩项目

资源文件导入成功后,在文件资源管理中找到项目文件,将其打包压缩,为后续的开发做准备。

8.1.3 自我检测

(1) 项目文件夹\pages\tp 中存放的是_____文件,项目文件夹\component 文件夹中存放的是_____文件。

(2) 项目文件夹\utils 中存放的是_____文件,项目文件夹\wxs 中存放的是_____文件。

(3) 将模板和组件资源文件导入项目文件,导入时应选择_____项目的文件。

(4) 如果导入文件后项目运行报错,则表示_____。

任务 8.2　填充列表页面模板

8.2.1　任务要求

按照页面制作规划,在列表页面的对应画板中填充模板和组件,并实现表 8-1 所示的模板数据和交互动作。

表 8-1　列表页面—画板—模板命名对照表

画板	模板名称	属性名称、数据名称	交互动作名称、返回字段名称
banner	tp_lb	lbimgs:lbimgs lbindex:lbindex	changeLBindex:function(e) e.detail.current
goods	tp_rc	goods:goods img:'/images/icons/gwc.png'	goDetail:function(e) e.currentTarget.dataset.pageindex e.currentTarget.dataset.index

当实现表 8-1 中的数据之后,即得到如图 8-2 所示的列表页面效果图。

验收标准如下。

(1) 轮播面板能够轮播显示多张图片。

图 8-2 列表页面效果图

（2）轮播面板能够切换图片，输出当前图片序号。
（3）商品列表能够显示多个商品摘要。
（4）可通过点击商品摘要跳转到详情页面，并输出商品组号和组内序号。
（5）程序运行无报错。

8.2.2 实践指导

1. 实践步骤

（1）将模板填充至 banner 画板（口诀：引模板，找画板，填模板，写数据，定函数）。

（2）将模板填充至 goods 画板（口诀：引模板，找画板，填模板，写数据，定函数）。

（3）修饰页面效果：

.search background-color:rgb(244,244,244);

填充列表页面
模板和组件

2. 技能储备

1) 引入模板文件

（1）在 list.wxml 文件的第一行，引入 tp.wxml 文件：

<import src="/pages/tp/tp.wxml"></import>

<import>标签用于将外部 WXML 文件中定义的模板 template 导入当前的 WXML 文件中并注册成名称为"tp"的模板，以供后续使用。

(2) 在 list.wxss 文件第一行,引入 tp.wxss 文件:

@import '/pages/tp/tp.wxss';

@import 是一种 CSS 样式导入方式。该语句表示将位于/pages/tp 目录下的 tp.wxss 文件中的样式导入当前页面或组件中使用。通过这种方式,可以使多个页面或组件共享同一个样式文件。

2) 将模板填充至 banner 画板

(1) 在 list.wxml 文件中建立名为 banner 的画板,将模板 tp_lb 填充到该画板:

```
<template is="tp_lb" data="{{lbimgs:lbimgs,lbindex:lbindex}}"></template>
```

在 template 标签中,属性 is 声明了使用的模板名称为"tp_lb",属性 data 则传递了 lbimgs 和 lbindex 两个数据到该模板中进行展示。模板具体实现的效果需要根据模板 tp_lb 的内容来确定。

(2) 设定交互动作 changeLBindex:

```
changeLBindex: function (e) {
  this.setData({ lbindex: e.detail.current });
}
```

changeLBindex 是一个自定义函数名,用于在页面对象中声明该函数为页面的一部分。在轮播模板的具体实现过程中,可以将该函数作为回调函数,在轮播图切换时被触发执行。

该函数中的参数 e 代表了轮播模板传递过来的事件对象,其中包含了当前轮播图像的索引值等信息。通过 e.detail.current 可以获取到当前轮播图像的索引值,这个值对应的是轮播模板中所显示的图片和内容。随后,在函数内部使用 setData()方法更新页面上属性 lbindex 的值,使得它与当前轮播图像的索引值保持一致。

3) 将模板填充至 goods 画板

(1) 在 list.wxml 文件中创建名为 goods 的画板,将模板 tp_rc 填充到该画板:

```
<template is="tp_rc"  data="{{goods:goods,img:'/images/icons/gwc.png'}}">
</template>
```

在 template 标签中,属性 is 声明了使用的模板名称为"tp_rc",属性 data 则传递了 goods 和 img 两个数据到该模板中来进行展示。

goods 是商品信息,img 是传递购物车信息的数据,用于在该模板中展示一个购物车图标。在模板内部可以通过{{}}双大括号语法来引用这些数据并进行展示。

(2) 交互动作 goDetail:

```
goDetail: function (e) {
console.log("分组号:" +e.currentTarget.dataset.pageindex);
    console.log("商品号:" +e.currentTarget.dataset.index);
   wx.navigateTo({
     url: '../detail/detail'
   })
 }
```

该函数中的参数 e 代表了点击事件对象,其中包含了当前组件的一些信息和数据。通过 e.currentTarget.dataset 可以获取到当前组件上存储的自定义数据,即本段代码中的

pageindex 和 index，它们分别表示商品所在的分组号和商品号。

在函数内部使用 console.log 方法输出当前商品所在的分组号和商品号，以便日后进行调试或操作。最后，使用 wx.navigateTo 方法执行页面跳转操作，将用户导航至指定的商品详情页面(本代码中为'../detail/detail')。

4) 修饰页面效果

(1) 在 list.wxml 文件中创建名为 newtext 的画板，添加标签"＜text＞推荐商品＜/text＞"，并修改其样式：

```
<view class="newtext">
    <text>推荐商品</text>
</view>
.newtext{
  width: 690rpx;
  height: 80rpx;
  font-size: 30rpx;
  font-weight: bold;
  display: flex;
  flex-direction: row;
  justify-content: flex-start;
  align-items: center;
}
```

(2) 在 list.wxml 文件中创建名为 s-text 的画板，添加标签"＜text＞搜索商品＜/text＞"，在 s-img 画板填充一个放大镜图标，并修改其样式：

```
<view class="s_img">
    <image src="/images/icons/ss.png"></image>
</view>
<view class="s_text">
    <text>搜索商品</text>
</view>
.s_img{
  width: 100%;
  height: 100%;
}
.s_text{
  height: 30rpx;
  font-size: 26rpx;
  display: flex;
  flex-direction: row;
  justify-content: center;
  align-items: center;
}
```

① .s-img 类是搜索图标所在的 view 容器，使用了 image 标签在容器内部显示图片。

② .s-text 类是搜索框文本所在的 view 容器，使用了 text 标签来显示文本内容。

5) 背景色处理

用 CSS 设置 .search 和 .line 这两个类名元素的背景颜色为 rgb(244，244，244)的浅灰色：

```
.search {
  background-color: rgb(244, 244, 244);
```

```
}
.line {
  background-color: rgb(244, 244, 244);
}
```

8.2.3 自我检测

（1）引入模板 WXML 文件的格式为_____。

（2）代码@import '/pages/tp/tp.wxss'; 是在_____文件中引入了_____文件。

（3）导入 wxml 文件时，需要将导入的代码写在第_____行，导入 WXSS 文件时，需要将导入的代码写在第_____行。

（4）导入模板文件后，接下来要做的工作是_____。

（5）在 ＜template＞ 标签中用_____is 属性指定模板名称，在属性 data 中通过_____语法提供所需的参数信息。

任务 8.3 填充分类页面模板和组件

8.3.1 任务要求

按照页面制作规划，在分类页面的对应画板中填充模板和组件，并实现如表 8-2、表 8-3 所示的模板和组件的数据和交互动作。

表 8-2 分类页面—画板—组件命名对照表

画板	组件名称	属性名称、数据名称	交互动作名称、返回字段名称
sv_left	type_view	types="{{types}}" cur_index="{{cur_index}}"	bind:switch_type="switch_type" e.detail

表 8-3 分类页面—画板—模板命名对照表

画板	模板名称	属性名称、数据名称	交互动作名称、返回字段名称
sv_right	tp_col	goods:goods img:'/images/icons/gwc.png'	goDetail:function(e) e.currentTarget.dataset.index
	tp_zanwu	tip:'暂无该类商品' img:'/images/icons/zwsp.png'	无交互操作

当实现表 8-2、表 8-3 中的数据之后，即得到如图 8-3 所示的分类页面效果图。

验收标准如下。

（1）能够显示多个商品类别。

（2）能够显示多个商品摘要。

（3）能够显示暂无商品提示。

（4）可通过点击商品类别，切换当前类别标识，输出类别序号。

（5）可通过点击商品摘要，跳转到详情页面，输出商品序号。

（6）可通过点击顶部搜索模块，跳转到搜索录入页面。

（7）程序运行无报错。

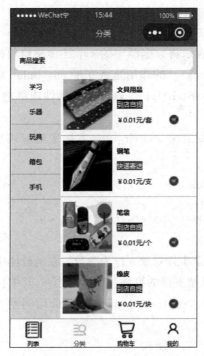

图 8-3 分类页面效果图

8.3.2 实践指导

1. 实践步骤

（1）将组件填充至 sv-left 画板（口诀：起名字，找画板，填组件，写数据，绑动作，定函数）。

（2）在 sv-right 画板填充二选一结构。

（3）在 sv-right 画板填充暂无提示模板（口诀：引模板，找画板，填模板，写数据）。

（4）在 sv-right 画板填充非空模板（口诀：引模板，找画板，填模板，写数据，定函数）。

（5）修饰页面效果：

```
.content  font-size: 27rpx;
.sv_left  background-color: rgb(240,240,240);
.search  background-color: white;
.top  background-color: rgb(240,240,240);
```

填充分类页面模板和组件

2. 技能储备

1）将组件填充至 sv-left 画板

（1）在配置文件 type.json 文件中引用一个名为 type_view 的自定义组件：

```
"usingComponents": {
  "type_view":"/component/type_view/type_view"
}
```

type_view 是组件的名称，/component/type_view/type_view 是组件所在的路径。可以通过这段代码在页面的 JSON 文件中声明该组件，并在 WXML 文件中引用该组件的标签。

（2）在 type.wxml 中，将组件引用至画板 sv-left：

```
<type_view types="{{types}}" cur_index='{{cur_index}}'
bind:switch_type="switch_type"></type_view>
```

① types="{{types}}" 表示将数据源中的 types 传递给组件。

② cur_index='{{cur_index}}' 的作用是将变量 cur_index 的值传递给组件。

③ bind:switch_type="switch_type" 表示将在组件内部触发 switch_type 事件时,调用当前页面的 switch_type 方法。

(3) 在 type.js 文件中需要定义 switch_type 方法来响应该事件的触发,并实时记录用户选择的商品列表类别内容:

```
switch_type: function (e) {
  console.log(e.detail);
  this.setData({cur_index:e.detail});
}
```

① 函数 switch_type 将一个事件对象 e 作为参数。在函数体中,首先使用 console.log() 对应 e.detail 的值(detail 是小程序框架提供的事件对象属性之一,其中包含了事件携带的信息)。

② this.setData() 方法将{cur_index:e.detail}赋值给当前页面 data 对象中的属性 cur_index。

2) 在 sv-right 画板填充二选一结构

在 type.wxml 文件中填充 sv-right 画板的结构,检查 goods 数组是否包含任何元素。如果该条件为真,则会显示 block 标签下的内容,否则将不会执行此代码块,转而执行前面定义的 wx:else 标签中的内容。

```
<block wx:if="{{goods.length>0}}">
    商品非空
</block>
<block wx:else>
    暂无商品
</block>
```

(1) block 标签用于实现条件渲染,表示如果 goods 数组的长度大于 0,则渲染一个文本节点"商品非空";否则渲染另一个文本节点"暂无商品"。

(2) 属性 wx:if 用于判断条件是否成立,如果为真,则执行 block 标签中的内容(即"商品非空"),否则不渲染该标签。而 wx:else 则对应了当条件不成立时执行的逻辑,它需要在同一级别下与 wx:if 配合使用。

到此步骤,可对 sv-right 内容二选一结构进行检验,测试如表 8-4 所示。

表 8-4 检验二选一结构对照表

data 中 goods 数据	sv-right 显示内容
goods:[{},{},{}]	商品非空
goods:[]	暂无商品

3) 将非空模板填充至 sv-right 画板

(1) 在 type.wxml 文件的第一行,引入 tp.wxml 文件:

```
<import src="/pages/tp/tp.wxml"></import>
```

（2）在 type.wxss 文件的第一行，引入 tp.wxss 文件：

```
@import '/pages/tp/tp.wxss';
```

（3）在 type.wxml 文件中，当文本为"商品非空"时，使用模板 tp_col 替换：

```
<template is="tp_col" data="{{goods:goods,img:'/images/icons/gwc.png'}}">
</template>
```

（4）在 type.js 文件中添加函数 goDetail()用于跳转到详情页面：

```
goDetail:function(e){
  console.log("商品号:" +e.currentTarget.dataset.index);
  wx.navigateTo({
    url: '/pages/detail/detail',
  })
}
```

函数 goDetail()被调用时，它会通过参数 e 获取事件对象，并使用 console.log()打印出该事件对象中包含的 currentTarget.dataset.index 值。

currentTarget 是事件对象的一部分，它表示当前触发事件的组件（即小程序页面中对应的视图元素），dataset 则是其中的一个属性，可以用来存储和读取自定义数据。根据代码的逻辑推断，这个小程序可能在某个地方以循环的方式渲染了多个相似的商品元素，并将不同商品的编号等信息存储在了各自的 dataset 中。

在函数体的下半部分，使用了 wx.navigateTo()方法跳转到了/pages/detail/detail 页面（详情页面），该方法会在保留当前页面的基础上打开目标页面。

4）将模板填充至 sv-right 画板

定位 type.wxml 文件中的"暂无商品"文本，使用模板 tp_zanwu 进行替换：

```
<template is="tp_zanwu" data="{{tip:'暂无该类商品',img:'/images/icons/zwsp.png'}}"></template>
```

5）页面修饰

（1）在 list.wxml 中名为 search 的画板，添加标签"＜text＞商品搜索＜/text＞"：

```
<text>商品搜索</text>
```

（2）在 type.wxss 文件中进行背景色处理：

```
background-color:[\s\S]*
```

说明：清除设计背景色正则表达式。

```
.search {
  background-color: #fff;
}
.top{
  background-color: rgb(240, 240, 240);
}
```

说明：添加修饰背景色。

8.3.3 自我检测

1. 判断题

（1）模板必须有交互动作。　　　　　　　　　　　　　　　　　　　　　（　　）

(2) 填充模板时,属性 isr 的值就是要填充模板的名称。( )
(3) 必须完成动作绑定后才能测试模板的显示效果。( )
(4) 在二选一结构中,判断条件以表达式形式作为属性 wx:if 的值。( )
(5) 页面中若未注册自定义组件,则无法在页面结构中填充组件。( )
(6) 模板使用的"两个第一",是指在页面结构文件和页面样式文件各自的第一行引用模板的结构文件和模板的样式文件。( )
(7) 填充模板时,模板的交互动作必须在进行绑定后才能使用。( )
(8) 填充组件时,可直接定义动作内容,无须绑定组件的交互动作。( )
(9) 定义动作内容时,可以用 console.log()命名,在控制台输出相关内容。( )
(10) 若交互动作中有内容需要反馈,通常会在动作函数中携带一个参数。( )
(11) 组件或模板是否正确填充,通常需要测试数据显示和交互动作这两方面的内容。( )
(12) 设置页面跳转时,需要提供目标页面的相对路径。( )
(13) 向组件或模板提供数据时,必须成对提供属性名和数据内容。( )
(14) 为组件绑定动作时,必须指明动作名称和这个动作对应的事件名称。( )
(15) 弹性盒子的布局规则由四个命令组成。( )
(16) 弹性盒子的布局规则通常书写在父画板的样式中。( )
(17) 外边距和内边距都可以调整元素的位置,因此它们无差别。( )
(18) 交互动作无法改变组件的显示状态。( )
(19) 注册组件就是要定义填充组件时,这个组件的标签名称。( )

2. 填空题

(1) _____ 标签用于创建一个文本输入框。
(2) 页面中.Page 对象定义了属性 _____ 来存储用户界面状态数据。
(3) 如果想要将按钮的背景颜色设置为 royalblue,可以使用 CSS 属性 _____。
(4) 引用组件需要在属性 _____ 中引用,语法规则为 _____。
(5) 在 sv-right 画板中,如果想要实现选择性的显示内容,可以使用 _____ 语句。

任务 8.4　填充搜索录入页面组件

8.4.1　任务要求

按照页面制作规划,在搜索录入页面的对应画板中填充模板和组件,并实现表 8-5 所示的组件的数据和交互动作。

表 8-5　搜索录入页面—画板—组件命名对照表

画板	组件名称	属性名称、数据名称	交互动作名称、返回字段名称
top	input_key_view	key="{{key}}"	bind:goResult="goResult" e.detail

当实现表 8-5 中的数据之后,即得到如图 8-4 所示的搜索录入页面效果图。
验收标准如下。
(1) 能够录入搜索关键词。
(2) 可通过点击搜索按钮,跳转到搜索结果页面,输出关键词。
(3) 从搜索结果页面返回搜索录入页面时,搜索框内容清空。

图 8-4 搜索录入页面效果图

(4) 程序运行无报错。

8.4.2 实践指导

1. 实践步骤

(1) 将组件填充至 top 画板(口诀:起名字,找画板,填组件,写数据,绑动作,定函数)。

(2) 返回本页,数据清空。

(3) 修饰页面效果:

```
.content
background-color:rgb(240,240,240);
font-size: 27rpx;
```

填充搜索录入
页面模板和组件

2. 技能储备

1) 将组件填充至 top 画板

(1) 在配置文件 search.json 中引用一个名为"input_key_view"的自定义组件:

```
"usingComponents": {
  "input_key_view":"/component/input_key_view/input_key_view"
},
```

(2) 在 search.wxml 文件中,引用组件至 top 画板:

```
<input_key_view key="{{key}}" bind:goResult="goResult"></input_key_view>
```

2) 实现页面跳转

在 search.js 文件中编写 goResult 函数,用于跳转到搜索结果页面:

```
goResult: function (e) {
  console.log('关键词:'+e.detail)
```

```
  wx.navigateTo({
    url: '/pages/result/result'
  })
}
```

goResult 是事件处理函数,当它被调用时会通过参数 e 获取事件对象并输出关键词然后调用小程序 API 函数 wx.navigateTo,跳转到 /pages/result/result 页面。在模板中,我们可以使用 bindtap="goResult" 绑定事件处理函数,当用户触发点击事件时,就会执行对应的处理函数。

8.4.3 自我检测

1. 判断题

(1) 组件内部的动作,在页面中无法修改。 (   )
(2) 组件可以完成动作的部分内容,其余部分需要交给引用者继续完成。 (   )
(3) 引用组件时,页面数据仅仅完成了向组件提供属性初值的作用。 (   )
(4) 组件属性值修改后,对应的页面变量值一定会随之更新。 (   )
(5) 组件可以通过交互动作向外界传递属性值。 (   )
(6) 组件属性值的修改,可以通过用户的交互动作实现。 (   )
(7) 组件属性值可以决定属性的显示状态。 (   )
(8) 只要页面重新显示就一定会执行 onShow 函数。 (   )
(9) 可以用 setData() 函数设置页面数据,并及时刷新显示数据。 (   )

2. 填空题

(1) bindtap 和 catchtap 两种事件绑定方式的作用是_____,_____互换使用。
(2) 组件的属性值可以是_____、_____、_____、_____、_____等类型。
(3) 如果想要在组件中填充动作,那么添加格式为_____,动作需要在_____文件中定义。

任务 8.5　填充搜索结果模板

8.5.1　任务要求

按照页面制作规划,在搜索结果页面的对应画板中填充模板和组件,并实现如表 8-5 所示的模板的数据及交互动作。

搜索结果页面需要放在列表页面之前显示以便进行可视化调节,当实现表 8-6 中的数据之后,即得到如图 8-5 所示的搜索结果页面效果图。

表 8-6　搜索结果页面—画板—模板命名对照表

画板	模板名称	属性名称、数据名称	交互动作名称、返回字段名称
goods	tp_rc	goods:goods img:'/images/icons/gwc.png'	goDetail:function(e) e.currentTarget.dataset.pageindex e.currentTarget.dataset.index
	tp_zanwu	tip:'暂无搜索商品' img:'/images/icons/zwsp.png'	无交互操作

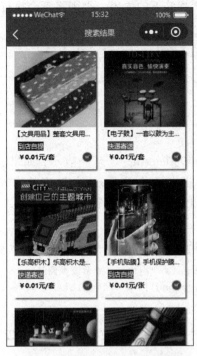

图 8-5 搜索结果页面效果图

验收标准如下。

(1) 能够录入搜索关键词。

(2) 可通过点击搜索按钮,跳转到搜索结果页面,输出关键词。

(3) 程序运行无报错。

8.5.2 实践指导

1. 实践步骤

(1) 在 goods 画板填充二选一结构。

(2) 在 goods 画板填充暂无提示模板(口诀:引模板,找画板,填模板, 写数据)。

(3) 填充非空模板(口诀:引模板,找画板,填模板,写数据,定函数)。

填充搜索结果页面模板和组件

2. 技能储备

1) 引用模板文件

(1) 在 result.wxml 文件的第一行,引入 tp.wxml 文件:

```
<import src="/pages/tp/tp.wxml"></import>
```

(2) 在 result.wxss 文件的第一行,引入 tp.wxss 文件:

```
@import '/pages/tp/tp.wxss';
```

2) 在 goods 画板填充二选一结构

在 result.wxml 文件中,填充 goods 画板的结构,检查 goods 数组是否包含任何元素。如果该条件为真,则会显示 block 标签下的内容。否则将不会执行此代码块,转而执行前面定义的 wx:else 标签中的内容。

```
<block wx:if="{{goods.length>0}}">
    商品非空
</block>
<block wx:else>
    暂无商品
</block>
```

`<block wx:if="{{goods[0].length>0}}">`表示:如果 goods 的第一个元素为非空数组,则执行里面的模板;否则会进入`<block wx:else>`中的内容。在本段代码中,如果 goods 数组中 goods[0]非空,则会输出"商品非空"字符串。

3) goods 填暂无模板

定位 result.wxml 文件中的"暂无商品"文本,使用模板 tp_zanwu 进行替换:

```
<template is="tp_zanwu" data="{{tip:'暂无该类商品
',img:'/images/icons/zwsp.png'}}"></template>
```

4) goods 填非空模板

(1) 定位 result.wxml 文件中的"商品非空"文本,使用模板 tp_col 进行替换:

```
<template is="tp_col" data="{{goods:goods,img:'/images/icons/gwc.png'}}">
</template>
```

(2) 在 result.js 文件中添加 goDetail()函数用于跳转到商品详情页:

```
goDetail:function(e){
console.log('商品所在组的序号:',e.currentTarget.dataset.pageindex)
console.log('商品所组内的序号:',e.currentTarget.dataset.index)
wx.navigateTo({
    url: '/pages/detail/detail',
})
}
```

该函数通过调用 e.currentTarget.dataset 方法,获取了触发事件的组件,自定义属性 pageindex 和 index 的值以分别表示其所在分组和商品编号。然后,在控制台输出这两个值以供开发者进行调试。最后,用小程序提供的 wx.navigateTo()方法跳转到详情页面。

5) 页面修饰

在 type.wxss 文件中对.content 和.goods 进行清除背景色处理:

```
.content{
 width: 750rpx;
 /* height: 1500rpx; */
 display: flex;
 flex-direction: column;
 justify-content: flex-start;
 align-items: center;
}
.goods{
 width: 690rpx;
}
```

8.5.3 自我检测

1. 判断题

（1）模板属性值初值只能通过页面变量进行赋值。（　　）
（2）填充模板时，可以根据自己的理解重新对属性的名称进行命名。（　　）
（3）模板可以决定数据的布局和显示效果。（　　）
（4）模板可以重复使用。（　　）
（5）模板是否具有交互动作接口，是在模板制作时决定的。（　　）

2. 填空题

（1）当 goods 数据为空时，会引用一个名为_____的模板。
（2）要实现当含有商品信息时显示商品具体内容的功能，可以通过引入_____的方式进行复用，将重复性代码减少。
（3）wx.navigateTo()方法的作用为_____。

任务 8.6　填充我的收藏页面模板和组件

8.6.1　任务要求

按照页面制作规划，在我的收藏页面的对应画板中填充模板和组件，并实现如表 8-7、表 8-8 所示的模板和组件的数据及交互动作。

表 8-7　我的收藏页面—画板—组件命名对照表

画板	组件名称	属性名称、数据名称	交互动作名称、返回字段名称
middle	tab_view	tabDatas="{{mytabDatas}}" curTab="{{meType}}"	bind:tabE="tabE" e.detail

说明：我的收藏页面中不同主题的切换，采用同一个主题切换模块

表 8-8　我的收藏页面—画板—模板命名对照表

画板	模板名称	属性名称、数据名称	交互动作名称、返回字段名称
bottom	tp_rc	goods:me_sc img:'/images/icons/gwc.png'	goDetail:function(e) e.currentTarget.dataset.pageindex e.currentTarget.dataset.index
	tp_zanwu	tip:'暂无收藏记录' img:'/images/icons/wsc.png'	无交互操作

当实现表 8-7、表 8-8 中的数据之后，即得到如图 8-6 所示的我的收藏页面效果图。
验收标准如下：

（1）能够显示多个商品摘要（收藏类型）。
（2）能够显示暂无提示信息。
（3）可通过点击商品摘要，跳转到详情页面，输出组号和组内序号。
（4）能够显示多个主题标签。
（5）可通过点击主题标签，切换当前主题标签状态，输出当前标签序号。
（6）可通过点击个人名片图标，跳转到个人名片页面。

图 8-6 我的收藏页面效果图

(7) 程序运行无报错。

8.6.2 实践指导

1. 实践步骤

(1) 填充选项卡组件至 middle 画板（口诀：起名字，找画板，填组件，写数据，绑动作，定函数）。

(2) 在 bottom 画板填充五选一结构。

(3) 在五选一结构的 meType==4 模块填充二选一结构。

(4) 填充模板至 bottom 画板（口诀：引模板，找画板，填模板，写数据）。

思考：如何实现收藏商品列表在给定范围内局部滚动的功能？

(5) 修饰页面效果：

```
.fName  font-size: 28rpx;
.bottom  font-size: 28rpx;
.top
  background-image: linear-gradient(#310cd4,#479ad1);
```

填充我的收藏
页面模板和组件

多选一模块详解如下。

打开 me.json 文件，在属性 usingComponents 中添加组件 tab_view 和对应的路径，在 me.wxml 文件中寻找 middle 画板，并在其内部添加自定义的组件 tab_view，根据模板命名对照表填充需要绑定的属性及数据，绑定接管动作 tabE。同时，在 me.js 文件中编写自定义函数 tabE。

在 me.wxml 文件的 bottom 画板中使用 block 标签，通过属性 wx:if 控制其是否渲染到页面中,添加五选一的内容类型,对应的内容类型如表 8-9 所示。

表 8-9　bottom 内容类型表

切换标签,meType 数值	Bottom 画板显示内容
0	快递内容
1	送货内容
2	自提内容
3	评价内容
4	收藏内容

接下来,在 me.wxml 文件 bottom 画板的 meType==4 分支中,使用 block 标签,通过属性 wx:if 设计收藏内容的二选一结构,替换"收藏内容"文本(表 8-10)。

表 8-10　收藏内容表

me_sc 数据	bottom 显示内容
me_sc:[[{},{}]]	收藏非空
me_sc:[[]]	暂无收藏

在 me.wxml 文件和 me.wxss 文件的第一行分别引入 tp.wxml 模板文件和 tp.wxss CSS 样式文件。使用模板 tp_zanwu 替换"暂无商品"文本,按照模板命名对照表绑定数据。

在 me.wxml 文件中,使用模板 tp_rc 替换文本"收藏非空",按照模板命名对照表绑定数据。在 me.js 文件中定义 goDetail()函数用于跳转到商品详情页。

2. 技能储备

1)将组件填充至 middle 画板

(1)在配置文件 me.json 中引用名为"tab_view"的自定义组件:

```
"usingComponents": {
    "tab_view":"/component/tab_view/tab_view"
}
```

(2)在 me.wxml 中,画板 middle 引用组件:

```
<tab_view tabDatas="{{mytabDatas}}" curTab="{{meType}}"
bind:tabE="tabE"></tab_view>
```

(3)在 me.js 文件中定义一个名为 tabE 的函数,用于处理小程序中某个组件 tab 的切换事件,并更新页面状态变量:

```
tabE:function(e){
 console.log(parseInt(e.detail));
 this.setData({ meType: parseInt(e.detail) });
}
```

该函数通过调用 parseInt(e.detail)方法,将触发事件的组件自定义属性 detail 的值解析为整数型数据,并在控制台输出该值以供开发者进行调试。然后,使用小程序提供的 this.setData()方法,动态更新页面的 meType 变量,将其设置为得到的整数值。在实际运行过程中,还需要对页面其他元素的表现和交互做出相应的响应。

2）将五选一结构填充至 bottom 画板

在 me.wxml 文件的 bottom 画板中添加五选一的内容结构：

```
<block wx:if="{{meType==0}}">
    快递内容
</block>
<block wx:if="{{meType==1}}">
    送货内容
</block>
<block wx:if="{{meType==2}}">
    自提内容
</block>
<block wx:if="{{meType==3}}">
    评价内容
</block>
<block wx:if="{{meType==4}}">
    收藏内容
</block>
```

当页面状态变量 meType 的值为 0、1、2、3 或 4 时，会分别显示"快递内容""送货内容""自提内容""评价内容"以及"收藏内容"。每个块级元素都通过属性 wx:if="{{meType==value}}"控制其是否渲染到页面中。在实际开发过程中，还需要根据业务需求，结合不同的 CSS 样式和页面结构，对每个块级元素的内容进行定制化实现。

3）用二选一结构替换"收藏内容"

在上文提到的 bottom 画板的 meType==4"收藏内容"模块中，用二选一结构替换"收藏内容"文本：

```
<block wx:if="{{me_sc[0].length>0}}">
    收藏非空
</block>
<block wx:else>
    暂无收藏
</block>
```

当 me_sc 数组中第一个元素的长度大于 0 时，会渲染显示"收藏非空"的内容；否则，会显示"暂无收藏"的内容。

（1）在 bottom(meType==4)模块填充暂无提示模板。

在 me.wxml 文件的第一行，引入 tp.wxml 文件：

```
<import src="/pages/tp/tp.wxml"></import>
```

在 me.wxss 文件的第一行，引入 tp.wxss 文件：

```
@import '/pages/tp/tp.wxss';
```

在 me.wxml 文件中，使用模板 tp_zanwu 替换文本"暂无收藏"：

```
<template is="tp_zanwu" data="{{tip:'暂无收藏记录',img:'/images/icons/wsc.png'}}"></template>
```

（2）在 bottom(meType==4)模块填充非空模板。

在 me.wxml 中，使用模板 tp_rc 替换文本"收藏非空"：

```
<scroll-view class="me_sc_list" scroll-y>
    <template is="tp_rc" data="{{goods:me_sc,img:'/images/icons/gwc.png'}}">
    </template>
</scroll-view>
```

在 scroll-view 滚动视图中，class="me_sc_list" 表示为该组件添加了一个自定义的样式名，可以通过 CSS 对其进行样式控制；scroll-y 则表示允许在垂直方向上滚动。除此之外，scroll-view 视图还支持很多其他的属性和事件，如 scroll-x、upper-threshold、lower-threshold、scroll-with-animation 等，可以灵活调整和配置应用场景。

当属性 scroll-y 被设置为 true 时，表示在 ＜scroll-view＞ 内容超出容器高度的情况下可以纵向滚动。可以使用属性 scroll-into-view 滚动到指定位置。通过属性 scroll-top 和属性 scroll-left 获取当前滚动位置。

(3) 在 me.js 文件中定义 goDetail() 函数用于跳转到商品详情页：

```
goDetail: function (e) {
    console.log('商品分组号:', e.currentTarget.dataset.pageindex)
    console.log('商品分组号:', e.currentTarget.dataset.index)
    wx.navigateTo({
        url: '/pages/detail/detail',
    })
}
```

① goDetail:function(e){ 的作用是，定义名为 goDetail 的函数，其输入的参数是事件对象 e。

② console.log('商品分组号:', e.currentTarget.dataset.pageindex) 的作用是，对应出当前点击的商品隶属的分组号。其中，e.currentTarget 函数指向触发该事件的组件。

③ console.log('商品分组号:', e.currentTarget.dataset.index) 的作用是，对应出当前点击的商品号。

④ wx.navigateTo({url:'/pages/detail/detail'}) 的作用是，通过 wx.navigateTo 函数跳转到详情页面，这个页面的 URL 是../detail/detail。在小程序中通过 wx.navigateTo 函数可以进行页面间跳转，类似于 Web 开发中的超链接跳转。该函数用法可以参考微信开发者文档。

4) 设置样式

```
/* 收藏 SV */
.me_sc_list {
  width: 690rpx;
  height: 100%;
}
.bottom{
  width: 750rpx;
  height: 72%;
  background-color: rgb(0, 255, 115);
  display: flex;
  flex-direction: column;
  justify-content: flex-start;
  align-items: center;
  font-size: 28rpx;
}
```

（1）.me_sc_list：选择器，表示对所有 class 名为 me_sc_list 的元素进行样式控制。

（2）width：690rpx；：设置元素宽度为 690rpx，rpx 是小程序中专门用来适配不同屏幕的像素单位。

（3）height：100%；：设置元素高度为父元素的 100%，即占据整个可用空间。

（4）.bottom：选择器，表示对所有 class 名为 bottom 的元素进行样式控制。

（5）width：750rpx；：设置元素宽度为 750rpx，与设备屏幕宽度相等。

（6）height：72%；：设置元素高度为父元素的 72%。

（7）background-color：rgb(0,255,115)；：设置背景颜色为 rgb(0,255,115)，即浅绿色。

（8）display：flex；：将元素设置为 Flex 布局。

（9）flex-direction：column；：将 Flex 布局的主轴方向设置为垂直方向。

（10）justify-content：flex-start；：将子元素在 Flex 容器中对齐方式设置为顶部对齐。

（11）align-items：center；：将子元素在 Flex 容器中居中对齐。

（12）font-size：28rpx；：设置字体大小为 28rpx。

8.6.3 自我检测

（1）填写组件的第一步需要先在属性 usingComponents 内部进行_____。

（2）在 class 为 middle 的标签中填写组件时，组件标签名为_____。

（3）在填写组件时，添加数据的格式为_____。

任务 8.7 填充名片页面组件

8.7.1 任务要求

按照页面制作规划，在名片页面的对应画板中填充组件，并实现如表 8-11 所示的组件的数据及交互动作。

表 8-11 名片页面—画板—画布命名对照表

画板	画布编号	绘制二维码
fOpenid	canvas-id="openid"	onReady 重写： drawfile.qrcode('openid', '测试',630,630);
JS 文件需引入第 3 方工具： var drawfile = require('../../utils/index.js');		

当实现表 8-8 中的数据之后，即得到如图 8-7 所示的名片页面效果图。

验收标准如下。

（1）能够显示个人二维码。

（2）程序运行无报错。

8.7.2 实践指导

1. 实践步骤

（1）填充画布组件至 fOpenid 画板（口诀：引对象，找画板，填画布，定编号，调函数）。

填充名片页面
模板和组件

图 8-7　名片页面效果图

（2）修饰页面效果：

```
.fOpenid>canvas {
  width: 630rpx;
  height: 630rpx;
}
.content
  background-color: rgb(240,240,240);
.pannel
  background-color: #fff;
.fName
  font-size: 30rpx;
.tishi
  font-size: 24rpx;
  color: rgb(120,120,120);
```

2. 技能储备

1）将画布组件填充至 fOpenid 画板

（1）在 openid.js 文件中引入第三方工具：

```
var drawfile =require('../../utils/index.js');
```

（2）在 openid.wxml 文件的 fOpenid 画板中新建画布＜canvas＞：

```
<canvas canvas-id="openid"></canvas>
```

其中，canvas-id 的作用是对 Canvas 元素命名，在 JavaScript 中调用 Canvas API 时使用。

（3）在 openid.js 文件的 onReady 函数中添加绘制二维码语句：

```
onReady: function () {
  drawfile.qrcode('openid', '测试', 630, 630);
},
```

(4) 在 openid.wxss 文件中设置 canvas 的样式:

```
.fOpenid>canvas {
  width: 630rpx;
  height: 630rpx;
}
```

2) 页面修饰

(1) 在 openid.wxml 文件中进行图文装饰,添加如下内容:

```
<view class="fImg">
<image src="https://thirdwx.qlogo.cn/mmopen/vi_32/dicYnIuz436dBiasT1TvFyM9nA6iaHUVf1Geoia2afiaBgBRSfeL9BMTib0qYKaxpicYByaGcOP0n1FnZTuOCMUMUcIJg/132"></image>
</view>
<view class="fName">
<text>张三</text>
</view>
<view class="tishi">
    <text>注:需向店主展示该二维码</text>
</view>
```

(2) 在 openid.wxss 文件中进行样式设置。

① 使用正则表达式清楚背景色:

```
background-color:[\s\S]*
```

② 添加字体及背景修饰:

```
.tishi {
  width: 630rpx;
  height: 100rpx;
  margin-bottom: 30rpx;
  font-size: 24rpx;
  color: rgb(120,120,120);
  display: flex;
  flex-direction: row;
  justify-content: center;
  align-items: center;
}

.fImg {
  width: 130rpx;
  height: 130rpx;
    margin-left: 30rpx;
}

.fImg image{
  width: 100%;
  height: 100%;
  border-radius: 20rpx;
}

.fName {
```

```
    width: 400rpx;
    margin-left: 30rpx;
    font-size: 30rpx;
}

.content {
    width: 750rpx;
    height: 100vh;
    display: flex;
    flex-direction: column;
    justify-content: center;
    align-items: center;
    background-color: rgb(240,240,240);
}

.pannel {
    width: 710rpx;
    /* height: 600rpx; */
    background-color: #fff;
    border-radius: 20rpx;
    display: flex;
    flex-direction: column;
    justify-content: flex-start;
    align-items: center;
}
```

8.7.3 自我检测

（1）填写画布组件时，需要在_____组件中填写。
（2）如果想要引入绘图对象，则需要使用_____方法。
（3）如果想要绘制矩形，可以使用绘图对象的_____方法。

任务 8.8 填充详情页面模板和组件

8.8.1 任务要求

按照页面制作规划，在详情页面的对应画板中填充模板和组件，并实现如表 8-12、表 8-13 所示的模板和组件的数据及交互动作。

表 8-12 详情页面—画板—组件命名对照表

画板	组件名称	属性名称、数据名称	交互动作名称、返回字段名称
foot	go_cart_view	item="{{item}}" img_kf="/images/icons/kf01.png" img_sc_true="/images/icons/sc01.png" img_sc_false="/images/icons/sc02.png"	bind:goCart="goCart" 客服按钮 收藏按钮 显示弹窗 wx.showToast 缓存 meSCStore 增删商品

本组件 go_cart_view 使用条件如下。
1. 删除 "style":"v2"。
2. 在 app.js 文件添加缓存 wx.setStorageSync('meSCStore', [])。
3. 不能用测试 AppID

表 8-13　详情页面—画板—模板命名对照表

画板	模板名称	属性名称、数据名称	交互动作名称、返回字段名称
top	tp_lb	lbimgs：lbimgs lbindex：lbindex	changeLBindex；function(e) e.detail.current
middle	tp_zhaiyao	item：item img：'/images/icons/gwc.png'	重写 onShareAppMessage console.log(this.data.item);
bottom	tp_xq_pl	xqImgs：xqImgs pjs：pjs img_tw：'/images/icons/wsc.png' img_pl：'/images/icons/ly.png'	无交互操作

当实现表 8-12、表 8-13 中的数据之后,即得到如图 8-8 所示的详情页面效果图。

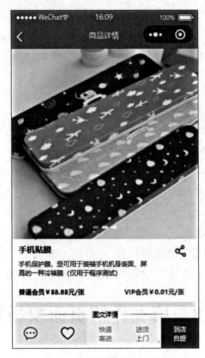

图 8-8　详情页面效果图

验收标准如下。
(1) 轮播面板能够轮播显示多张图片。
(2) 可通过轮播滑动操作更新当前图片,输出当前图片序号。
(3) 能够显示商品摘要信息。
(4) 可通过点击分享按钮,弹出分享窗体。
(5) 能够显示多张商品长图。
(6) 能够显示多条商品评价记录。
(7) 加购按钮足够醒目。
(8) 可通过点击加购按钮,跳转到购物车页面。
(9) 可通过点击"收藏"按钮,"收藏"按钮标识更新,同时更新 meSCStore。
(10) 程序运行无报错。

8.8.2 实践指导

1. 实践步骤

(1) 填充组件至 foot 画板(口诀：起名字，找画板，填组件，写数据，绑动作，定函数。注：此组件有前提条件，参见规划表)。

(2) 填充模板至 top 画板(口诀：引模板，找画板，填模板，写数据，定函数)。

(3) 填充模板至 middle 画板(口诀：引模板，找画板，填模板，写数据，重写函数)。

(4) 填充模板至 bottom 画板(口诀：引模板，找画板，填模板，写数据，定函数)。

(5) 修饰页面效果：

```
.sv
background-color: rgb(240,240,240);
font-size: 26rpx;
.middle  background-color: white;
```

填充详情页面
模板和组件

2. 技能储备

1) 将组件填充至 foot 画板

(1) 在 detail.json 文件中导入组件 go_cart_view：

```
"usingComponents": {
"go_cart_view":"/component/go_cart_view/go_cart_view"
},
```

(2) 在 app.json 文件中删除"style":"v2"：

```
"style":"v2"
```

(3) 在 app.js 文件中添加缓存：

```
wx.login({
    success: res =>{
    wx.setStorageSync('meSCStore', []);
    }
})
```

(4) 在 detail.wxml 文件的 foot 画板中添加组件 go_cart_view：

```
<go_cart_view item="{{item}}" img_kf="/images/icons/kf01.png"
img_sc_true="/images/icons/sc01.png" img_sc_false="/images/icons/sc02.png"
bind:goCart="goCart"></go_cart_view>
```

(5) 在 detail.js 文件中定义 goCart 函数实现跳转到购物车动作：

```
goCart: function () {
  //生成订单 D2CStore
  wx.switchTab({
    url: '/pages/cart/cart',
  })
}
```

2）将模板填充至 top 画板

（1）在 detail.wxml 文件的第一行引入 tp.wxml 文件：

```
<import src="/pages/tp/tp.wxml"></import>
```

（2）在 detail.wxss 文件的第一行引入 tp.wxss 文件：

```
@import '/pages/tp/tp.wxss';
```

（3）在 detail.wxml 文件的 top 画板中填充模板 tp_lb：

```
<template is="tp_lb" data="{{lbimgs:lbimgs,lbindex:lbindex}}"></template>
```

（4）在 detail.js 文件中编写函数 changeLBindex：

```
changeLBindex:function(e){
console.log('当前轮播图片的序号:',e.detail.current)
this.setData({lbindex:e.detail.current});
}
```

3）将模板填充至 middle 画板

（1）在 detail.wxml 文件的 middle 画板中填充模板 tp_zhaiyao：

```
<template is="tp_zhaiyao"
data="{{item:item,img:'/images/icons/zf.png'}}"></template>
```

（2）在 detail.js 文件中重写 onShareAppMessage 函数以实现商品分享的功能：

```
onShareAppMessage: function () {
    console.log('将要分享的商品对象:',this.data.item);
}
```

4）将摘要模板填充至 bottom 画板

在 detail.wxml 文件的 bottom 画板中填充模板 tp_xq_pl：

```
<template is="tp_xq_pl"
data="{{xqImgs:xqImgs,pjs:pjs,img_tw:'/images/icons/wsc.png',img_pl:'/images/icons/ly.png'}}"></template>
```

说明：此模板能够自动判断数据是否为空，并作出相应处理。

评论记录测试示例如图 8-9 所示。

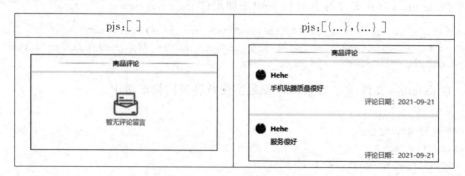

图 8-9 评论记录测试示例

商品详情图片测试示例如图 8-10 所示。

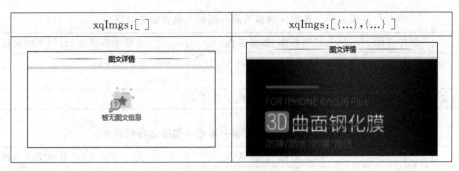

图 8-10　商品详情图片测试示例

5）页面修饰

在 detail.wxss 文件中使用正则表达式清除设计背景色。将 sv 画板的字体大小设置为 26rpx，背景色设置为 rgb(244,244,244)，将 middle 画板设置为左内边留 30rpx、右内边 10rpx、宽度 710rpx，背景色设置为 white 白色：

```
background-color:[\s\S]
.sv{
  width: 750rpx;
  position: fixed;
  left: 0;
  right: 0;
  top:0;
  bottom: 120rpx;
}
.middle{
  width: 710rpx;
  height: 250rpx;
  background-color: white;
  padding-left: 30rpx;
  padding-right: 10rpx;
}
```

[\s\S]为正则表达式，用于清除背景色。

8.8.3　自我检测

（1）在函数 changeLBindex 中，setData()方法的作用为_____。

（2）如果想要调整 middle 画板的左内边距，可以使用属性_____。

（3）函数 onShareAppMessage()实现的功能为_____，在该函数中添加_____语句可查看当前页面中商品的相关信息。

（4）如果想要通过底部的选项卡进行跳转，可以使用_____API。

任务 8.9　填充购物车自提页面模板和组件

8.9.1　任务要求

按照页面制作规划，在购物车自提页面的对应画板中填充模板和组件，并实现如表 8-14、表 8-15 所示的模板和组件的数据及交互动作。

表 8-14 购物车自提页面—画板—组件命名对照表

画板	组件名称	属性名称、数据名称	交互动作名称、返回字段名称
top	tab_view	tabDatas="{{mytabDatas}}" curTab="{{cartType}}"	bind:tabE="tabE" e.detail

说明：购物车页面不同主题的切换，采用同一个主题切换模块

表 8-15 购物车自提页面—画板—模板命名对照表

画板	模板名称	属性名称、数据名称	交互动作名称、返回字段名称
middle	tp_cart_zt	cart_zt:cart_zt img_del:'/images/icons/del.png' img_dw:'/images/icons/dw.png'	ziti_jia ziti_jian ziti_remove e.currentTarget.dataset.index
	tp_zanwu	tip:'暂无自提商品' Img:'/images/icons/ddzt.png'	无交互操作
bottom	tp_pay	cartType:cartType total:total 注意：以下两项自提时无效 cart_kd_select_all:cart_kd_select_all cart_kd:cart_kd	pay:function()

当实现表 8-13、表 8-14 中的数据之后，即得到如图 8-11 所示的购物车自提页面效果图。

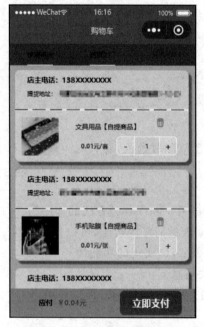

图 8-11 购物车自提页面效果图

验收标准如下。
(1) 能够显示多个自提订单。
(2) 可通过点击加号、减号按钮，使商品数量增加或减少，输出自提订单序号。
(3) 可通过点击删除按钮，删除自提订单，输出自提订单序号。

(4) 能够显示多个主题标签。

(5) 可通过点击主题标签,切换当前主题标签状态,输出当前标签序号。

(6) 能够显示暂无提示信息。

(7) 支付金额大于 0 时,立即支付按钮处于可用状态。

(8) 支付金额等于 0 时,立即支付按钮处于禁用状态。

(9) 程序运行无报错。

8.9.2 实践指导

1. 实践步骤

(1) 填充组件至 top 画板(口诀:起名字,找画板,填组件,写数据,绑动作,定函数)。

(2) 在 middle 画板中填充三选一结构。

(3) 填充模板至 bottom 画板(口诀:引模板,找画板,填模板,写数据,定函数)。

(4) 在 cartType==2 模块中填充二选一结构。

(5) 填充模板至 cartType==2 模块的二选一结构(口诀:引模板,找画板,填模板,写数据)。

填充购物车自提
页面模板和组件

(6) 修饰页面效果,剔除原有画板背景色即可。

多选一模块详解如下。

打开 cart.json 文件,在属性 usingComponents 中添加组件 tab_view 和对应的路径,在 cart.wxml 文件中寻找画板 top,并在其内部添加自定义的组件 tab_view,根据模板命名对照表填充需要绑定的属性及数据,绑定接管动作 tabE。同时,在 cart.js 文件中编写自定义函数 tabE。

在 cart.wxml 文件的 middle 画板中使用 block 标签,通过属性 wx:if 控制其是否渲染到页面中,添加三选一的内容类型,具体对应的内容类型如表 8-16 所示。

接下来在 cart.wxml 文件中进入画板的 middle(cartType==2)分支,使用二选一结构替换"自提内容",根据自提购物车内有无商品显示,具体内容如表 8-17 所示。

表 8-16 middle 内容类型表

切换标签,cartType 数值	middle 显示内容
0	快递内容
1	送货内容
2	自提内容

表 8-17 自提内容类型表

cart_zt 数据	middle 显示内容
cart_zt:[{},{}]	自提订单非空
cart_zt:[ ]	暂无自提订单

在 cart.wxml 文件和 cart.wxss 文件的第一行分别引入 tp.wxml 模板文件和 tp.wxss CSS 样式文件。使用模板 tp_zanwu 替换"暂无自提订单"文本,按照模板命名对照表绑定数据。

在 cart.wxml 文件中,使用模板 tp_cart_zt 替换文本"自提订单非空",按照模板命名对照表绑定数据。在 cart.js 文件中定义函数 ziti_jia、ziti_jian、ziti_remove 用于对购物商品的操作。

在 cart.wxml 文件的画板 bottom 中添加模板 tp_pay,按照模板命名对照表绑定属性数据。在 cart.js 文件中定义函数 pay 用于支付跳转。

2. 技能储备

1）将组件填充至 top 画板

（1）在 cart.json 文件中导入组件：

```
"usingComponents": {
"tab_view":"/component/tab_view/tab_view"
},
```

（2）在 cart.wxml 文件的 top 画板中添加自定义的组件 tab_view：

```
<tab_view tabDatas="{{mytabDatas}}" curTab="{{cartType}}"
bind:tabE="tabE"></tab_view>
```

① tabDatas 表示选项卡的数据源,是一个数组类型的变量,包含了每个选项卡的相关信息。

② curTab 表示当前选中的选项卡,其默认值为 0,是一个整型变量。

③ bind:tabE 表示绑定一个名为 tabE 的事件处理程序,该事件的触发条件是用户点击任意一个选项卡。

（3）在 cart.js 文件中需要定义一个名为 tabE 的函数,用于处理小程序中某个 tab 组件的切换事件,并更新页面状态变量：

```
tabE:function(e){
  console.log(parseInt(e.detail));
  this.setData({ meType: parseInt(e.detail) });
}
```

当用户点击某个选项卡时,会触发组件 tab_view 中绑定的事件处理函数 tabE,该函数通过输出 e.detail 来记录用户所选的选项卡的详细信息。然后利用 setData 方法来将当前选中的选项卡序号存储到数据中,以便后续页面根据该值来展示相应的内容。

2）在 middle 画板填充三选一结构

在 cart.wxml 文件的 middle 画板中添加三选一的内容类型：

```
<block wx:if="{{cartType==0}}">
    快递内容
</block>
<block wx:if="{{cartType==1}}">
    送货内容
</block>
<block wx:if="{{cartType==2}}">
    自提内容
</block>
```

注意：到此步骤,可对三选一结构进行检验,测试如表 8-18 所示。

3. 在 cartType==2 分支填充二选一结构

在 cart.wxml 文件 middle 画板中的(cartType==2)分支添加二选一结构：

表 8-18 检验三选一结构对照表

切换标签,cartType 数值	middle 显示内容
0	快递内容
1	送货内容
2	自提内容

```
<block wx:if="{{cart_zt.length>0}}">
        自提订单非空
</block>
<block wx:else>
        暂无自提订单
</block>
```

注意:到此步骤,可对二选一结构进行检验,测试如表 8-19 所示。

表 8-19 检验二选一结构对照表

cart_zt 数据	middle 显示内容
cart_zt:[{},{}]	自提订单非空
cart_zt:[ ]	暂无自提订单

(1) 填充暂无模板。

① 在 cart.wxml 文件的第一行,引入 tp.wxml 文件:

```
<import src="/pages/tp/tp.wxml"></import>
```

② 在 cart.wxss 文件的第一行,引入 tp.wxss 文件:

```
@import '/pages/tp/tp.wxss';
```

③ 使用模板 tp_zanwu 替换"暂无自提订单"文本:

```
<template is="tp_zanwu" data="{{tip:'暂无自提商品
',img:'/images/icons/ddzt.png'}}"></template>
```

这段代码引用了名为 tp_zanwu 的自定义组件,并传递了一些数据给该组件进行渲染,其中:

tip 用于在页面中显示提示信息,这里的值为"暂无自提商品"。

img 用于指定显示的图片地址,这里的值为"/images/icons/ddzt.png"。

(2) 填充非空模板。

使用模板 tp_cart_zt 替换文本"自提订单非空":

```
<template is="tp_cart_zt"
data="{{cart_zt:cart_zt,img_del:'/images/icons/del.png',img_dw:'/images/icons/dw.png'}}"></template>
```

① cart_zt 用于存储自提购物车中的商品数据,这里的值为变量 cart_zt 的值。

② img_del 用于存储删除图标的地址,这里的值为"/images/icons/del.png",表示图片文件位于项目目录下的"images/icons"文件夹中,并且取名为"del.png"。

③ img_dw 用于存储定位图标的地址,这里的值为"/images/icons/dw.png",其同时还表示图片文件位于项目目录下的"images/icons"文件夹中,并且取名为"dw.png"。

(3) 在 cart.js 文件中定义函数 ziti_jia、ziti_jian、ziti_remove。

```
ziti_jian: function (e) {
  console.log("预购自提商品号:" +e.currentTarget.dataset.index);
},
ziti_jia: function (e) {
  console.log("预购自提商品号:" +e.currentTarget.dataset.index);
},
ziti_remove: function (e) {
  console.log("预购自提商品号:" +e.currentTarget.dataset.index);
}
```

① ziti_jian：function (e) {...}是表示预购自提商品中减少数量的操作处理函数,当用户点击相应的减号按钮时会触发,其中：

e 表示事件对象,代表事件触发时的相关信息。

e.currentTarget 表示当前正在处理事件的组件。

e.currentTarget.dataset 包含了事件触发时带的参数集合。

e.currentTarget.dataset.index 是通过 data- 的方式在组件上设置的一个自定义属性 index 的值,该值可以通过 e.currentTarget.dataset.index 得到,这里输出了一个控制台日志,以便开发者调试和查看。

② ziti_jia：function (e) {...}表示预购自提商品中增加数量的操作处理函数,与 ziti_jian 函数类似,也是用户点击相应的加号按钮时会触发。

③ ziti_remove：function (e) {...}是从预购自提商品列表中删除某一项商品的操作处理函数,同样是在用户点击相应的删除图标时触发。

4. 将模板填充至 bottom 画板

(1) 在 cart.wxml 中的画板 bottom 中添加模板 tp_pay：

```
<template is="tp_pay"
data="{{cartType:cartType,total:total,cart_kd_select_all:cart_kd_select_all,
cart_kd:cart_kd}}"></template>
```

① cartType 用于存储当前购物车的类型,这里的值为变量 cartType 的值。

② total 用于存储购物车中商品的总价,这里的值为变量 total 的值。

③ cart_kd_select_all 用于存储购物车快递配送页面全选按钮的状态,这里的值为变量 cart_kd_select_all 的值。

④ cart_kd 用于存储购物车快递配送页面中的商品数据,这里的值为变量 cart_kd 的值。

(2) 在 cart.js 文件中定义函数 pay 用于支付跳转：

```
pay: function () {
  console.log('支付按钮');
  wx.switchTab({
  url: '/pages/me/me',
  })
}
```

① pay：function () {...}表示定义了一个名为 pay 的函数,没有传入任何参数。

② console.log('支付按钮');表示向控制台输出一条信息,在此例中输出了一条名为「支付按钮」的文本信息,以方便开发者调试和查看。

③ wx.switchTab(…)是小程序的 API 之一,用于跳转到一个 tabBar 页面,并关闭其他非 tabBar 页面。

④ url:'/pages/me/me'表示所要跳转的页面路径为/pages/me/me,其中/pages 表示页面所在的目录路径,me 表示具体的页面文件名(不带后缀)。

8.9.3 自我检测

(1) tabDatas 表示_____的数据源,是一个_____类型的变量,包含了每个选项卡的相关信息。

(2) 事件 tabE 的触发条件是_____。

(3) 在函数 tabE 中,setData 方法的作用为_____,以便后续页面根据该值来展示相应的内容。

(4) 填写暂无模板时,属性 tip 的值为_____。

(5) 在非空模板中,cart_zt 表示用于存储_____数据。

任务 8.10 填充购物车快递页面模板和组件

8.10.1 任务要求

按照页面制作规划,在购物车快递页面的对应画板中填充模板和组件,并实现表 8-20、表 8-21 所示的模板和组件的数据及交互动作。

表 8-20 购物车快递页面—画板—组件命名对照表

画板	组件名称	属性名称、数据名称	交互动作名称、返回字段名称
top	tab_view	tabDatas="{{mytabDatas}}" curTab="{{cartType}}"	bind:tabE="tabE" e.detail

说明:购物车页面不同主题的切换,采用同一个主题切换模块

表 8-21 购物车快递页面—画板—模板命名对照表

画板	模板名称	属性名称、数据名称	交互动作名称、返回字段名称
middle	tp_cart_kd	cart_kd:cart_kd fUserGetName:fUserGetName fUserGetTel:fUserGetTel fUserGetAddress:fUserGetAddress img_del:'/images/icons/del.png' img_dw:'/images/icons/dw.png'	goAddress 无返回 kuaidi_jia kuaidi_jian kuaidi_remove kuaidi_selectItem e.currentTarget.dataset.index
	tp_zanwu	tip:'暂无快递商品' img:'/images/icons/wkd.png'	无交互操作
bottom	tp_pay	cartType:cartType total:total cart_kd_select_all:cart_kd_select_all cart_kd:cart_kd	pay:function() 无返回 selectAll:function() 无返回

当实现表 8-20、表 8-21 中的数据之后,即得到如图 8-12 所示的购物车快递页面效果图。

图 8-12 购物车快递页面效果图

验收标准如下。
(1) 能够显示多个自提订单。
(2) 可通过点击加号或减号按钮,使商品数量增加或减少,输出自提订单序号。
(3) 可通过点击删除按钮,删除自提订单,输出自提订单序号。
(4) 可通过切换快递购物按钮,使勾选按钮状态更新,输出快递订单序号。
(5) 能够显示多个主题标签。
(6) 可通过点击主题标签,切换当前主题标签状态,输出当前标签序号。
(7) 能够显示暂无提示信息。
(8) 支付金额大于 0 时,立即支付按钮处于可用状态。
(9) 支付金额等于 0 时,立即支付按钮处于禁用状态。
(10) 全选按钮勾选状态更新时,立即支付按钮和支付金额数值也同步更新。
(11) 能够显示快递收货地址信息。
(12) 可通过点击收货地址模块,跳转到收货地址录入页面(该页面需预先添加)。
(13) 程序运行无报错。

8.10.2 实践指导

1. 实践步骤

(1) 填充组件至 top 画板(口诀:起名字,找画板,填组件,写数据,绑动作,定函数)。

(2) 在 middle 画板中填充三选一结构。

(3) 填充模板至 bottom 画板(口诀:引模板,找画板,填模板,写数据,定函数)。

填充购物车快递
页面模板和组件

(4) 在 cartType==0 模块中填充二选一结构。

(5) 填充模板至 cartType==0 模块的二选一结构(口诀：引模板，找画板，填模板，写数据)。

(6) 修饰页面效果，剔除原有画板背景色即可。

步骤(1)~步骤(3)与任务 8.8 相同，可跳过。

2. 技能储备

1) 在 cartType==0 模块中填充二选一结构

(1) 在 cart.wxml 文件 middle 画板中三选一结构的 cartType==0"快递内容"模块填充二选一结构：

```
<block wx:if="{{cart_kd.length>0}}">
        预购快递非空
</block>
<block wx:else>
        暂无预购快递
</block>
```

① `<block wx:if="{{cart_kd.length>0}}">...</block>`表示当 cart_kd 数组的长度大于 0 时，会执行该部分代码块中的内容。

② wx:if="{{...}}"是小程序的一个条件渲染语法，其中{{...}}表示在模板中插入 JavaScript 表达式，当表达式结果为 true 时，该模板就会被渲染出来；当表达式结果为 false 时，该模板就不会被渲染。

③ `<block wx:else>...</block>`表示当 cart_kd 数组的长度不大于 0 时，会执行该部分代码块中的内容。

④ wx:else 是 wx:if 的兄弟语法，表示当上一个 wx:if 表达式的结果为 false 时，才会执行当前 wx:else 代码块中的内容。

(2) 填充暂无模板：

```
<template is="tp_zanwu" data="{{tip:'暂无快递商品',img:'/images/icons/wkd.png'}}">
</template>
```

① tip 表示提示信息的字符串内容，将被传递到模板中进行显示。

② img 表示提示图标的图片路径。

(3) 填充非空模板：

```
<template is="tp_cart_kd" data="{{cart_kd:cart_kd,fUserGetName:fUserGetName,fUserGetTel:fUserGetTel,fUserGetAddress:fUserGetAddress,img_del:'/images/icons/del.png',img_dw:'/images/icons/dw.png'}}"></template>
```

① cart_kd 表示快递购物车的相关信息，将被传递到模板中进行显示。

② fUserGetName 表示获取用户姓名的函数名称，用于在模板中获取用户填写的姓名信息。

③ fUserGetTel 表示获取用户电话号码的函数名称，用于在模板中获取用户填写的电话号码信息。

④ fUserGetAddress 表示获取用户地址的函数名称，用于在模板中获取用户填写的地址信息。

⑤ img_del 表示删除按钮的图片路径。
⑥ img_dw 表示快递包裹图标的图片路径。

2）交互动作理解

```
kuaidi_jian: function (e) {
  console.log("预购快递商品号:" +e.currentTarget.dataset.index);
},
kuaidi_jia: function (e) {
  console.log("预购快递商品号:" +e.currentTarget.dataset.index);
},
kuaidi_remove: function (e) {
  console.log("预购快递商品号:" +e.currentTarget.dataset.index);
},
kuaidi_selectItem: function (e) {
  console.log("预购快递商品号:" +e.currentTarget.dataset.index);
},
goAddress: function () {
  wx.navigateTo({
    url: '/pages/address/address',
  })
}
```

(1) function kuaidi_jian(e) {...} 定义了一个名为 kuaidi_jian 的函数，当用户点击某个快递商品的减号按钮时，该函数会被调用，并将该商品的编号输出到控制台上。

(2) function kuaidi_jia(e) {...} 定义了一个名为 kuaidi_jia 的函数，当用户点击某个快递商品的加号按钮时，该函数会被调用，并将该商品的编号输出到控制台上。

(3) function kuaidi_remove(e) {...} 定义了一个名为 kuaidi_remove 的函数，当用户点击某个快递商品的删除按钮时，该函数会被调用，并将该商品的编号输出到控制台上。

(4) function kuaidi_selectItem(e) {...} 定义了一个名为 kuaidi_selectItem 的函数，当用户点击某个快递商品的选择框时，该函数会被调用，并将该商品的编号输出到控制台上。

(5) function goAddress() {...} 定义了一个名为 goAddress 的函数，当用户点击某个地址跳转按钮时，该函数会被调用，将页面跳转到地址录入页面。

3）填充模板至 bottom 画板

```
<template is="tp_pay"
data="{{cartType:cartType,total:total,cart_kd_select_all:cart_kd_select_all,
cart_kd:cart_kd}}"></template>
```

(1) cartType：cartType 表示传递了名为 cartType 的参数，并把当前页面 cartType 变量的值作为该参数的值传入模板 tp_pay 中。

(2) total：total 表示传递了名为 total 的参数，并把当前页面 total 变量的值作为该参数的值传入模板 tp_pay 中。

(3) cart_kd_select_all：cart_kd_select_all 表示传递了名为 cart_kd_select_all 的参数，并把当前页面 cart_kd_select_all 变量的值作为该参数的值传入模板 tp_pay 中。

(4) cart_kd：cart_kd 表示传递了名为 cart_kd 的参数，并把当前页面的 cart_kd 变量的值作为该参数的值传入模板 tp_pay 中。

8.10.3 自我检测

(1) <block wx:if="{{cart_kd.length>0}}">...</block>表示当cart_kd数组的长度_____时,会执行该部分代码块中的内容。

(2) 当上一个wx:if表达式的结果为false时,会执行当前_____块中的代码。

(3) 在cart页面middle填写非空模板时,fUserGetName表示获取_____的函数名称,fUserGetTel表示获取_____的函数名称,fUserGetAddress表示获取_____的函数名称。

任务8.11 填充收货地址录入页面组件

8.11.1 任务要求

按照页面制作规划,在收货地址录入页面的对应画板中填充组件,并实现表8-22所示的组件的数据和交互动作。

表8-22 收货地址录入页面—画板—组件命名对照表

画板	组件名称	属性名称、数据名称	交互动作名称、返回字段名称
content	input_address_view	fName="{{fName}}" fPhone="{{fPhone}}" fAreas="{{fAreas}}" fAddress="{{fAddress}}" showCity="{{showCity}}"	内部动作,信息存在缓存 "完成按钮"存地址+返回购物车快递页面 "点击收货地址"弹窗下拉选省市 "省市确定按钮"fAreas存省市

当实现表8-22中的数据之后,即得到如图8-13所示的收货地址录入页面效果图。

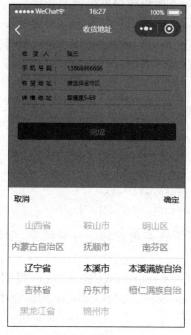

图8-13 收货地址录入页面效果图

验收标准如下。

（1）页面中能够显示如下地址信息：

① fNameStore；

② fPhoneStore；

③ fAreasStore；

④ fAddressStore。

（2）能够录入并显示收货人姓名、手机号、详细地址。

（3）可通过点击收货地址条目，弹出省市选择窗体。

（4）在省市选择窗体中，能够选择省市区；当在省市区窗体点击提交按钮时，窗体隐藏，同时收货地址更新。

（5）可通过单击"完成"按钮，返回父页面，录入的地址保存在如下缓存：

① fNameStore；

② fPhoneStore；

③ fAreasStore；

④ fAddressStore。

（6）程序运行无报错。

8.11.2 实践指导

1. 实践步骤

（1）填充组件至 content 画板（口诀：起名字，找画板，填组件，写数据，绑动作，定函数）。

（2）使购物车快递页面和收货地址录入页面共享缓存，并实现以下功能。

① 项目运行时，立即创建四个缓存。

② 购物车快递页面显示时，立即用缓存更新页面变量。

③ 收货地址录入页面显示时，立即用缓存更新页面变量。

④ 在收货地址录入页面提交编辑后的地址时，立即更新缓存信息。

（3）修饰页面效果，剔除原有画板背景色即可。

填充收货地址录入
页面模板和组件

2. 技能储备

1）定义缓存

在 app.js 文件中添加数据：

```
wx.setStorageSync('fNameStore', '');
wx.setStorageSync('fPhoneStore', '');
wx.setStorageSync('fAreasStore', '');
wx.setStorageSync('fAddressStore', '');
```

wx.setStorageSync 方法用于在本地存储中存储数据，参数分别为存储的键（key）和值（value）。

上述代码共计调用了四次 wx.setStorageSync 方法，将四条空字符串分别存储到键为 fNameStore、fPhoneStore、fAreasStore、fAddressStore 的缓存中。

2）显示缓存

在 address.js 文件中增加 onshow 命令：

```
onShow: function () {
  this.setData({
    fName: wx.getStorageSync('fNameStore') || '',
    fPhone: wx.getStorageSync('fPhoneStore') || '',
    fAreas: wx.getStorageSync('fAreasStore') || '请选择省市区',
    fAddress: wx.getStorageSync('fAddressStore') || ''
  });
},
```

(1) onShow 是页面生命周期函数之一,当页面展示时会触发该函数。因此,在这个函数中编写的代码将在每次展示该页面时被执行。

(2) wx.getStorageSync 方法用于从本地缓存中获取指定键(key)所对应的值(value),如果不存在则返回一个空字符串。因此,这段代码使用该方法获取了名为 fNameStore、fPhoneStore、fAreasStore 和 fAddressStore 的 4 个键所对应的值,并将它们分别保存到 this.data 中的 fName、fPhone、fAreas 和 fAddress 4 个属性中。

如果在本地缓存中没有名为 fNameStore、fPhoneStore、fAreasStore 或 fAddressStore 的键存在,则会给对应的属性赋一个空字符串或默认值"请选择省市区",防止在数据绑定过程中出现未定义的情况。

3) 填充组件至 content 画板

```
<input_address_view fName="{{fName}}" fPhone="{{fPhone}}" fAreas="{{fAreas}}" fAddress="{{fAddress}}" showCity="{{showCity}}"></input_address_view>
```

<input_address_view> 标签表示引用名为 input_address_view 的自定义组件,并通过传递参数的方式来提供组件所需的数据。这里传入了以下属性。

(1) fName 表示用户填写的姓名。
(2) fPhone 表示用户填写的联系电话。
(3) fAreas 表示用户填写的地区信息。
(4) fAddress 表示用户填写的详细地址信息。
(5) showCity 表示控制是否显示"选择城市"按钮的布尔值,默认为 false。

4) 显示缓存

在 cart.js 文件中,对 onshow 函数的修改如下:

```
onShow: function () {
  this.setData({ cartType: wx.getStorageSync('cartTypeStore') });
  this.setData({
    fUserGetName: wx.getStorageSync('fNameStore') || '',
    fUserGetTel: wx.getStorageSync('fPhoneStore') || '',
    fUserGetAddress: (wx.getStorageSync('fAreasStore') +
      wx.getStorageSync('fAddressStore')) || ''
  });
},
```

(1) onShow 函数是小程序中的生命周期函数之一,在每次打开页面时都会被触发。

(2) setData 方法用于更新该页面的数据,接收一个对象作为参数,其中 key 表示要更新的数据属性,value 表示要更新的数据值。

(3) wx.getStorageSync 方法用于同步获取指定的本地缓存数据,接收一个字符串类型的

key 参数作为缓存的标识符。

（4）如果本地存储中已经有保存的用户姓名、电话号码和地址信息，则分别将它们赋值给 fUserGetName、fUserGetTel 和 fUserGetAddress 数据属性，在页面中进行显示。

8.11.3　自我检测

（1）用于在本地存储中存储数据的方法为_____。

（2）展示页面时会触发_____函数，wx.getStorageSync 方法用于_____。

（3）在显示缓存 onshow 的方法中，setData 方法的 key 为_____。

任务 8.12　填充我的自提页面模板和组件

8.12.1　任务要求

按照页面制作规划，在我的自提页面的对应画板中填充模板和组件，并实现如表 8-23、表 8-24 所示的模板和组件的数据及交互动作。

表 8-23　我的自提页面—画板—组件命名对照表

画板	组件名称	属性名称、数据名称	交互动作名称、返回字段名称
middle	tab_view	tabDatas="{{mytabDatas}}" curTab="{{meType}}"	bind:tabE="tabE" e.detail
说明：我的自提页面中不同主题的切换，采用同一个主题切换模块			

当实现表 8-23、表 8-24 中的数据之后，即得到如图 8-14 所示的我的自提页面效果图。

表 8-24　我的自提页面—画板—模板命名对照表

画板	模板名称	属性名称、数据名称	交互动作名称、返回字段名称
bottom	tp_me_shouhuo	goods：me_zt img_yfh：'/images/icons/yfh.png'	goZtm：function(e) e.currentTarget.dataset
	tp_zanwu	tip：'暂无自提商品' img：'/images/icons/ddzt.png'	无交互操作

验收标准如下。

（1）能够显示多个商品摘要（自提类型）。

（2）能够显示暂无提示信息。

（3）可通过点击某商品摘要，跳转到自提码页面，输出自提订单对象。

（4）能够显示多个主题标签。

（5）可通过点击主题标签，切换当前主题标签状态，输出当前标签序号。

（6）可通过点击个人名片图标，跳转到个人名片页面。

（7）程序运行无报错。

8.12.2　实践指导

1．实践步骤

（1）填充组件至 middle 画板（口诀：起名字，找画板，填组件，写数据，绑动作，定函数）。

图 8-14 我的自提页面效果图

（2）在 bottom 画板中填充五选一结构。
（3）在 meType==2 模块中填充二选一结构。
（4）填充模板至 meType==2 模块的二选一结构（口诀：引模板，找画板，填模板，写数据）。
思考：如何实现自提订单列表在给定范围内局部滚动？
（5）修饰页面效果：

```
.fName  font-size: 28rpx;
.bottom font-size: 28rpx;
.top
  background-image: linear-gradient(#310cd4,#479ad1);
```

填充我的自提
页面模板和组件

步骤（1）、（2）和步骤（5）与任务 8.5 相同，可跳过。

2. 技能储备

1）填充非空模板

在 me.wxml 文件 bottom 画板的 meType==2 模块填充非空模板：

```
<template is="tp_me_shouhuo"
data="{{goods:me_zt,img_yfh:'/images/icons/yfh.png'}}"></template>
```

（1）goods:me_zt 用于传递该订单的收货信息（如是否已收货、预计到货时间等）。
（2）img_yfh:'/images/icons/yfh.png' 表示一个已发货的图标（图片路径为/images/icons/yfh.png）。

2）交互动作解释

```
goZtm: function (e) {
  console.log("商品名称:" +e.currentTarget.dataset.tm_fname);
  console.log("收货地址号:" +e.currentTarget.dataset.tm_fusergetaddress);
```

```
    console.log("商品图片:" +e.currentTarget.dataset.tm_fimg);
    console.log("商品数量:" +e.currentTarget.dataset.tm_fnum);
    console.log("店主电话:" +e.currentTarget.dataset.tm_fshoptel);
    console.log("商品规格:" +e.currentTarget.dataset.tm_funit);
    console.log("订单编号:" +e.currentTarget.dataset.orderid);
    wx.navigateTo({
      url: '/pages/ztm/ztm'
    })
}
```

(1) e.currentTarget.dataset 表示获取到当前组件上所有 data-*（以"data-"开头）属性值封装成的集合。

(2) e.currentTarget.dataset.tm_fname 表示组件上属性 data-tm-fname 的值，即商品名称。

(3) e.currentTarget.dataset.tm_fusergetaddress 表示组件上的 data-tm-fusergetaddress 属性的值，即收货地址号。

(4) e.currentTarget.dataset.tm_fimg 表示组件上属性 data-tm-fimg 的值，即商品图片。

(5) e.currentTarget.dataset.tm_fnum 表示组件上属性 data-tm-fnum 的值，即商品数量。

(6) e.currentTarget.dataset.tm_fshoptel 表示组件上属性 data-tm-fshoptel 的值，即店主电话。

(7) e.currentTarget.dataset.tm_funit 表示组件上属性 data-tm-funit 的值，即商品规格。

(8) e.currentTarget.dataset.orderid 表示组件上属性 data-orderid 的值，即订单编号。

8.12.3 自我检测

(1) 填充模板 tp_me_shouhuo 时，goods:me_zt 表示_____。

(2) 在交互动作 goZtm 中，e.currentTarget.dataset.tm_fname 表示组件上属性_____的值，即商品名称。

(3) _____可以获取到模板中 data 数据（即 me_zt 数组中的单个元素）的各个字段内容。

任务 8.13 填充自提码页面模板和组件

8.13.1 任务要求

按照页面制作规划，在自提码页面的对应画板中填充模板和组件，并实现如表 8-25、表 8-26 所示的模板和组件的数据及交互动作。

表 8-25 自提码页面—画板—组件命名对照表

画板	画布编号	绘制二维码
ztm	canvas-id="mycanvas"	onReady 重写： drawfile.qrcode('mycanvas','测试',420,420);
JS 文件需引入第 3 方工具： var drawfile = require('../../utils/index.js');		

当实现表 8-25、表 8-26 中的数据之后，即得到如图 8-15 所示的自提码页面效果图。

表 8-26　自提码页面—画板—模板命名对照表

画板	模板名称	属性名称、数据名称	交互动作名称、返回字段名称
order	tp_ztm	zt_order:zt_order img:'/images/icons/dw.png'	无交互

图 8-15　自提码页面效果图

验收标准如下。
(1) 能够显示自提二维码。
(2) 能够显示自提订单信息。
(3) 程序运行无报错。

8.13.2　实践指导

1. 实践步骤

(1) 填充模板至 order 画板(口诀：引模板,找画板,填模板,写数据,定函数)。
(2) 填充画布组件至 ztm 画板(口诀：引对象,找画板,填画布,定编号,调函数)。
(3) 修饰页面效果：

```
.ztm>canvas{
  width: 100%;
  height: 100%;
}
.content  font-size: 30rpx;
.shuoming  color: rgb(120,120,120);
```

填充自提码页面
模板和组件

2. 技能储备

1）填充模板至 order 画板

```
<template is="tp_ztm"
data="{{zt_order:zt_order,img:'/images/icons/dw.png'}}"></template>
```

（1）zt_order:zt_order 表示模板组件需要显示的订单相关信息。

（2）img:'/images/icons/dw.png'表示一个图片路径，即图标。

2）填充画布组件至 ztm 画板

```
<canvas canvas-id="mycanvas"></canvas>
```

Canvas 是画布组件，其中 canvas-id 的属性值为 mycanvas；可以使用 wx.setStorageSync('ztIDStore','买家识别码')方法将买家识别码存储下来以便后续使用。

8.13.3 自我检测

（1）在模板 tp_ztm 中，zt_order:zt_order 表示_____。

（2）在 wx.setStorageSync()中有_____个参数，该方法的作用为_____。

（3）引入绘图对象的语句需要写_____文件中的第_____行。

任务 8.14　填充我的快递页面模板和组件

8.14.1　任务要求

按照页面制作规划，在对应画板中填充模板和组件，并实现表 8-27 和表 8-28 所示的模板和组件的数据及交互动作。

表 8-27　我的快递页面—画板—组件命名对照表

画板	组件名称	属性名称、数据名称	交互动作名称、返回字段名称
middle	tab_view	tabDatas="{{mytabDatas}}" curTab="{{meType}}"	bind:tabE="tabE" e.detail
说明：我的快递页面中不同主题的切换，采用同一个主题切换模块			

表 8-28　我的快递页面—画板—模板命名对照表

画板	模板名称	属性名称、数据名称	交互动作名称、返回字段名称
bottom	tp_me_shouhuo	goods:me_kd img_yfh:'/images/icons/yfh.png'	goQueryKd:function(e) e.currentTarget.dataset
	tp_zanwu	tip:'暂无快递商品' img:'/images/icons/wkd.png'	无交互操作

当实现表 8-27、表 8-28 中的数据之后，即得到如图 8-16 所示的我的快递页面效果图。
验收标准如下。

（1）能够显示多个商品摘要（快递类型）。

（2）能够显示暂无提示信息。

（3）可通过点击商品摘要，跳转到物流查询页面，输出快递订单对象。

（4）能够显示多个主题标签。

图 8-16 我的快递页面效果图

(5) 可通过点击主题标签,切换当前主题标签状态,输出当前标签序号。
(6) 可通过点击个人名片图标,跳转到个人名片页面。
(7) 程序运行无报错。

8.14.2 实践指导

1. 实践步骤

(1) 将组件填充至 middle 画板(口诀:起名字,找画板,填组件,写数据,绑动作,定函数)。
(2) 在 bottom 画板中填充五选一结构。
(3) 在 meType==0 模块中填充二选一结构。
(4) 填充模板至 meType==0 模块的二选一结构(口诀:引模板,找画板,填模板,写数据)。

思考:如何实现快递订单列表在给定范围内局部滚动?
(5) 修饰页面效果:

```
.fName  font-size: 28rpx;
.bottom  font-size: 28rpx;
.top
  background-image: linear-gradient(#310cd4,#479ad1);
```

步骤(1)、(2)和步骤(5)与任务 8.5 相同,可跳过。

填充我的快递
页面模板和组件

2. 技能储备

1) 在 bottom 画板的(meType==0)模块填充非空模板

```
<scroll-view class="me_list" scroll-y>
<template is="tp_me_shouhuo"
```

```
data="{{goods:me_kd,img_yfh:'/images/icons/yfh.png'}}"></template>
</scroll-view>
```

(1) scroll-view 是滚动视图组件，它通过指定属性 class 为我的快递页面设置样式表达式，并启用了纵向滚动(scroll-y)。

(2) 模板 tp_me_shouhuo 通过属性 data 接收对象，包括商品信息(goods)和图片路径(img_yfh)。

2) 交互动作解释

```
goQueryKd: function (e) {
  console.log("物流编号:" +e.currentTarget.dataset.forderkuaidi);
  console.log("商品名称:" +e.currentTarget.dataset.fname);
  console.log("店主电话:" +e.currentTarget.dataset.fshoptel);
  wx.navigateTo({
    url: '/pages/querykd/querykd'
  })
}
```

以上代码的目的是获取当前点击元素的自定义数据(forderkuaidi、fname、fshoptel)，并将其输出到控制台。然后使用 wx.navigateTo()方法导航到小程序中的 /pages/querykd/querykd 页面。

8.14.3 自我检测

(1) 在＜scroll-view class="me_list" scroll-y＞中，scroll-y 表示_____。

(2) 填充模板 tp_zanwu 时绑定了_____个动作。

(3) 函数 goQueryKd 中存在一个动作，该动作的作用为_____。

任务 8.15 填充物流查询页面模板和组件

8.15.1 任务要求

按照页面制作规划，在物流查询页面的对应画板中填充模板和组件，并实现表 8-29、表 8-30 所示的模板和组件的数据及交互动作。

表 8-29 物流页面—画板—组件命名对照表

画板	组件名称	属性名称、数据名称	交互动作名称、返回字段名称
top	button	type="primary" size="mini"	bindtap="qianshou"

表 8-30 物流查询页面—画板—模板命名对照表

画板	模板名称	属性名称、数据名称	交互动作名称、返回字段名称
sv_middle	tp_wl	wl_list:wl_list	无交互

当实现表 8-29、表 8-30 中的数据之后，即得到如图 8-17 所示的物流查询页面效果图。
验收标准如下：
(1) 能够显示物流进度记录。
(2) 可通过点击"签收"按钮，返回个人中心页面。

图 8-17 物流查询页面效果图

(3) 程序运行无报错。

8.15.2 实践指导

1. 实践步骤

(1) 将模板填充至 sv_middle 画板（口诀：引模板，找画板，填模板，写数据，定函数）。

(2) 将组件填充至 top 画板（口诀：填按钮，写属性，调位置，绑动作，定函数）。

(3) 修饰页面效果：

```
.content  font-size: 30rpx;
.top  background-color: rgb(219, 219, 219);
.bottom
  background-color: rgb(227, 231, 231);
  color: rgb(120,120,120);
```

填充物流查询
页面模板和组件

2. 技能储备

1) 填充模板

(1) 在页面结构文件中填充模板，结果如下：

```
<import src="../tp/tp.wxml"></import>
<scroll-view class="sv_middle" scroll-y>
    <template is="tp_wl" data="{{wl_list:wl_list}}"></template>
</scroll-view>
```

(2) 在页面样式文件中填充样式组件，结果如下：

```
@import '../tp/tp.wxss';
.content{
```

```
    width: 750rpx;
    height: 100vh;
    font-size: 30rpx;
}

.qianshou{
    width: 750rpx;
    height: 10%;
    background-color: rgb(209,219,219);
    display: flex;
    flex-direction: row;
    justify-content: center;
    align-items: center;
}

.top{
    width: 750rpx;
    height: 2%;
}
.mylist{
    width: 750rpx;
    height: 80%;
}

.foot{
    width: 750rpx;
    height: 8%;
    background-color: rgb(227,231,231);
    display: flex;
    flex-direction: row;
    justify-content: center;
    align-items: center;
    color: rgb(120,120,120);
}
```

在 querykd 页面中引用 /pages/tp/tp.wxml 和 /pages/tp/tp.wxss 两个文件。其中 <import> 是在 WXML 文件中引用另一个 WXML 文件,@import 则是在 WXSS 文件中引用另一个 WXSS 文件。导入模板 tp_wl,通过该模板中的属性 wl_list 接收物流信息。

2) 增加签收按钮

```
<button bindtap="qianshou" type="primary" size="mini">签收</button>
```

(1) bindtap 是绑定了一个点击事件的处理函数,当用户点击该按钮时会调用该函数。
(2) type 表示按钮的类型,此处为 primary,表示默认主色调。
(3) size 表示按钮的大小,此处为 mini,表示小尺寸。

3) 交互动作

```
qianshou: function () {
    wx.switchTab({
        url: '/pages/me/me'
    })
}
```

wx.switchTab 方法是微信小程序提供的 API,其作用是进行页面切换(跳转)。在本段代码中,wx.switchTab 的参数是一个 JavaScript 对象,包含一个属性 url,表示要跳转到哪个页面。该属性的值为/pages/me/me,即跳转到个人中心(me)页面。

8.15.3 自我检测

(1) 模板 tp_wl 的属性 wl_list 接收的是_____信息。
(2) 在物流查询页面增加签收按钮可以使用_____标签,type 表示_____。
(3) 在 qianshou 交互动作中,wx.switchTab 的参数是一个_____对象。

任务 8.16　填充我的已收订单页面模板和组件

8.16.1　任务要求

按照页面制作规划,在我的已收订单页面的对应画板中填充模板和组件,并实现表 8-31、表 8-32 所示的模板和组件的数据及交互动作。

表 8-31　我的已收订单页面—画板—组件命名对照表

画板	组件名称	属性名称、数据名称	交互动作名称、返回字段名称
middle	tab_view	tabDatas="{{mytabDatas}}" curTab="{{meType}}"	bind:tabE="tabE" e.detail

说明:我的已收订单页面不同主题的切换,采用同一个主题切换模块

表 8-32　我的已收订单页面—画板—模板命名对照表

画板	模板名称	属性名称、数据名称	交互动作名称、返回字段名称
bottom	tp_pj	me_pj:me_pj img_yiti:'/images/icons/yiti.png' img_ypj:'/images/icons/ypj.png'	goPJ:function(e) e.currentTarget.dataset.j e.currentTarget.dataset.plstate
	tp_zanwu	tip:'暂无已收商品' img:'/images/icons/ly.png'	无交互操作

当实现表 8-31、表 8-32 中的数据之后,即得到如图 8-18 所示的我的已收订单页面效果图。

验收标准如下。
(1) 能够显示多个商品摘要(评价类型)。
(2) 能够显示暂无提示信息。
(3) 可通过点击商品摘要,跳转到评价录入页面,输出评价订单对象和评价状态(是否已评价)。
(4) 能够显示多个主题标签。
(5) 可通过点击主题标签,切换当前主题标签的状态,输出当前标签序号。
(6) 可通过点击个人名片图标,跳转到个人名片页面。
(7) 程序运行无报错。

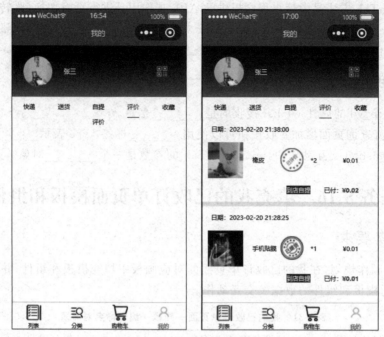

图 8-18 我的已收订单页面效果图

8.16.2 实践指导

1. 实践步骤

（1）将组件填充至 middle 画板（口诀：起名字，找画板，填组件，写数据，绑动作，定函数）。

（2）在 bottom 画板填充五选一结构。

（3）在 meType==4 模块填充二选一结构。

（4）填充模板至 meType==4 模块（口诀：引模板，找画板，填模板，写数据）。

步骤(1)、(2)及步骤(5)同任务 8.5，可跳过。

思考：如何实现已收订单列表在给定范围内局部滚动？

（5）页面修饰：

```
.fName  font-size: 28rpx;
.bottom  font-size: 28rpx;
.top
  background-image: linear-gradient(#310cd4,#479ad1);
```

填充我的已收货订单
页面模板和组件

2. 技能储备

1）填充模板

在 bottom 画板的 meType==3 模块填充非空模板：

```
<scroll-view class="me_list" scroll-y>
<template is="tp_pj"
data="{{me_pj:me_pj,img_yiti:'/images/icons/yiti.png',
img_ypj:'/images/icons/ypj.png'}}"></template>
</scroll-view>
```

以上代码的作用是根据传入的 data 数据，动态生成评价列表，数据来源于 me_pj，然后将评价列表添加到 scroll-view 中，从而实现在 scroll-view 中显示评价列表的功能。接下来是用于显示评价的状态或其他类似功能的图片，左边的图片是/images/icons/yiti.png，右边的图片是/images/icons/ypj.png。

2）交互动作

```
goPJ: function (e) {
  console.log("订单对象:" +e.currentTarget.dataset.j);
  console.log("评价状态:" +e.currentTarget.dataset.plstate);
  if (e.currentTarget.dataset.plstate ==0) {
    wx.navigateTo({
      url: '/pages/pj/pj'
    })
  } else {
    wx.showModal({
      title: "你已经评价该商品"
    })
  }
}
```

该函数首先通过 console.log()方法，向控制台输出了两个信息。第一个信息是"订单对象:" + e.currentTarget.dataset.j，其中 e.currentTarget.dataset.j 表示从组件上获取名为"j"的自定义属性值，即订单对象。第二个信息是"评价状态:" + e.currentTarget.dataset.plstate，其中 e.currentTarget.dataset.plstate 表示从组件上获取名为"plstate"的自定义属性值，即评价状态。

使用 if-else 语句进行条件判断。如果 plstate 的值是 0，表示当前商品还没有被评价，则执行以下代码：

```
wx.navigateTo({
  url: '/pages/pj/pj'
})
```

如果 plstate 的值不是 0，则执行以下代码：

```
wx.showModal({
  title: "你已经评价该商品"
})
```

wx.showModal 方法是微信小程序提供的 API，其作用是显示一个模态对话框，提示用户已经评价过该商品。

8.16.3　自我检测

（1）填写 tp_pj 非空模板时，可根据传入的 data 数据动态生成_____，数据来源于 me_pj。

（2）e.currentTarget.dataset.plstate 表示从组件上获取名为_____的自定义属性值，即评价状态。

（3）使用 if-else 语句进行条件判断时，如果 plstate 的值是 0，表示_____。

任务 8.17 填充评价录入页面组件

8.17.1 任务要求

按照页面制作规划,在对应画板中填充模板和组件,并实现下边表 8-33 中模板和组件的数据及交互动作。

表 8-33 评价录入页面—画板—组件命名对照表

画板	组件名称	属性名称、数据名称	交互动作名称、返回字段名称
content	pj_view	item="{{item}}"	bind:goMe="goMe" e.detail

当实现表 8-33 中的数据之后,即得到如图 8-19 所示的评价录入页面效果图。

图 8-19 评价录入页面效果图

验收标准如下。
(1)能够录入评价内容。
(2)可通过点击按钮,返回我的页面;控制台,输出录入的评价内容。
(3)程序运行无报错。

8.17.2 实践指导

1. 实践步骤

(1)将组件填充至 content 画板(口诀:起名字,找画板,填组件,写数据,绑动作,定函数)。
(2)修饰页面效果:

.content background-color:rgb(238,238,238);

填充评价录入
页面模板和组件

2. 技能储备

1) 填充组件至 content 画板

`<pj_view item="{{item}}" fContent="{{fContent}}" bind:goMe="goMe"></pj_view>`

（1）item="{{item}}"表示在组件中引入 item 这个数据变量，并将外部传进来的 item 值赋给它。类似地，fContent="{{fContent}}"表示引入了另一个变量 fContent，并将外部传入的值赋给它。这些变量的作用和具体值可以根据组件的功能来确定。

（2）bind:goMe="goMe"表示在该组件中绑定了一个名为 goMe 的事件处理函数，并且将外部传入的值传递给该函数。具体来说，当组件 pj_view 内部触发 goMe 事件时，会调用外部传入的 goMe 函数进行处理。

2) 动作交互解释

```
goMe: function (e) {
    console.log(e.detail);
  wx.switchTab({
    url: '/pages/me/me',
  })
}
```

该函数首先通过 console.log()方法在控制台输出 e.detail 的信息。e.detail 表示事件的具体信息（如用户输入内容），可根据实际情况进行处理。接着，该函数使用 wx.switchTab()方法进行页面跳转操作。wx.switchTab()是微信小程序提供的 API，用于切换底部导航栏中的 tab，即跳转到一个新的页面，并且关闭所有其他非 tabBar 页面。在本段代码中，被跳转的页面 URL 为"/pages/me/me"，表示要跳转到名为"me"的页面（个人中心页面）。这里的页面与底部导航栏的某个 tab 相对应。

8.17.3 自我检测

（1）item="{{item}}"表示在组件中引入 item 这个数据变量，并将外部传进来的 _____ 赋给它。

（2）bind:goMe="goMe"表示当组件 pj_view 内部触发事件时，会调用外部传入的 _____ 函数进行处理。

（3）在 goMe 函数中，e.detail 表示 _____ 。

技能提炼

1. 导入文件资源

（1）作用：在项目文件夹中，创建或复制相应文件夹，用来存放模板或组件相关文件。

（2）格式：

① 模板文件文件夹：

项目文件夹 kyq\pages\tp

② 组件文件文件夹：

项目文件夹 kyq\component

③ 工具文件文件夹：

项目文件夹 kyq\utils

④ 脚本文件文件夹：

项目文件夹 kyq\wxs

⑤ 图标图片文件夹：

项目文件夹 kyq\images\icons

(3) 练习：在学习平台下载 tp、component、utils、wxs、images 5 个文件夹及内容，并按格式要求导入对应路径。

导入后的路径如图 8-20 所示。

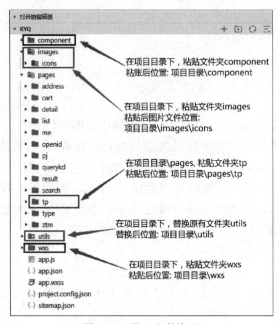

图 8-20　导入文件资源

2. 引入模板文件

(1) 作用：在页面的 WXML 文件和 WXSS 文件中，分别引入模板的 WXML 文件和模板的 WXSS 文件。

(2) 格式：

引入模板 wxml 文件：

`<import src="../tp/tp.wxml"></import>`

引入模板 wxss 文件：

`@import '../tp/tp.wxss';`

(3) 练习：在 list、type、result、me、detail、cart、ztm、querykd 页面的 WXML 文件和 WXSS 文件，分别引入模板 wxml 和模板 wxss 两个文件。

3. 模板展示数据

(1) 作用：在指定画板填充指定模板，展示给定的数据。

(2) 格式：

```
<template is='模板名称' data="{{属性1:属性1值,属性2:属性2值}}">
</template>
```

(3) 练习：在页面指定区域，利用模板显示两个数字及两个数字之和。

模板1资料如表8-34所示。

表 8-34 模板 1

模 板 名 称	给定的数据	模板界面
tp_test_add_1	a	第1个数是：99 显示第1个属性值 第2个数是：6 显示第2个属性值 两数之和：105 显示两属性值之和
	b	

模板2资料如表8-35所示。

表 8-35 模板 2

模 板 名 称	给定的数据	模板界面
tp_test_add_2	a	第1个数 第2个数 两数之 是：99 是：6 和：105
	b	

页面框架如表8-36所示。

表 8-36 页面框架

效 果 图	结 构 文 件	样 式 文 件

（WeChat 20:17 100% 孔勇窗的小店 此处填充模板）	`<view class="content">`
	`<view class="top">`
	`  </view>`
	`</view>`
		`.content{`
		`  width: 750rpx;`
		`  height: 100vh;`
		`  background-color: yellow;`
		`  display: flex;`
		`  flex-direction: column;`
		`  justify-content: center;`
		`  align-items: center;`
		`}`
		`.top{`
		`  width: 500rpx;`
		`  height: 700rpx;`
		`  background-color: rgb(18, 173, 184);`
		`}`

表 8-37 所示为填充模板 1。

表 8-37 填充模板 1

效 果 图	结 构 文 件	样 式 文 件

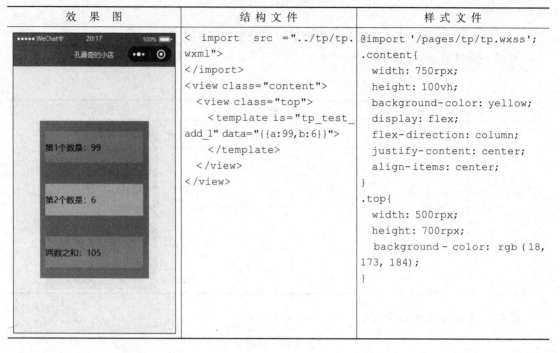	`<import src="../tp/tp.wxml">`
	`</import>`
	`<view class="content">`
	`  <view class="top">`
	`    <template is="tp_test_add_1" data="{{a:99,b:6}}">`
	`    </template>`
	`  </view>`
	`</view>`
		`@import '/pages/tp/tp.wxss';`
		`.content{`
		`  width: 750rpx;`
		`  height: 100vh;`
		`  background-color: yellow;`
		`  display: flex;`
		`  flex-direction: column;`
		`  justify-content: center;`
		`  align-items: center;`
		`}`
		`.top{`
		`  width: 500rpx;`
		`  height: 700rpx;`
		`  background-color: rgb(18, 173, 184);`
		`}`

表 8-38 所示为填充模板 2。

表 8-38 填充模板 2

效 果 图	结 构 文 件	样 式 文 件

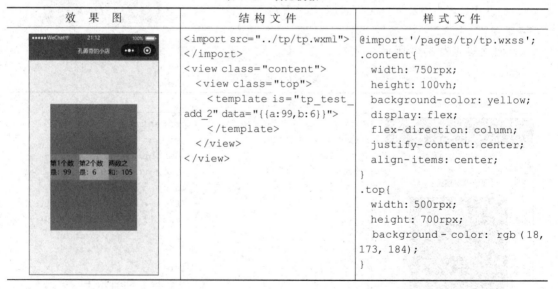	`<import src="../tp/tp.wxml">`
	`</import>`
	`<view class="content">`
	`  <view class="top">`
	`    <template is="tp_test_add_2" data="{{a:99,b:6}}">`
	`    </template>`
	`  </view>`
	`</view>`
		`@import '/pages/tp/tp.wxss';`
		`.content{`
		`  width: 750rpx;`
		`  height: 100vh;`
		`  background-color: yellow;`
		`  display: flex;`
		`  flex-direction: column;`
		`  justify-content: center;`
		`  align-items: center;`
		`}`
		`.top{`
		`  width: 500rpx;`
		`  height: 700rpx;`
		`  background-color: rgb(18, 173, 184);`
		`}`

4. 实现模块接口

(1) 作用：在页面文件中重写指定模块的接口，借助模块的反馈信息，实现特定功能。

(2) 格式：

```
<template is='模板名称' data="{{属性1:属性1值,属性2:属性2值}}">
</template>
```

```
模板接口 1: function (e) {
  console.log("商品名称:" +e.currentTarget.dataset.模块反馈变量名);
}
模板接口 2: function (e) {
  console.log("商品名称:" +e.detail.模块反馈变量名);
}
模板接口 3: function () {
}
```

(3) 练习：利用模板实现反馈信息，分别求两数之和、两数之积。

表 8-39 所示为模板资料。

表 8-39 模板资料

模板内容		模板界面
模板名称	tp_test_compute_1	
给定的数据（属性）	a	
	b	
模板接口	compute(e)	
参数反馈 1:属性 a 值	e.currentTarget.dataset.a	
参数反馈 2:属性 b 值	e.currentTarget.dataset.b	

表 8-40 所示为页面框架。

表 8-40 页面框架

效果图	结构文件	样式文件

	`<view class="content">`
	　`<view class="top">`
	　`</view>`
	　`<view class="out">`
	　`</view>`
	`</view>`
		`.content{`
		　`width: 750rpx;`
		　`height: 100vh;`
		　`background-color: yellow;`
		　`display: flex;`
		　`flex-direction: column;`
		　`justify-content: center;`
		　`align-items: center;`
		`}`
		`.top{`
		　`width: 500rpx;`
		　`height: 700rpx;`
		　`background-color: rgb(18, 173, 184);`
		`}`
		`.out{`
		　`margin-top: 20rpx;`
		　`width: 500rpx;`
		　`height: 200rpx;`
		　`background-color: rgb(73, 223, 85);`
		`}`

表 8-41 所示为填充模板。

表 8-41 填充模板

结 构 文 件	样 式 文 件

`<import src="../tp/tp.wxml"></import>`
`<view class="content">`
  `<view class="top">`
    `< template is = "tp_test_compute_1" data="{{a:a,b:b}}"`
`</template>`
  `</view>`
  `<view class="out">`
    计算结果是:{{c}}
  `</view>`
`</view>`
	`@import '/pages/tp/tp.wxss';`
	`.content{`
	  `width: 750rpx;`
	  `height: 100vh;`
	  `background-color: yellow;`
	  `display: flex;`
	  `flex-direction: column;`
	  `justify-content: center;`
	  `align-items: center;`
	`}`
	`.top{`
	  `width: 500rpx;`
	  `height: 700rpx;`
	  `background-color: rgb(18, 173, 184);`
	`}`
	`.out{`
	  `margin-top: 20rpx;`
	  `width: 500rpx;`
	  `height: 200rpx;`
	  `background-color: rgb(73, 223, 85);`
	`}`

效 果 图	接 口 实 现

	`//接口实现1:乘法`
	`compute:function(e){`
	  `let a=e.currentTarget.dataset.a;`
	  `let b=e.currentTarget.dataset.b;`
	  `this.setData({c:a*b});`
	`}`

续表

效 果 图	接 口 实 现
| 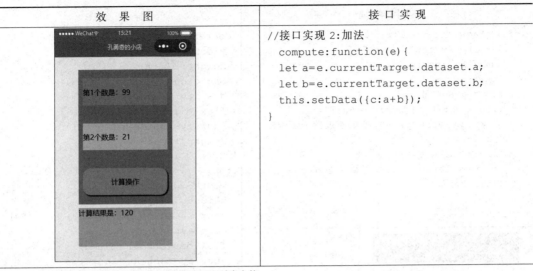 | ```
//接口实现2:加法
compute:function(e){
  let a=e.currentTarget.dataset.a;
  let b=e.currentTarget.dataset.b;
  this.setData({c:a+b});
}
``` |

结论:同一个接口,可以根据页面需要实现不同功能

5. 实现布局结构二选一

(1) 作用:在同一个画板,根据条件结果的不同,显示不同内容。

(2) 格式:

```
<block wx:if="{{条件表达式}}">
  <view class="pass">条件成立时,显示内容</view>
</block>
<block wx:else>
  <view class="pass">条件不成立时,显示内容</view>
</block>
```

(3) 练习:在指定画板,根据成绩的不同显示"考试通过!"或"考试未通过!"。
题目资料和实现如图 8-42 和表 8-43 所示。

表 8-42 题目资料

效 果 图	结 构 文 件	样 式 文 件
| 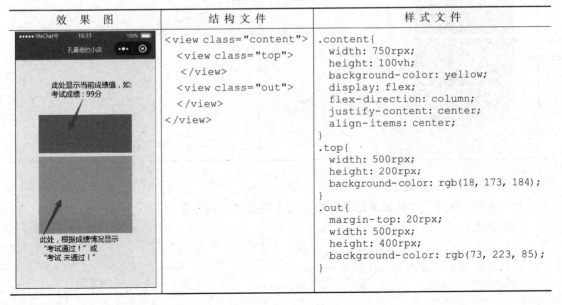 | ```
<view class="content">
  <view class="top">
  </view>
  <view class="out">
  </view>
</view>
``` | ```
.content{
  width: 750rpx;
  height: 100vh;
  background-color: yellow;
  display: flex;
  flex-direction: column;
  justify-content: center;
  align-items: center;
}
.top{
  width: 500rpx;
  height: 200rpx;
  background-color: rgb(18, 173, 184);
}
.out{
  margin-top: 20rpx;
  width: 500rpx;
  height: 400rpx;
  background-color: rgb(73, 223, 85);
}
``` |
```

表 8-43　题目实现

题 目 实 现	样 式 文 件

``<view class="content">
  <view class="top">
    考试成绩:{{score}}分
  </view>
  <view class="out">
    <block wx:if="{{score>=60}}">
      <view class="pass">考试通过!</view>
    </block>
    <block wx:else>
      <view class="fail">考试未通过!</view>
    </block>
  </view>
</view>```
	``.content{
	  width: 750rpx;
	  height: 100vh;
	  background-color: yellow;
	  display: flex;
	  flex-direction: column;
	  justify-content: center;
	  align-items: center;
	}
	.top{
	  width: 500rpx;
	  height: 200rpx;
	  background-color: rgb(18, 173, 184);
	  display: flex;
	  flex-direction: column;
	  justify-content: center;
	  align-items: center;
	}
	.out{
	  margin-top: 20rpx;
	  width: 500rpx;
	  height: 400rpx;
	  background-color: rgb(73, 223, 85);
	  display: flex;
	  flex-direction: column;
	  justify-content: center;
	  align-items: center;
	}
	.pass{
	  color: red;
	  font-size: 30px;
	}
	.fail{
	  color:blue;
	  font-size: 30px;
	}```

（考试成绩: 45分 / 考试未通过! 截图）	`data: {`
	`  score:45`
	`}`

（考试成绩: 99分 / 考试通过! 截图）	`data: {`
	`  score:99`
	`}`

6. 实现布局结构多选一

（1）作用：在同一个画板根据条件结果的不同显示不同内容。

（2）格式：

```
<block wx:if="{{条件1表达式}}">
  <view class="d1">显示状态1</view>
</block>
```

```
<block wx:if="{{条件 2 表达式}}">
  <view class="d2">显示状态 2</view>
</block>
<block wx:if="{{条件 3 表达式}}">
  <view class="d3">显示状态 2</view>
</block>
```

（3）练习：在指定区域，根据不同情况，显示红灯、绿灯、蓝灯。题目资料如表 8-44 所示。

表 8-44 题目资料

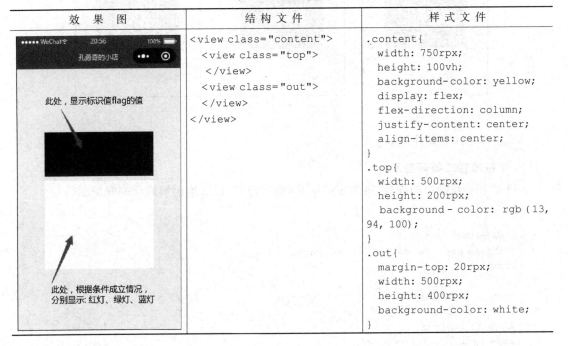

题目实现效果如图 8-21 所示。

```
<view class="content">
  <view class="top">
    红绿灯信号标识:{{flag}}
  </view>
  <view class="out">
    <block wx:if="{{flag==0}}">
      <view class="red">红灯</view>
    </block>
    <block wx:if="{{flag==1}}">
      <view class="green">绿灯</view>
    </block>
    <block wx:if="{{flag==2}}">
      <view class="blue">蓝灯</view>
    </block>
  </view>
</view>
```

data: {	data: {	data: {
flag:0	flag:1	flag:2
}	}	}

图 8-21　题目实现效果

结论：wx:if 有条件显示。

7. 字符串转二维码显示

(1) 作用：在给定的画板，将给定的信息(如字符串)以二维码形式绘制并显示。

(2) 格式：

```
<view class="out">
  <canvas canvas-id="mytest"></canvas>
</view>
.out{
  margin-top: 20rpx;
  width: 500rpx;
  height: 500rpx;
  background-color: white;
}
.out>canvas {
  width: 500rpx;
  height: 500rpx;
}
var myopenid = require('../../utils/index.js');

  onReady: function () {
    myopenid.qrcode('mytest', '89www.baidu.com',500,500);
  }
```

说明：需导入工具资料 utils/index.js。

(3) 练习：在指定的画板，将给定的文本信息以二维码形式展示出来。

题目资料如表 8-46 所示。

8. 正则表示式清除背景色

(1) 作用：通过正则表达式，消除页面中所有画板的背景色。

(2) 格式：

```
background-color:[\s\S]*
```

*：清除画板背景色的正则表达式。